JN271063

会計学入門

市村 巧 [著]
Ichimura Takumi

同文舘出版

まえがき

　本書が想定している読者は，現在，大学や専門学校に所属し，これから会計関連科目を学ぼうとされている学生の方々，また，すでにビジネスの世界に身を投じているものの，会計関連科目の知識の必要性を感じながら日々活動されているビジネスマンの方々です。いずれも会計に関心を寄せつつも，いまだその門戸を敢然と叩くに至っていない，いわば会計の初学者を念頭において執筆しました。

　会計関連科目の教育に30年携わってきた私の経験で言いますと，どうも簿記・会計は"好き嫌いのハッキリする科目（学問）"のようです。ハマる人がいる一方で，簿記・会計と聞いただけで悪寒が走ると言われるほど嫌がられることもある科目です。残念ながら，半数以上はこの"悪寒派"に属してしまいます。"あなたの教え方がマズイからでしょう"と言われればそれまでですが，（会計教育に真剣に取り組んできた）私なりに弁明すれば，その原因の一端は，簿記・会計特有の仕組みにありそうです。

　現代の会計（学）は複式簿記を前提にしています。その複式簿記は，本書でも言及していますが，そもそも西洋人の計算思考にもとづいて考案されているため，日本人に馴染みにくい点があるのです。簿記・会計にハマる人たちは，その計算思考が新鮮で面白いと感じる人たちです。しかし"悪寒派"の人たちには，その計算思考がどうしてもシックリこないようです。しかも簿記は，一円単位の几帳面な記帳を求めますから，結局，"面倒くさい"となって多くの人たちにソッポを向かれてしまいます。

　そのためでしょうか。簿記・会計のエキスパートは企業のなかでかなり重宝がられます。ですから，私は大学の授業のなかで学生諸君に対しつぎのように訴えます。"どの大学のどの学部を卒業しようと，大半の人は企業に就

職し，ビジネスの世界に足を踏み入れます。そしてどのビジネスにもお金がついてまわり，そのために会計が常についてまわります。ビジネスの世界では会計は避けて通ることができず，いつかは会計の勉強をしなければならないのです。ポストが上がれば上がるほど，その必要性は高まっていきます。諸君はその点で恵まれています。学生時代にその勉強ができるのですから。であるからして，しっかり勉強してくださいぇ" と。

　ところで，日本の企業会計に関するルールはこの10年余りの間にずいぶん様(さま)変(が)わりしました。本書の最後に取りあげますが，国際会計基準の影響のためです。その間に，企業会計と関係の深い会社法や金融商品取引法といった法律も大幅に改正されました。このため，10年前に出版された会計制度に関連する書物は（その後改訂が加えられていなければ）ほとんど使い物にならないと言ってもいいほどです。

　本書はこうした会計学をめぐる最近の動向を視野に入れつつ，欲深くも会計学の全領域について，そのサワリの一部をできるだけ平易に解説したものです。読者のみなさんに，"数字に強い" 学生およびビジネスマンになって頂くことが願いです。そして本書がきっかけで会計学の面白さ・奥深さに触れ，会計の世界にさらに踏み込んで頂くことになれば，執筆者としてこれ以上の喜びはありません。

　なお，本書の執筆にあたり，㈱同文舘出版の取締役・編集局長である市川良之氏から数々の貴重なアドバイスを頂戴しました。心からお礼を申しあげる次第です。

2009年9月

市村　巧

CONTENTS

はじめに 会計学の役割と学習領域 ... 1

§1 会計学の約束事 2
 1. ビジネスマンと会計   2
 2. 会計の約束事―① 貨幣測定の公準   3
 3. 会計の約束事―② 継続企業の公準   4

§2 会計学の役割 5
 1. 社会的役割―① 管理会計としての役割   5
 2. 社会的役割―② 財務会計としての役割   6

§3 会計学の学習領域と本書の構成 7

第Ⅰ部 会計計算書の作成   11

第1講 商業簿記(1) ─────────── 12
 §1 簿記の基礎概念 12
  1. 簿記の由来   12
  2. 複式簿記の種類   13
  3. 商業簿記の目的   13
  4. 損益計算書   15
  5. 貸借対照表   16
 §2 商業簿記の基本手続 18
  1. 勘定とその記入ルール   18
  2. 仕　訳   20
  3. 転　記   22
  4. 試算表   24

第2講 商業簿記(2) ─────────── 26
 §3 商業簿記の決算手続 26

1. 決算とその手順　26
　　　2. 予備手続とその手順　26
　　　3. 棚卸表と決算整理　27
　　　　（1） 商品の棚卸　28
　　　　（2） 債権に対する貸倒れの準備　33
　　　　（3） 固定資産の減価償却　34
　　　　（4） 収益・費用の繰延べと見越し　36
　　　4. 精　算　表　39
　§4　会計計算書の作成 ……………………………………………… 42

第3講　損益計算書 ———————————————— 44
　§1　損益法による利益計算 …………………………………………… 44
　§2　損益計算のための基本原則 ……………………………………… 45
　　　1. 発生主義　45
　　　2. 実現主義　47
　　　3. 費用収益対応の原則　54
　　　4. 総額主義の原則　55
　§3　損益計算書の様式と各種の利益概念 …………………………… 56
　　　1. 勘定式の損益計算書　56
　　　2. 報告式の損益計算書　57

第4講　貸借対照表 ———————————————— 58
　§1　貸借対照表の役割 ………………………………………………… 58
　§2　財産法による利益計算 …………………………………………… 59
　§3　純利益（または純損失）のその後の扱い
　　　　—資本金に加算するか，加算しないか— …………………… 61
　§4　財産計算のための基本原則 ……………………………………… 62
　　　1. 取得原価主義　62
　　　2. 費用配分の原則　66
　　　3. 総額主義の原則　68

  4. 貸借対照表の区分と流動性配列法　69
 §5　貸借対照表の様式 …………………………………………… 70
  1. 勘定式の貸借対照表　70
  2. 報告式の貸借対照表　70

第5講　工業簿記と原価計算 ──────────── 72
 §1　商業簿記と工業簿記 ………………………………………… 72
 §2　工業簿記の目的 ……………………………………………… 73
 §3　工業簿記と原価計算 ………………………………………… 74
 §4　原価の集計手続　―費目別計算から製品別計算へ―…… 75
 §5　製品別計算と原価計算 ……………………………………… 83
 §6　製造業の損益計算書と貸借対照表 ………………………… 86

第Ⅱ部　会計計算書の報告　89

第6講　日本の会計制度の枠組み ──────────── 90
 §1　企業会計制度確立までの歩み ……………………………… 90
  1. 歴史上の2つの変革　90
  2.「企業会計原則」設定の前夜　92
 §2　企業会計制度の確立に向けて ……………………………… 95
  1.「企業会計原則」の設定　95
  2. 一般原則　96
   (1) 真実性の原則　97
   (2) 正規の簿記の原則　98
   (3) 損益取引・資本取引区分の原則　99
   (4) 明瞭性の原則　100
   (5) 継続性の原則　100
   (6) 保守主義の原則　101
   (7) 単一性の原則　102

§3 企業会計制度の確立 ·· 103
　1.「企業会計原則」と企業会計審議会　103
　2. 制度会計―トライアングル体制　104

第7講　会社法にもとづく会計報告 ―――――――― 106

§1 会社法とは ·· 106
　1. 会社法の起源　106
　2. 会社法の制定　107
　3. 株式会社の特徴　108

§2 株式会社の種類と機関 ·· 111
　1. 株式会社の種類　111
　2. 株式会社の機関　112

§3 会社法にもとづく会計報告 ······································ 114
　1. 会社法における会計規定と会計計算書　114
　2. 会計処理における個人商店と株式会社の違い　116
　3. 株式会社会計　117
　4. 貸借対照表と損益計算書の基本様式　119
　5. 配当規制　120

第8講　金融商品取引法にもとづく会計報告 ―――― 124

§1 金融商品取引法とは ··· 124
　1. 金融商品取引所（証券取引所）の役割　124
　2. 金融商品取引所の仕組み　126
　3. 金融商品取引法の起源と役割　128
　4. 金融商品取引法の制定　129

§2 金融商品取引法にもとづく会計報告 ························ 130
　1. 金融商品取引法における会計規定と会計計算書　130
　2. 貸借対照表の様式　132
　3. 損益計算書の様式　143

CONTENTS

第9講　法人税法にもとづく会計報告 ———— 148
§1　租税の目的 …………………………………………… 148
§2　租税の種類 …………………………………………… 151
§3　法人税法のしくみ …………………………………… 152
　1.　法人税法とは　152
　2.　法人税法と会社法の関係—確定決算主義　153
§4　課税所得の算出 ……………………………………… 154
　1.　税務会計と企業会計の関係　154
　2.　申告調整　157
§5　税効果会計制度 ……………………………………… 160

第10講　監査制度と監査報告 ———— 164
§1　監査制度 ……………………………………………… 164
　1.　監査とは　164
　2.　監査制度の起源　166
　3.　会社法にもとづく監査　169
§2　会計監査が成立するための前提条件 ……………… 173
　1.　会計監査人　174
　2.　会計基準　175
　3.　監査基準　175
§3　監査報告 ……………………………………………… 178

第Ⅲ部　会計計算書の利用　183

第11講　財務諸表分析(1) —安全性分析— ———— 184
§1　財務諸表分析とは …………………………………… 184
§2　財務諸表の入手形態 ………………………………… 185
§3　安全性分析 …………………………………………… 188
　1.　安全性分析の目的　188

2. 安全性に関する分析指標　189

第12講　財務諸表分析(2)　―収益性分析―　200
§1　収益性分析の目的　200
§2　収益性に関する分析指標　201
　　1. 資本利益率とその分解式　201
　　2. 売上利益率のいろいろ　205
　　3. 資本回転率のいろいろ　208
§3　株式投資をめぐる分析指標　213

第13講　財務諸表分析(3)　―キャッシュ・フロー計算書の作成と分析―　217
§1　キャッシュ・フロー計算書の登場　217
§2　キャッシュ・フロー計算書の作成と報告　219
　　1. キャッシュ・フロー計算書の原初形態　219
　　2. キャッシュ・フロー計算書の作成　221
　　3. キャッシュ・フロー計算書の報告　225
§3　キャッシュ・フロー分析　230
　　1. キャッシュ・フロー分析の目的　230
　　2. キャッシュ・フローの3つの類型　230
　　3. キャッシュ・フローに関する分析指標　233

第14講　利益管理(1)　―損益分岐点分析による利益計画―　236
§1　企業の役割　236
§2　利益管理　238
　　1. 管理とは　238
　　2. 利益管理と利益計画　240
§3　損益分岐点分析　241
　　1. 変動費と固定費　241
　　2. 損益分岐図表と損益分岐点　243
　　3. 損益分岐点分析―利益計画への活用　246

4. 損益分岐点分析—利益構造の改善に向けた活用　247

第15講　利益管理(2)　—標準原価計算による利益統制— ━━ 251
§1　利益管理再考 ……………………………………………… 251
1. 利益計画の意義　251
2. 予算管理　252
3. 予算の体系と責任会計　254
4. 予算編成の進め方　255

§2　標準原価計算による利益統制 ……………………………… 256
1. 標準原価計算と予算統制　256
2. 標準原価計算の仕組み　257

おわりに　会計学をめぐる最近の動向　265

§1　国際会計基準の動向 ………………………………………… 266
§2　国際会計基準の日本への影響 ……………………………… 268
1. 企業会計基準委員会の誕生　268
2. 時価基準の台頭　269
3. 新たな会計計算書の登場—キャッシュ・フロー計算書　271

§3　"第三の変革" …………………………………………………… 272

索　引 ━━━━━━━━━━━━━━━━━━━━━ 275

はじめに

会計学の役割と学習領域

§1　会計学の約束事

1.　ビジネスマンと会計

　日本でビジネスマンといえば，一般に会社員をさす言葉として使われます。しかしビジネスマン（businessman）とは本来，ビジネスに携わるすべての人たちをさしていて，会社員はもちろん，個人企業の商店主から株式会社の企業経営者まで含むより幅広い用語です。本書が想定している読者は，そうした広い意味でのビジネスマンです。

　そのビジネスマンにとって，会計はいったいどういう役割を果たしているのでしょうか。本書で会計学を学習するにあたり，まず，ビジネスマンと会計の関わりについて考えてみましょう。

　ビジネスマンにとって，日々の活動はまさに"数字"との葛藤の連続ではないでしょうか。数字といってもいろいろです。円やドルといった金額の場合もあれば，時間にして〇〇時間，対応する顧客にして〇〇人，製品にして〇〇個といった物量の場合もあるでしょう。いずれにしても，それら数字がビジネスマンの日々の活動目標になっているはずです。

　いったい誰がそんな"数字"を持ち出してくるのでしょう。個人企業の商店主の場合は，店を切り盛りしていくために自らが自らに課した数字なのかもしれません。毎月の売上は〇〇円稼がなければいけないとか，目標とする毎月の利益を出すためには費用を〇〇円に抑えなければいけないとか，といった具合です。一方，株式会社の企業経営者をはじめとする組織に属するビジネスマンの場合は，現在のポジションを維持したいとか，ポジションをさらに高めたいという欲求から，自らに課した数字の達成に向けて自らを鞭打つ場合もあれば，組織や上司から押しつけられた数字を否応なく追いかける場合もあるでしょう。そうです。ビジネスマンにとって，"数字"は好むと好まざるとにかかわらず，避けて通ることのできない活動の目標であり，生活の糧なのです。

では，さまざまある数字のなかで最も重視される数字は何でしょうか。たとえば，販売した製品が○○個とか，対応した顧客の数が○○人といった数字は，個数相互の比較とか人数相互の比較には使えても，個数と人数の比較には使えません。測定尺度が違うからです。製品1個を販売したビジネスマンと，顧客5人に対応したビジネスマンのどちらが優れているかと問われても，誰もその優劣について判断することはできないでしょう。とすれば，問題は測定尺度にあります。もしすべてのビジネスマンの活動の成果が共通の測定尺度で測られるならば，ビジネスマン同士の業績比較は容易になります。その尺度とは何でしょうか。答えは貨幣の額，つまり金額です。金額は，個々のビジネスマンの成果だけでなく，組織全体の成果までも客観的に測定してくれる便利な用具なのです。

2. 会計の約束事——① 貨幣測定の公準

さて，いよいよここから会計の話に入ります。われわれ会計学の教師は，会計学の学習に入ろうとする初学者を前にして，会計を会計として成り立たせるための約束事である**会計公準**（accounting postulate）の話から始めます。

通説では，会計公準には3つあり，そのひとつが**貨幣測定の公準**です。会計は記録の対象を貨幣で測定できるものに限定するという約束事をいいます。つまり，ビジネスマンにとって貨幣による測定が避けられないのと同じで，会計にとっても貨幣による測定はなくてはならないものなのです。会計および会計学は貨幣という共通の測定尺度があってはじめて成り立つ分野であり学問であるとさえいえます。

しかし，貨幣測定の公準は同時に，会計がけっしてオールマイティではなく，限界のあることを自ら示唆しています。企業には貨幣で測定できないさまざまな資源があるからです。その例を挙げればキリがありません。企業の資源はヒト・モノ・カネ・情報という4つで成り立っていると一般に語られます。このうちのヒトとは，その企業に属する経営者をはじめとするビジネスマンが持っている能力のことをさしています。人的資源(human resources)，

いわゆる人財です。企業の人財はすべて貨幣で測定できるでしょうか。とうてい不可能です。

　たとえば，社長が受け取る賞与と毎月の報酬の合計である年収が，一年間に果たしたその社長の業績や能力と一致していると思う人はいないでしょう。年収が多すぎると見られている社長もあれば，少なすぎると見られている社長もあるはずです。社長の年収は会社の内規等にもとづいて支払われるもので，その金額は当然，会計的に処理されます。しかしその金額と社長の業績や能力とは別物です。後者を測定することなど不可能といっていいでしょう。

　会社員にしても然りです。働きと比べて，多すぎる年収を得ている人もあれば，少なすぎる年収で我慢している人もいるはずです。もし会計がオールマイティであれば，その実質的な働きをすべて会計計算書に表現できるはずです。しかしそれは不可能です。会計の限界がここにあります。

3.　会計の約束事—② 継続企業の公準

　会計の２つ目の約束事についてもここで学習しましょう。**継続企業の公準**と呼ばれるものです。最近，ゴーイング・コンサーン（going-concern, 継続企業または永続企業）という言葉をよく耳にするようになりました。"企業は永遠の命を持つ"という意味です。会計学から発信された言葉です。でも人の命と同じで，永遠の命を持つ企業などあるはずがありません。いったいなぜ，会計学はそうした現実離れした前提をおくのでしょうか。

　たとえば，１〜２年後に目的を達成したところで清算するという前提で創業した企業であれば，創業時と清算時の財産額にもとづいて出資者が財産の分配をすれば，それで会計の役割は終りです。ところが，創業者の多くは，永続性を祈りつつ創業しているに違いありません。うまくいけば，５年，10年，あるいは50年，100年と企業が延々と継続していきます。これがゴーイング・コンサーンです。この場合，その企業に関わりを持つ人たちの関心事は，清算時の財産額ではなく，人為的に設けられた期間ごとの業績や期間最終日の財産額へと移っていくことになります。

つまり，ゴーイング・コンサーンという現象が，会計に期間という考え方をもたらしたというわけです。今日，**会計期間**という場合，通常1年をさしていますが，その始まりの日を**期首**，終りの日を**期末**，期首と期末を除く途中の期間を**期中**と呼んでいます。このように考えた時，会計の約束事として重要な意味を持っているのは，継続企業の公準というよりは，そこから生まれた"会計期間にもとづく計算"，つまり**期間計算**という考え方のほうだと言っていいでしょう。継続企業の公準とは期間計算の公準と言いかえることができます。そしてこの公準により，企業は毎期，その期間の活動結果を会計計算書に集約し，関係者に報告することが求められるようになったというわけです。

なお，3つ目の約束事として企業実体の公準がありますが，紙幅の関係で本書では割愛します。

§2 会計学の役割

1. 社会的役割—① 管理会計としての役割

そもそも学問は，その社会的役割を果たしてこそ成立し，存在します。会計学もそうです。会計学は，果たしている役割の観点から，大きく管理会計と財務会計という2つの領域に分けられます。

管理会計（management accounting）とは，企業内部で活動している経営者をはじめとするさまざまな管理階層の人たちに役立つ会計領域のことをいいます。管理会計を"内部報告会計"といったりしますが，要するに"内向きの会計"のことをさしています。管理者は，経験や勘に頼るだけでなく，何らかの客観的データをもとに部下を指揮・監督しているはずです。そのデータのうち，金額的データを作成し提供するのが管理会計の役割だと考えられているのです。

たとえば，社長を中心とする取締役たちの間で，設備投資に関する大規模

なプロジェクト案件が検討されているとします。莫大な資金を投入するプロジェクトだけに，失敗すれば企業の命取りになります。その場合，取締役たちがこれまでに培った経験や勘だけで決めてしまうことは非常に危険です。そのプロジェクトを採択すれば，いくらの資金が必要であり，その資金はどこから手当てするのか，そしてそのプロジェクトで採算が取れるまでに何年を要し，手当てした資金を回収するのにさらに何年を要するのか，さらに採算ベースに乗った後，投資額に見合った利益率として何パーセントが見込めるのか，それが最短で何年期待できるのか，といった経済性計算をしっかり確認しておく必要があります。そうした金額をはじき出すのが会計であり，すなわち企業管理に役立つ会計の出番となるのです。

管理会計は要するに，"管理のための会計"（accounting for management）の領域のことをさしています。その具体的内容は，本書の第14講および第15講で学習します。

2. 社会的役割—② 財務会計としての役割

一方，**財務会計**（financial accounting）とは，企業と利害関係を持つ外部の人たちに役立つ会計領域のことをいいます。財務会計を"外部報告会計"といったりするのはこのためで，要するに"外向きの会計"のことをさしています。

外部の人たちといってもさまざまです。まず，企業の依頼に応えて融資をしてくれている金融機関があります。ついで，材料や商品を納入してくれている仕入先があります。また株式会社企業の場合，株主（出資者）でありながら企業経営にタッチしていない人たちがいます。さらに行政を通じてさまざまなサービスを提供してくれている国や地方自治体，企業で働く従業員で構成される労働組合なども外部者という位置づけをします。こうした外部者のことを一般に**利害関係者**と呼んでいます。最近，**ステークホルダー**（stakeholder）という用語がよく使われるようになりましたが，要するに，当該企業からみた外部の利害関係者のことをさす英語です。

彼ら外部者は，当該企業と以下のような利害でつながっています。融資をした金融機関にとっては，元金の返済と利息の支払いが約束通り履行してもらえるかどうかという利害で企業とつながっています。材料等を納入する際に掛売りをした仕入先にとって，その掛け金額が支払ってもらえるかどうかという利害で企業とつながっています。企業経営にタッチしない株主にとっては，利益の分け前である配当金が出資額に見合って適切に支払われるかどうかという利害で企業とつながっています。国や地方自治体にとっては，当該企業が納付すべき法人税等の税額が適正かどうかという利害，労働組合にとっては，給料や賞与といった労働報酬の額や福利厚生等の労働環境が適切かどうかという利害で，企業とそれぞれつながっています。

　"利害"とは，平たくいえば"損得"のことです。たとえば，ひとつのパイをめぐって友達3人が平等に分け合おうとしたとして，何かの手違いでそのうちの1人が3分の1以上の大きさを手にしたとすれば，彼は得をしたことになります。ということは，他の1人または2人が損をしていることを意味します。企業をめぐる利害もそれと同じです。企業が獲得した利益の分配をめぐり，もし関係者のうちの誰かが得をすれば誰かが損をするという関係になるわけです。

　財務会計は，企業の回りにいるさまざまな利害関係者に向け，当該企業に関する適切な会計情報を提供すること，そして利害関係者間の利害の調整に役立ててもらうことを目的とした会計領域のことをさしています。その具体的内容は本書の第Ⅱ部で学習します。

§3　会計学の学習領域と本書の構成

　会計学の学習を始めるにあたり，会計学とはどこからどこまでをいうのかという会計学の領域について，ある程度頭に入れておく必要があるように思います。会計学の研究者によってその広がりに多少の違いはあるかもしれませんが，私見では，本書の構成がそのひとつの答えです。つまり会計学とは，

(1)会計計算書の作成，(2)会計計算書の報告，(3)会計計算書の利用の3つを含む領域のことをさしています。

これを大学の商学部や経営学部のなかに設置されている会計の専門科目と対応させて確認してみましょう。個々の科目名は大学によって違う場合があります。ただ設置されている会計科目の数をみれば，その大学が会計教育にどれほど力を注いでいるかが概ね判定できます。会計科目がたくさん設置されている大学は，会計教育にそれだけ力を注いでいることになります。在籍する会計研究者の数も当然，多いはずです（ただし，数が多いからといって質が充実しているかといえば，私の口からは何とも言えません）。

一般論として，以下のような科目が設置されている大学は，会計教育に力を注いでいる大学と考えていいように思います（ただし質が伴っているかどうかは，これまた保証の限りではありません）。以下の表は，大学における会計専門科目の一覧と，本書の各講の記述内容とを対照表示したものです。

《大学の会計専門科目一覧》　《本書の記述内容》
① 商業簿記………………第1講　商業簿記(1)
　　　　　　　　　　　　　第2講　商業簿記(2)
② 工業簿記………………第5講　工業簿記と原価計算
③ 会計学（総論）
④ 財務諸表論……………第3講　損益計算書
　　　　　　　　　　　　　第4講　貸借対照表
　　　　　　　　　　　　　第6講　日本の会計制度の枠組み
　　　　　　　　　　　　　第7講　会社法にもとづく会計報告
　　　　　　　　　　　　　第8講　金融商品取引法にもとづく会計報告
⑤ 原価計算論……………第5講　工業簿記と原価計算
　　　　　　　　　　　　　第15講　利益管理(2)標準原価計算による利益統制
⑥ 管理会計論……………第14講　利益管理(1)損益分岐点分析によ

		る利益計画
⑦	税務会計論………………	第9講　法人税法にもとづく会計報告
⑧	監査論…………………	第10講　監査制度と監査報告
⑨	経営分析論………………	第11講　財務諸表分析(1)―安全性分析―
		第12講　財務諸表分析(2)―収益性分析―
		第13講　財務諸表分析(3)―キャッシュ・フロー計算書の作成と分析―

　このほか，国際会計論，コンピュータ会計論，会計史，英文財務諸表等，大学によってさまざまな科目が設置されています。

　上記の専門科目群でいえば，本書は③の会計学（総論）にあたります。商学部や経営学部に入学した1年生または2年生がその対象です。この科目は通常，商業簿記の基礎知識をもとに，いよいよ本格的に会計の専門の勉強に入ろうとする学生を対象にしていて，各専門科目のサワリの一部を説くことで学習意欲を高めることを狙って設置されています。本書の狙いも同じです。

　本書が，ビジネスマンとして活躍されている皆さんのお役に立つことを願いつつ，いよいよつぎの第1講から会計学全般にわたる学習に入っていきます。

第Ⅰ部

会計計算書の作成

第Ⅰ部のねらい

◎ 複式簿記を通じた会計計算書の作成プロセスおよびその基本原理を学ぶのが第Ⅰ部の目的です。

○ まず複式簿記の基本を学びます。個人企業を対象にした商業簿記の学習により，損益計算書と貸借対照表という会計計算書の作成方法を理解します。　⇒　第1講および第2講

○ 損益計算書の作成に関するいくつかの重要な基本ルールとともに，損益計算書の基本様式を学びます。　⇒　第3講

○ 貸借対照表の作成に関するいくつかの重要な基本ルールとともに，貸借対照表の基本様式を学びます。　⇒　第4講

○ 製造業に特有の工業簿記について学び，同時に製品の製造原価の計算方法についても学習します。　⇒　第5講

第1講
商業簿記(1)

§1　簿記の基礎概念

1. 簿記の由来

　簿記はビジネスと切っても切れない関係にあります。ビジネスにはお金がついてまわり、そのために簿記が必要と考えられているからです。しかし、簿記という用語は英語のbookkeeping（**帳簿記入**、略して簿記）に由来しており、必ずしもビジネスに限定されるものではありません。たとえば家庭で用いられる家計簿も簿記の一種です。このことから、簿記とは、企業や家庭など広く経済活動を営む主体（これを**経済主体**といいます）が、その活動の実態を正しく把握し、またそれをもとに適切な経済活動を営むために用いられる一定の記録システムと定義することができます。

　とはいえ、家庭の簿記とビジネスの簿記では、その仕組みに大きな違いがあります。家庭の簿記、つまり家計簿が**単式簿記**（single bookkeeping）で記帳されるのに対して、ビジネスの簿記、つまり企業簿記は**複式簿記**（double bookkeeping）で記帳されます。両者の違いは、たとえば現金を支払って備品を購入するという経済活動について、家計簿では現金の支払いの記帳が目的とされ、備品の購入は現金支払の説明のために記帳するに過ぎません。それに対し、企業簿記は現金の支払いと備品の購入という両面をそれぞれ**帳簿**を用意して記帳します。単式簿記および複式簿記という名称は、こうした記

帳の仕組みに由来しています。

　本書では，このうちの企業簿記，すなわち複式簿記を学習の対象にしています。

2. 複式簿記の種類

　複式簿記といっても，その内容は企業の組織形態や業種によって一様ではありません。組織形態でいえば，個人で商売を営む○○商店といった零細な個人企業もあれば，トヨタやソニーのように株式会社の形態をとって世界中でビジネスを展開している大企業もあります。企業のこうした組織形態の違いが簿記の内容に違いをもたらし，個人商店を対象にした簿記を**個人企業簿記**といい，株式会社を対象にした簿記を**株式会社簿記**といって区別しています。

　また業種でいえば，製品の製造と販売の両方を手がけるいわゆる**製造業**もあれば，納入業者から仕入れた商品を店頭で販売するだけの**販売業**もあります。さらに，旅行代理店やホテルなどの**サービス業**もあれば，銀行などの**金融業**，土木・建築を請け負う**建設業**等，さまざまな業種があります。こうした業種の違いもまた複式簿記に反映し，たとえば製造業に特有の簿記を**工業簿記**，販売業やサービス業を対象にした簿記を**商業簿記**，金融業で行われる簿記を**銀行簿記**，建設業で行われる簿記を**建設業簿記**というように，種々の簿記が存在します。

　こうした組織形態や業種の違いにより，複式簿記の内容は少しずつ異なりますが，その基本は個人企業を対象にした商業簿記にあります。そこで本書では，本講とつぎの第2講において，まず個人企業を対象にした商業簿記について学習します。

3. 商業簿記の目的

　商業簿記にはおよそ以下の3つの目的があります。

(1) 財産の管理

　企業が所有する財産には，プラスの財産とマイナスの財産の2つがあります。前者は，現金や商品のように，その有高が多いほうが一般に好ましいと見られる財産で，簿記ではこれを**資産**といいます。後者は，銀行からの借入金のように，その有高が少ないほうが一般に好ましいと見られる財産で，簿記ではこれを**負債**といいます。

　企業が経済活動を円滑に遂行していくためには，こうした財産の有高を正確に把握し適切に管理することが求められます。しかし，財産の把握や管理を人間の記憶にだけ頼って行うことは，企業の経済活動が活発になればなるほど困難となります。ここに財産の適切な管理のために帳簿に記録する必要が生じ，企業簿記が生まれることになります。たとえば，現金であれば現金出納帳，商品であれば商品有高帳，借入金であれば借入金明細表といった，それぞれの財産を管理するための各種の帳簿が用意され記帳されることになります。

(2) 経営成績の把握

　企業の目的のひとつは，経済活動を通じて利益を獲得することにあります。このため企業はある期間の経済活動の結果，すなわち**経営成績**について把握する必要があります。利益が出たのか，損失が出たのか，また利益が出たとしてその額がいくらだったのか，というわけです。複式簿記ではその内容は**損益計算書**という会計計算書によって明らかにされます。

(3) 財政状態の把握

　企業が所有する資産や負債は日々の経済活動によって刻々と変化します。このため，企業は毎月または毎年，ある時点でこれら財産の状況を把握する必要があります。企業のこうした財産の状況を一般に**財政状態**（または財務

状態）と呼び，その内容は**貸借対照表**という会計計算書によって明らかにされます。

4. 損益計算書

損益計算書は企業の一期間における経営成績を示す会計計算書です。そこでは，経済活動の"成果"を意味する**収益**と，その成果を生むために要した"犠牲"を意味する**費用**が示され，両者の差額として**利益**（または**損失**）が算出・表示されます。

　　　　収益－費用＝利益（または損失）

収益の例としては，売上や受取手数料や受取利息などがあります。**売上**とは，たとえば販売業において，顧客に商品を販売することで顧客から受け取る収入をさします。また**受取手数料**とは，たとえば不動産業において，アパートの貸主と借主との賃貸契約の仲介をした時，借主（または貸主）から受け取る収入をさします。また**受取利息**とは，たとえば取引先に対してお金を貸していた場合，貸し付ける際の契約にもとづき取引先から受け取る収入をさします。

一方，費用の例としては，仕入や広告費や支払利息などがあります。**仕入**とは，たとえば販売業において，商品販売のために納入業者から特定の商品を仕入れたとすると，その納入業者に支払う代金をさします。また**広告費**とは，商品の販売促進のために広告業者に依頼して広告をしたとすると，その広告業者に支払う代金をさします。また**支払利息**とは，たとえば銀行からお金を借りていた場合，借り入れる際の契約にもとづいて銀行に支払う利息をさします。

損益計算書では，こうした収益や費用の項目がすべて表示され，その項目ごとに金額が表示されます。収益は右側に示し，費用は左側に示します。その結果，収益の合計と費用の合計が算出され，収益の合計が費用の合計を上回れば，その金額を利益として左側に表示します。**図表１－１**のとおりです。

利益（¥30）が左側に示される理由は，右側の合計（¥330）と左側の合計（¥300）を一致させるため，少ない左側に足しているに過ぎません。したがって，逆に，費用の合計が収益の合計を上回れば，その金額を損失として右側に表示します。**図表1－2**のとおりです。

図表1－1
損益計算書
平成＊1年4月1日から平成＊2年3月31日まで（単位：千円）

仕　　　入	200	売　　　上	300
広　告　費	80	受取手数料	20
支払利息	20	受取利息	10
利　　　益	30		
	330		330

図表1－2
損益計算書
平成＊1年4月1日から平成＊2年3月31日まで（単位：千円）

仕　　　入	200	売　　　上	300
広　告　費	130	受取手数料	20
支払利息	20	受取利息	10
		損　　　失	20
	350		350

5．貸借対照表

貸借対照表は企業が所有する一定時点の財産の状況を示す会計計算書です。そこでは，プラスの財産である**資産**とマイナスの財産である**負債**が示され，両者の差額として**資本**（**純資産**ともいいます）が表示されます。

　　　　資産－負債＝資本（または純資産）

資産の例としては，すでに述べた現金や商品のほかに，**建物**，**備品**（店内の陳列棚や応接セット類など），取引先にお金を貸し付けた場合の**貸付金**，顧客に商品を掛け（"つけ"のことです）で販売した場合の**売掛金**などがあります。また負債の例としては，すでに述べた借入金のほかに，販売のために納入業者から商品を掛けで仕入れた場合の**買掛金**などがあります。

図表1－3を見てください。貸借対照表ではこうした資産や負債の項目がすべて表示され，その項目ごとに金額が表示されます。資産は左側に示し，負債は右側に示します。その結果，資産の合計と負債の合計が算出され，その差額が資本（純資産）として右側に表示されます。

図表1-3
貸借対照表
平成＊1年4月1日現在（単位：千円）

現　　金	40	買掛金	80
売掛金	100	借入金	100
貸付金	50	資　　本	100
商　　品	20	（または資本金）	
建　　物	60		
備　　品	10		
	280		280

　ここで資本（純資産）について少し考えてみましょう。資本は確かに資産と負債の差額として算出されます。しかし，損益計算書の場合のようにその差額が左側に示されたり，右側に示されたりということはありません。資本は常に右側に示されます。言いかえれば，資本は常にプラスであって，マイナスになることはありません。企業のなかには，時に経済活動に失敗し，貸借対照表上，負債の合計額が資産の合計額を上回ってしまう場合（これを**債務超過**といいます）もあります。しかし，その場合でも資本が左側に表示されることはないのです。

　資本のこうした特性は，資本が究極的には**出資者**（個人商店の場合は店主，株式会社の場合は株主）の**持分**（"取り分"という意味です）であるという属性と関係しています。企業はそもそも出資者が元手（**出資額**）を提供するところから始まります。それを企業簿記では資本と呼び，出資者の持分とみなします。そして何かの事情で廃業するとき，資本は，出資者の手許に残る**正味財産**という意味を持ちます。創業時と比べ，それが増えている場合もあれば，減っている場合もあるでしょう。ただ正味財産は最小ゼロであってマイナスにはなりません。資本がマイナスで表示されることはない理由がここにあります。（もちろん，そうした事態を招いた責任を誰がどのようにとるべきかという問題は残ります。しかし，それは法的かつ道義的な問題であって，複式簿記の問題ではありません。）

§2　商業簿記の基本手続

すでに述べたように，簿記は企業の経済活動の実態を正しく把握するために用いられる一定の記録システムです。その最終目標は，損益計算書や貸借対照表などの会計計算書を作成することにあります。こうした会計計算書は以下のような手続きを経て作成されます。

まず記録するための帳簿（いわゆる帳面のことです）を用意します。**仕訳帳**と**総勘定元帳**（単に元帳ともいいます）の2冊です。仕訳帳は企業の日々の経済活動を時間を追って記録するためのもので，企業活動のいわば日記帳に相当します。これに対し総勘定元帳は，うえで述べた資産・負債・資本・収益・費用に属する各項目（たとえば，資産の場合は現金や商品；負債の場合は借入金や買掛金；収益の場合は売上や受取手数料；費用の場合は仕入や広告費など）の増加・減少を記録するための帳簿です。複式簿記とは，これらの帳簿に以下で述べる一定の記入ルールにもとづいて記録していくことで，最終的に損益計算書や貸借対照表の会計計算書を作成するシステムなのです。

1.　勘定とその記入ルール

(1)　勘　定（accounts）

企業が行うさまざまな経済活動を複式簿記を通じて正しく把握するためには，まずその記録・計算のための"場所"を設けなければなりません。簿記ではそれを**勘定**といいます。複式簿記の作業に着手する前に，勘定の意味とその記入ルールを学習しておきましょう。

たとえば，手持ちの商品を販売して，顧客から現金¥30,000を受け取ったとします。この場合，売上という収益が¥30,000発生し，現金という資産が¥30,000増加したと考えます。そして，その事実を記録するために，総勘定元帳に売上勘定と現金勘定を設け，下記の(2)で述べる「勘定の記入ルール」

にしたがって，つぎのように記帳します。

```
      現    金                 売    上
      30,000                         30,000
```

総勘定元帳に収納されている各勘定を一覧表示すると以下の**図表１－４**のとおりです。

図表１－４　勘定の一覧

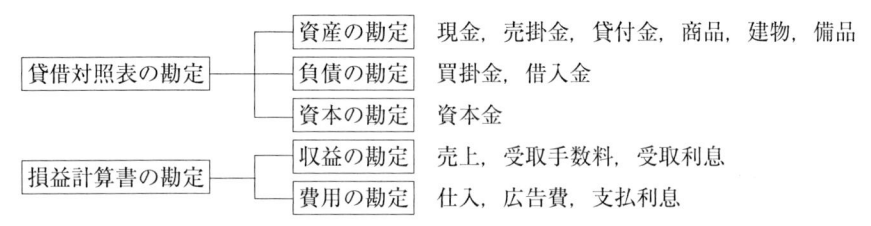

貸借対照表の勘定 ── 資産の勘定　現金，売掛金，貸付金，商品，建物，備品
　　　　　　　　├─ 負債の勘定　買掛金，借入金
　　　　　　　　└─ 資本の勘定　資本金

損益計算書の勘定 ── 収益の勘定　売上，受取手数料，受取利息
　　　　　　　　└─ 費用の勘定　仕入，広告費，支払利息

　勘定は上記の５種類のどれかに属します。簿記の学習者は，これから登場する個々の勘定について，それが資産・負債・資本・収益・費用の５種類のうちのどれに属するかをそのつど確認する必要があります。

(2)　勘定の記入ルール

　５種類の勘定にはそれぞれ記入ルールがあります。それを図示すると以下のとおりです。

```
      資    産                 負    債
      +    |    -              -    |    +

                               資    本
                               -    |    +

      費    用                 収    益
      +    |    -              -    |    +
```

資産に属する勘定はすべて，それが増えたときは左側（＋と印をつけた部分です。簿記では左側のことを**借方**と呼びます）に記入し，減ったときは右側（－と印をつけた部分です。簿記では右側のことを**貸方**と呼びます）に記入します。負債および資本に属する勘定はすべて，資産の場合とは反対の記入をします。すなわち，それが増えたときは右側（＋と印をつけた部分です。貸方です）に記入し，減ったときは左側（－と印をつけた部分です。借方です）に記入します。

　また，収益に属する勘定は，発生したときは貸方（＋と印をつけた部分です）に記入し，消滅したときは借方（－と印をつけた部分です）に記入します。これに対して，費用に属する勘定は，収益の場合とは反対の記入をします。すなわち，それが発生したときは借方（＋と印をつけた部分です）に記入し，消滅したときは貸方（－と印をつけた部分です）に記入します。

　複式簿記ではこのように，すべての勘定において，あらかじめ記入場所を左と右に設け，一定のルールに従って，その増加（発生）や減少（消滅）を記入していく記録システムが貫かれます。そこには，複式簿記を編み出した西洋人の計算思考が今なお息づいています。＋（プラス）や－（マイナス）の記号を用いてその増減を縦向きに計算する日本人の計算思考は，そこには存在しません。その意味で，複式簿記の上達の近道は，まずこうした西洋人の計算思考に早く慣れることにあります。

2．仕　　訳（journal）

　以上の準備作業を終えたところで，いよいよ本来の複式簿記の作業に着手することになります。説明が前後しますが，複式簿記はまず仕訳帳での**仕訳**から始まります。仕訳とは，企業が行うさまざまな経済活動（これを**取引**といいます）を一定のルールに従って仕訳帳という帳簿に記録する行為をさします。その記入のルールは，すでに述べた勘定の記入ルールにもとづいて行われます。下記の【設例1－1】でその記入ルールを改めて確認してください。

【設例1－1】

以下の取引例をもとに仕訳をするとともに，元帳に記帳してください。
① 現金¥100,000を元入れして営業を開始しました。
② 現金¥30,000を支払って備品を購入しました。
③ 銀行から¥80,000を現金で借り入れました。
④ 仕入先から商品¥40,000を現金仕入れしました。
⑤ 得意先に商品¥60,000を現金売りしました。

【解答】
① （借方）現　金　　100,000　　（貸方）資本金　　100,000

現金は資産です。増加したときは借方に記録します。このため仕訳において，（借方）現金100,000と記帳します。一方，元入れ（出資）は資本に属する資本金勘定で処理します。元入れによって資本金が増加しました。よって仕訳において，（貸方）資本金100,000と記帳します。

② （借方）備　品　　30,000　　（貸方）現　金　　30,000

備品は資産です。増加したときは借方に記帳します。このため仕訳において，（借方）備品30,000と記帳します。一方，現金も資産です。減少したときは貸方に記帳します。このため仕訳において，（貸方）現金30,000と記帳します。

③ （借方）現　金　　80,000　　（貸方）借入金　　80,000

現金は資産です。増加したときは借方に記帳します。このため仕訳において，（借方）現金80,000と記帳します。一方，借入金は負債です。増加したときは貸方に記録します。このため仕訳において，（貸方）80,000と記帳します。

④ （借方）仕　入　　40,000　　（貸方）現　金　　40,000

仕入は費用です。発生したときは借方に記録します。このため仕訳において，（借方）仕入40,000と記帳します。一方，現金は資産です。減少したときは貸方に記帳します。このため仕訳において，（貸方）現金40,000と記帳します。

⑤ （借方）現　金　　60,000　　（貸方）売　上　　60,000

現金は資産です。増加したときは借方に記帳します。このため仕訳において，（借方）現金60,000と記帳します。一方，売上は収益です。発生したときは貸方に記録します。このため仕訳において，（貸方）売上60,000と記帳します。

要するに仕訳とは，ある取引に関して，借方の勘定科目とその金額をあて，また貸方の勘定科目と金額をあてる行為にほかなりません。また，上記の設例の解答から分るように，借方と貸方にあてる金額がつねに同額であるという点も，複式簿記のきわめて重要な約束事になります。これを**貸借平均の原理**と呼んでいます。

3. 転　記（posting）

仕訳を終えると，つぎは転記の作業に入ります。**転記**とは，仕訳帳での記帳内容をもとに，さきの1.で述べた総勘定元帳へ移し変える作業をさします。
【設例1－1】の仕訳を総勘定元帳へ転記すると以下のようになります。

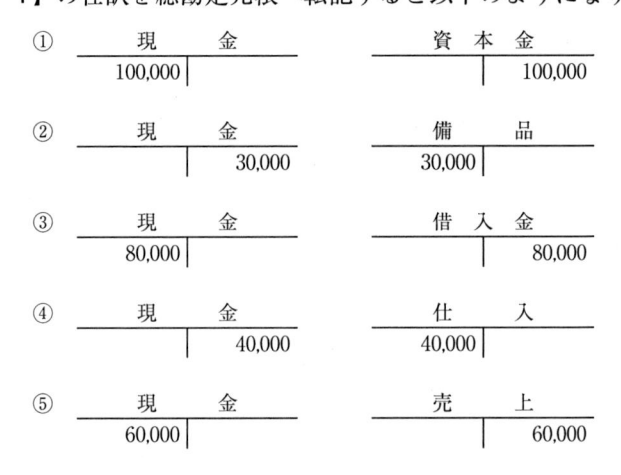

	現　金		資　本　金	
①	100,000			100,000

	現　金		備　品	
②		30,000	30,000	

	現　金		借　入　金	
③	80,000			80,000

	現　金		仕　入	
④		40,000	40,000	

	現　金		売　上	
⑤	60,000			60,000

上の①～⑤では説明上，現金勘定をそのつど設定しました。しかし，現金勘定は総勘定元帳にはひとつしか用意してありません。このため，実際には以下のように記入されます。

	現　金		
①	100,000	②	30,000
③	80,000	④	40,000
⑤	60,000		

借方に収入額（現金の増加），貸方に支出額（現金の減少）がそのつど記入され，また借方の合計額から貸方の合計額を差し引くことで，いつでも現

金有高が把握できる仕組みになっています。

 そしてもうひとつ，さきに述べた勘定の記入ルールから，ある法則が得られます。それは，現金のような資産は，借方の合計額が貸方の合計額をつねに上回りながら変化していくという法則です。うえの現金勘定でそれを確認してみましょう。①を記入した段階では借方が¥100,000多い。②の取引を追加しても借方が¥70,000（＝100,000－30,000）多い。さらに③の取引を追加すると借方が¥150,000（＝70,000＋80,000），④の取引を追加すると借方が¥110,000（＝150,000－40,000），最後に⑤の取引を追加すると借方が¥170,000（＝110,000＋60,000），それぞれ多くなります。とにかく現金はつねに借方の合計額が貸方の合計額を上回ります。考えてみれば，これは至極当然のことです。現金は，収入（借方）をオーバーして支出（貸方）することなどできないからです。

 このように借方の合計額が貸方の合計額を上回っている状態を，簿記では**借方残高**といいます。逆に貸方の合計額が借方の合計額を上回っている状態を**貸方残高**といいます。ここでさきに示した「勘定の記入ルール」の図は，その金額の大小をもとに改めて図示すると以下のように表現することができます。

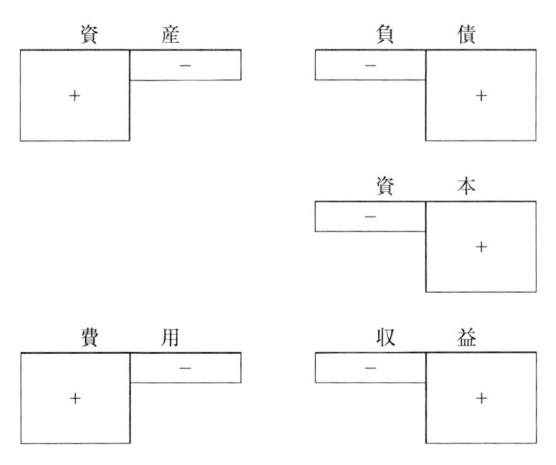

 そしてつぎのような法則が成り立つことが分ります。"資産"と"費用"の各勘定はつねに借方残高で推移し，"負債"と"資本"と"収益"の各勘定は

つねに貸方残高で推移する，という法則です。これは簿記の学習者にとって非常に重要な法則です。

　念のため，この法則をさきの現金勘定を用いて具体的に確認しましょう。左下の現金勘定は総額を示しています。右下の現金勘定は純額（差額）を示しています。いずれも，"借方残高"になっています。そしてこういう状態を，"借方残高¥170,000"と呼ぶのです。

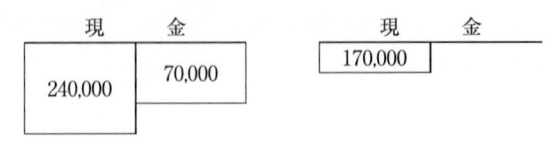

	現	金	
	240,000	70,000	

現	金
170,000	

4. 試 算 表 (trial balance)

　企業の経済活動は日々絶え間なく続きます。このため仕訳帳や総勘定元帳への記帳も絶え間なく続いていきます。しかし，こうした帳簿への記帳が正しく行われているか否か，やはり時々確かめる必要があります。そのために作成されるのが**試算表**です。

　試算表は，仕訳帳や総勘定元帳のような帳簿ではなく，一枚の検算表に過ぎません。このため，それが作成される頻度も毎日，毎週，毎月というように企業によってまちまちです。しかし，あとで述べるように，試算表は決算に際しても必ず作成するものであり，その役割は重要です。

　試算表は，複式簿記の貸借平均の原理にもとづき，借方の合計額と貸方の合計額が一致しているか否かを確認するための計算表です。もし一致していなければ，仕訳帳あるいは総勘定元帳において，正しい記帳が行われていないことを意味しています。その場合は当然，誤りの所在を発見し，修正する必要があります。

　試算表には合計試算表と残高試算表の2種類があります。**合計試算表**は，総勘定元帳に記録されているすべての勘定の借方の合計額と貸方の合計額を一覧表示したものです。さきの現金勘定の場合でいえば，借方欄に¥240,000が記入され，貸方欄には¥70,000が記入されることになります。これに対し

て**残高試算表**は，総勘定元帳に記録されているすべての勘定の差額（残高）を一覧表示したものです。さきの現金勘定の場合でいえば，借方残高の¥170,000が借方欄に記入されることになります。

それでは，【設例１－１】の解答をもとに，合計試算表と残高試算表を作成してみましょう。

合計試算表					残高試算表			
借　方	勘定科目	貸　方			借　方	勘定科目	貸　方	
240,000	現　　金	70,000			170,000	現　　金		
30,000	備　　品				30,000	備　　品		
	借　入　金	80,000				借　入　金	80,000	
	資　本　金	100,000				資　本　金	100,000	
	売　　上	60,000				売　　上	60,000	
40,000	仕　　入				40,000	仕　　入		
310,000		310,000			240,000		240,000	

まず，合計試算表において，借方合計と貸方合計がともに¥310,000で一致しています。仕訳帳や総勘定元帳への記帳は，これで一応，正しく行われていると判断できます。では，残高試算表はどうでしょう。借方合計と貸方合計が¥240,000でやはり一致していて問題ありません（ついでに，残高試算表の個々の勘定科目について，その残高がどちらに表示されているかも確認してみましょう。資産はつねに借方残高でした。現金と備品が確かに借方欄に表示されています。負債と資本はつねに貸方残高でした。借入金と資本金が確かに貸方欄に表示されています。収益はつねに貸方残高でした。売上が貸方欄に表示されています。費用はつねに借方残高でした。仕入が借方欄に表示されています。すべて正しく表示されています）。試算表を用いたこうした作業が毎日，毎週，毎月と繰り返されていくことで，簿記の活動はいよいよ年に一度の決算へと進んでいくことになります。

―第２講へつづく―

第2講

商業簿記(2)

―第1講からつづく―

§3　商業簿記の決算手続

1.　決算とその手順

　決算とは，たとえば1年という会計期間を人為的に設け，その間の企業活動の実態を明らかにするために行う最後の会計活動をいいます。それは，(1)**予備手続**，(2)**本手続**，(3)**会計計算書の作成**の手順で進められます。
　このうち(2)の本手続は**帳簿決算**とも呼ばれ，仕訳帳や総勘定元帳といった帳簿を締め切りながら，(3)の会計計算書の作成に向けて行う活動をいいます。一般の簿記書では，当然(2)の部分の記述は欠かせません。しかし本書の狙いは，商業簿記の基本的仕組みを学習することにあり，このため(2)を省略し，(1)と(3)に限定して記述します。

2.　予備手続とその手順

　予備手続は，①**試算表の作成**，②**棚卸表の作成**，③**精算表の作成**の手順で進められます。このうち①についてはすでに学習しました。試算表は決算に際しても作成され，記録の正否が最終的に確認されます。それが終れば，つぎにその記録が本当に"事実"を示しているか否かの確認作業に入ります。

つまり，簿記では記録の正否だけでなく，記録と事実が一致しているか否かの確認も行います。そのために作成されるのが**棚卸表**です。企業はこの棚卸表にもとづき，総勘定元帳等の帳簿の記録を事実にもとづいて修正し（帳簿決算），そのうえで損益計算書や貸借対照表の作成にとりかかります。正しい計算書を作成するために行われるこうした"記録と事実の照合"にもとづく修正を**決算整理**と呼んでいます。

3. 棚卸表と決算整理

棚卸表とは，決算整理が必要な項目について，帳簿上の記録を修正するのに必要な内容を記載した一覧表です。

棚　卸　表
平成＊2年3月31日

勘定科目	摘　　　要		内　訳	金　額
売 掛 金	売掛金	¥40,000		
貸 付 金	貸付金	¥10,000	50,000	
	貸倒見積額　上記合計額の2％		1,000	49,000
商　　品	商品A　30枚	＠¥500	15,000	
	商品B　50枚	＠¥600	30,000	45,000
建　　物	事務所棟，取得価額	¥100,000	100,000	
	減価償却累計額	¥0		
	減価償却費	¥9,000	9,000	91,000
備　　品	陳列棚，机，取得価額	¥60,000	60,000	
	減価償却累計額	¥0		
	減価償却費	¥18,000	18,000	42,000
前 受 利 息	1ヶ月分			50
未 払 利 息	4ヶ月分			1,600
				228,650

このように棚卸表で"記録と事実の照合"が求められる項目のことを決算整理事項と呼んでいます。決算整理事項のおもなものを列挙すると下記のとおりです。本講では，以下，決算時におけるこれら項目の処理法について学習します。

(1) 商品の棚卸

(2) 債権に対する貸倒れの準備
(3) 固定資産の減価償却
(4) 収益・費用の繰延べと見越し

(1) **商品の棚卸（inventory）**

① **商品売買に関する２つの利益計算法　―口別法と３分法―**

　決算に商品の棚卸は付きものであると一般にみられています。それはなぜでしょうか。つぎの例をもとに商品の棚卸の意味について考えてみましょう。

　一期間に○○商店が扱った商品が，下の表のようにA，B，C，Dの４種類であったとします。このうち商品A，B，Cは仕入れたその期間に販売されたとします。商品Dだけは仕入れた期間に販売されず，在庫として決算を迎えたとします。各商品の仕入値と売値が表のとおりだったとして，この○○商店が一期間に得た利益額はどのように計算され，その額はいくらになるでしょうか。

	仕 入 値	売 値	利 益
商品A	¥100	¥160	¥60
商品B	80	120	40
商品C	140	220	80
商品D	90		
合 計	¥410（¥320）	¥500	¥180

(a) 口別法による利益計算

　利益計算法のひとつは，各商品の仕入値と売値を比較して商品別（口別）に利益を算出し，そのあとでそれらの利益を合算して一期間の利益額を算出する方法です。上記の表でいえば，商品Aで¥60，商品Bで¥40，商品Cで¥80の利益が出ています。これらを合算することで一期間の利益が¥180と算出されます。こうした利益計算法を**口別法**といいます。この方法は分りやすいという利点はありますが，販売のたびに仕入値と売値を比較する手間が必要となり，企業にとっては相当の負担となります。

(b) ３分法による利益計算

もうひとつの利益計算法は，一期間の売値の合計額から仕入値の合計額を差し引いて，期間利益を一括して算出する方法です。上記の表でいえば，売値の合計額￥500から仕入値の合計額￥320を差し引いて，利益￥180と算出するやり方です。こうした利益計算法を**3分法**といいます。

　口別法と比べると，期間利益の計算に手間がかからないという利点がありますが，商品Dのように売れ残った商品の扱いが問題となります。もし商品Dをそのまま仕入値の合計額に含めてしまうと，その金額は￥410となり，期間利益が￥90（＝500－410）となって，口別法とは異なった期間利益を導く結果となります。口別法と同じ期間利益を導くためには，仕入合計のなかから期末に売れ残った商品を差し引く必要があります。つまり，売れ残った商品は仕入値の合計から差し引かねばなりません。それにより，一期間に販売された商品の仕入値の合計（これを**売上原価**といいます）が算出されます。

　今日，多くの企業は，商品売買に関する利益の計算方法に3分法を用いています。期間利益の計算に手間がかからないからです。このため正しい期間利益計算のためには，商品Dのように売れ残った商品の金額確認がどうしても必要となります。その金額を当期の仕入値の合計から控除するためにです。商品の棚卸は決算になくてはならない作業なのです。

② **3分法による期中と期末の処理**

　3分法という名称は，商品売買に関する簿記処理に関して，**仕入**（費用），**売上**（収益），**繰越商品**（資産）の3つの勘定で処理するところに由来しています。口別法のように手間をかけず，期末に一括して期間利益を把握するためには，以下の(ア)～(エ)のような処理が求められます。

(ア)　期中に商品を仕入れた時，仕入値で仕入勘定に記帳します。
　　　（借方）仕　　　入　×××　（貸方）買　掛　金　×××
(イ)　期中に商品を販売した時，売値で売上勘定に記帳します。
　　　（借方）売　掛　金　×××　（貸方）売　　　上　×××
(ウ)　決算時，前期に売れ残った商品を，繰越商品勘定から仕入勘定へ移します。仕入勘定で売上原価を計算するためです。

　　　　　(借方) 仕　　入　　×××　　(貸方) 繰越商品　　×××

(エ) 決算時、当期に売れ残った商品を、仕入勘定から繰越商品勘定へ移します。これも仕入勘定で売上原価を計算するためと、次年度に繰り越す商品の金額を確定するためです。

　　　　　(借方) 繰越商品　　×××　　(貸方) 仕　　入　　×××

　以上のうち、(ア)と(イ)の仕訳は第1講で学習しました。(ア)は掛仕入の仕訳で、(イ)は掛売上の仕訳です。いずれも期中に行われる商品売買の取引に関する仕訳です。

　それに対して、(ウ)と(エ)は決算時にのみ行われる記帳です。そしてこれらの仕訳が、簿記の初学者の前に最初に立ちはだかる難問のひとつとなるのです。そこで(ウ)と(エ)の仕訳の説明に入る前に、皆さんにつぎのような簡単な質問をしてみます。

　○　主婦Eさんは、家族4人の夕食を作るため、食材として卵を使うことにしました。冷蔵庫にすでに4個の卵がありましたが、それでは足りないため、近くのスーパーマーケットで6個入りの卵を1パック買ってきました。卵を食材にした夕食ができあがり、家族一緒に夕食を楽しみました。食後、改めて冷蔵庫のなかを見ると、使用しなかった卵が2個残っていました。さて、Eさんは、夕食の食材に卵を何個使ったでしょうか。

　●　正解は8個です。われわれはその答えを、4＋6－2＝（　　）と導きます。

　○　一方、簿記では、つぎのような勘定形式で算出します。

卵	
6個	2個
4個	?個
10個	

　両者は、一見、同じ計算をしているようにみえますが、実は簿記の計算式のほうが合理的です。第1講で学習したように、複式簿記は必ず借方の合計と貸方の合計を一致させます。ということは、左側の卵の合計が10個であれば、右側の合計も10個になります。そのためには2個にあといくら足せば10個になるでしょう。8個です。8個が間違いでないことを互いの合計が一致

していることで証明しているわけです。これに対して，4＋6－2＝（　　）の計算式は，その正解が8だという証明はどこにもなされていません。

それでは，今度は個数ではなく金額を用いて同じような問題を解いてみましょう。

【設例2－1】

当期の商品仕入高が¥190,000（うえの卵6個に相当），前期の売れ残り商品金額が¥35,000（卵4個に相当），当期の売れ残り商品金額が¥45,000（卵2個に相当）とした時，当期の売上原価（調理に使った卵の数に相当）はいくらですか。

【解答】
売　上　原　価

190,000	45,000
35,000	
225,000	正解は¥180,000です。

正解は，上記のような勘定を用いて算出できます。もちろん35,000＋190,000－45,000＝（　　）という計算式でも算出できます。

さて，ようやく準備が整いました。この【設例2－1】に売上高のデータを追加することで，以下の【設例2－2】のような商業簿記の問題ができあがります。なお，商業簿記では，商品売買に関する利益は，売上高と売上原価の差額として算出します。売上高は一期間における売上の合計です。一方，売上原価は，売り上げた商品の仕入値の合計です。しかも，売上原価は通常，以下のように仕入勘定によって算出します。

【設例2－2】

決算を迎える直前の勘定残高は以下のとおりでした。これをもとに決算時に必要な仕訳をするとともに，商品売買に関する当期の利益を算出してください。なお，当期末の商品棚卸額は¥45,000でした。

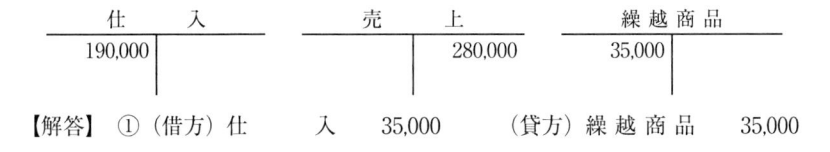

仕　　　入	売　　　上	繰　越　商　品
190,000	280,000	35,000

【解答】　①（借方）仕　　　入　　35,000　　（貸方）繰　越　商　品　　35,000

②（借方）繰越商品　45,000　　（貸方）仕　入　45,000

　①の仕訳は，仕入勘定で売上原価を算出するために，前期の売れ残り商品の金額を繰越商品勘定から仕入勘定に移している仕訳です。これに対して，②の仕訳は，当期の売れ残り商品の金額を仕入勘定から繰越商品勘定に移している仕訳です。これらの仕訳を元帳に転記すると，3つの勘定は以下のようになります。

仕　　入		売　　上	繰越商品	
190,000	45,000	280,000	35,000	35,000
35,000			45,000	

　仕入勘定において，売上原価￥180,000が算出されようとしている様子が窺(うかが)えます。要するに，さきの(ウ)と(エ)の仕訳，あるいはうえの①と②の仕訳は，仕入勘定を用いて売上原価の計算をするためなのです。以上から，売上高￥280,000，売上原価￥180,000となり，その差額￥100,000が当期の利益として算出されます。もちろん，次期に繰り越す商品は，期末の棚卸によって確認された￥45,000です。その金額は繰越商品の借方残高として示されています。

　簿記の初学者にとって確かに難問のひとつです。ただ，決算時に商品の棚卸に関して必要な仕訳はワンパターンです。以下のようにして覚えましょう。まず，「①仕入×××　繰越商品×××，②繰越商品×××　仕入×××」という仕訳を思い起こし，ついで，「①の仕訳には，前期の期末商品の金額をあて，②の仕訳には，当期の期末商品の金額をあてる」と覚えるのです。商品の棚卸に関する決算時の仕訳はこの繰り返しに過ぎません。

　ところで，商品の棚卸に関する決算時の仕訳を見て，これまでの仕訳のタイプとどこか違うと感じませんでしたか。そのとおりです。第1講で説明した仕訳は**一般仕訳**と呼ばれるもので，企業の外部者との取引に対して行う仕訳です。ところが，商品の棚卸に関する決算時の仕訳は，**【設例2－2】**の**【解答】**のような仕訳で，こうした仕訳を**振替(ふりかえ)仕訳**と呼びます。つまり，ある勘定の残高を別の勘定に移しかえるための仕訳なのです。簿記の仕訳にはこの2つのタイプがあり，決算時に行われる仕訳の多くは振替仕訳なのです。仕訳のこの分別も，この後の簿記・会計の学習にとって重要なポイントのひとつですから，ぜひ覚えておいて欲しいものです。

(2) **債権に対する貸倒れの準備**（allowance for doubtful accounts）

　企業が所有する資産のなかに売掛金や貸付金などの債権があります。**債権**は，近い将来，債務者より現金で回収または返済されることが予定されているものですが，債務者の事情によっては時にそれが履行されない場合があります。いわゆる**貸倒れ**です。

　そこで，期末に債権を所有している場合，翌期になってその一部が貸倒れにあう危険性を孕んでいることから，企業は決算において回収が覚束ない債権額を見積もり，その金額を前もって当期の費用に計上する措置をとります。債権に対する貸倒れの見積もりが決算整理事項のひとつとして出てくる理由がここにあります。この場合，貸倒見積額を，**貸倒損失**（費用）の借方に記入すると同時に，**貸倒引当金**（負債）の貸方に記入します。

【設例２－３】

　決算にあたり，売掛金残高￥40,000と貸付金￥10,000に対して，２％の貸倒れを見積ったとして，必要な仕訳を示すとともに，該当する勘定に転記してください。

【解答】　　（借方）貸倒損失　　1,000　　（貸方）貸倒引当金　　1,000
　　　　　　　　（(40,000 + 10,000) × 0.02 = 1,000）

貸倒損失	貸倒引当金
1,000	1,000

　ここで**引当金**の性格について考えてみましょう。引当金には貸倒引当金のほかにさまざまな引当金があります。しかしいずれの引当金にも共通する属性があります。将来，ある事態の発生する可能性が高く，その場合，企業が所有する資産が減少する，という属性です。貸倒引当金でいえば，将来，貸倒れという事態が発生することで，売掛金や貸付金といった資産が減少することをさしています。そこで企業は，決算においてその金額を見積もり，たとえば（借方）貸倒損失1,000というように，先回りして当期の費用に計上してしまいます。では貸方はというと，決算時点では貸倒れの事態が発生しているわけではないため，たとえば（貸方）売掛金1,000というように該当

する資産を直接減少させる記帳はできません。そこで，将来のそうした事態を匂わせる目的で，引当金（allowanceまたはreserve）という勘定が設定されるのです。引当金は，資産の減少を伴う事態が将来に予想される場合，その準備のために貸方に設定される勘定科目であるということになります。初学者にとっては，むしろ準備金と言いかえたほうが引当金の性格を理解しやすいかもしれません。

(3) 固定資産の減価償却（depreciation）

① 固定資産と減価償却

　資産としてこれまでに取りあげた勘定は，現金，売掛金，貸付金，商品，備品，建物です。企業会計では，このうちの現金，売掛金，貸付金，商品については**流動資産**と分類し，備品と建物については**固定資産**と分類します（第8講で詳述します）。そして簿記ではこれら固定資産についても決算整理の対象とします。

　備品や建物のような固定資産は，そもそも長期間にわたり使用し続けることを目的に取得されています。同じ資産でも，商品のように他者に転売して利益を得るという目的で取得されているものではありません。しかし，長期にわたり使用し続ける資産だけに，その価値が年々減少していくことは避けられません。つまり固定資産は，取得した瞬間から徐々にその価値が減り始め，ついには使用不能となって処分される運命にあるといえます。備品や建物の処分価額が取得時の価額と大きくかけ離れてしまうのはこのためです。

　複式簿記では，固定資産のこうした価値の減少を**減価償却**と捉え，その金額を毎決算期に見積もり，減価償却費として費用に計上します。固定資産に対する減価償却費の計上が決算整理事項のひとつとされる理由がここにあります。

② 減価償却費の計算

　減価償却費の計算方法のひとつに**定額法**があります。当該固定資産の**取得**

価額，残存価額，耐用年数の3つの要素をもとに算出します。その計算式は下記のとおりですが，定額法という名称のとおり，毎決算期に費用として計上する減価償却費が一定であるところに特徴があります。

減価償却費 ＝ （取得価額－残存価額）／耐用年数

- ○ 取得価額……固定資産の購入価額と付随費用の合計額（実際額）
- ○ 耐用年数……固定資産の使用年数（予定年数）
- ○ 残存価額……耐用年数までに使用し続けたときの処分手取額（予定額）

【設例2－4】
取得価額¥60,000，耐用年数3年，残存価額¥6,000の備品をある年度の初めに購入しました。その年度末の減価償却費を定額法で計算するといくらになりますか。
【解答】　減価償却費 ＝ （¥60,000－¥6,000）／ 3 ＝ ¥18,000

減価償却費の計算に用いる3つの要素のうち，耐用年数と残存価額はあくまで予定値です。したがって減価償却費の金額はあくまでも見積り額です。さきの債権に対する貸倒れの場合と同じく，企業簿記ではこうした将来を想定しての見積り計算が至るところで行われます。現代の簿記会計の特徴のひとつと言っていいでしょう。

③　減価償却費の記帳

減価償却費の金額が決まれば，つぎはそれを帳簿へ記帳しなければなりません。その記帳方法には**直接法**と**間接法**の2つがあります。

直接法は，価値の減少額である減価償却費を費用として借方に計上するとともに，該当する固定資産の帳簿価額を直接的に減少させる記帳方法をいいます。一方，**間接法**は，借方の記帳は直接法と変わりませんが，貸方の記帳方法に関して，○○**減価償却累計額**という勘定を用いて，該当する固定資産の帳簿価額を間接的に減少させる記帳方法をさします。

【設例2－5】
上記の【設例2－4】を直接法および間接法で記帳してください。

【解答】
直接法：　（借方）減価償却費　18,000　　（貸方）備　　　　品　18,000

```
           備　　　品              減価償却費
        60,000 | 18,000         18,000 |
```

間接法：　（借方）減価償却費　18,000　　（貸方）備品減価償却累計額　18,000

```
       備　　　品        備品減価償却累計額        減価償却費
     60,000 |                  | 18,000         18,000 |
```

　直接法は，該当する固定資産の**帳簿価額**（略して**簿価**といいます）を減価償却費だけ減額することから，分りやすい処理法です。この決算整理によって，期末の備品は帳簿価額が￥42,000（"借方残高￥42,000"）になることが容易に理解できます。これに対して，間接法で出てくる〇〇減価償却累計額という勘定については説明が必要です。

　この勘定は，かつてわが国において，貸倒引当金と同じように〇〇減価償却引当金という勘定で処理されていました。しかし，減価償却引当金は，すでに述べた本来の引当金とは性格が異なるという理由から，減価償却累計額という名称に変更された経緯があります。固定資産の減価は間違いなく生じる現象であり，本来の引当金のように，将来，ある事態が発生する可能性が高いといった不確定要素を伴うものとは違うというわけです。

　減価償却累計額勘定をこうした観点から見たとき，その性格は，当該固定資産の実質価額を算定するための**評価勘定**の性格を有していることが分ります。上記の例でいえば，備品勘定では常にその取得価額を示し，一方で価値減少していった金額を備品減価償却累計額勘定に累積することによって，備品の実質価額￥42,000（＝￥60,000－18,000）を算出しようというわけです。

(4) 収益・費用の繰延べと見越し (deferrals and accruals)

　受取利息や支払利息などは，現金の収支があった時に帳簿に記入するのが通例です。しかし，こうした収益や費用の項目は**経過勘定項目**と呼ばれ，時

間の経過に従ってその金額が増加していく属性を持ちます。このため正しい利益計算のためには，現金の収支とは別に，決算時に当期に計上すべき収益や費用の金額を改めて確認する必要があります。

① "収益の繰延べ"と"費用の繰延べ"

すでに現金を受け入れ，収益と記帳しているものであっても，取引相手にいまだ相応のサービスを提供していないため，当該期間の収益から外して次期の収益として繰延べる（先に延ばす）のが妥当とみなされるものがあります。これを**収益の繰延べ**と呼びます。一方，すでに現金で支払い，費用と記入しているものであっても，取引相手からいまだ相応のサービスを受けていないため，当該会計期間の費用から外して次期の費用として繰延べる（先に延ばす）のが妥当とみなされるものがあります。これを**費用の繰延べ**と呼びます。

【設例2−6】

2月1日に取引先のA商店に依頼され，¥10,000を年利6％，3ヶ月払いの約束で貸し付けるとともに，2月から4月までの利息3ヶ月分¥150を受け取っていましたが，3月末に決算を迎えました。3月末の決算仕訳を示してください。

【解答】　（借方）受取利息　　50　　（貸方）前受利息　　50

この解答は，以下のようなプロセスを通じて導かれます。

○　2月1日の仕訳：(借方) 貸　付　金　10,000　　（貸方）現　　　金　10,000
　　　　　　　　　(借方) 現　　　金　　　150　　（貸方）受 取 利 息　　　150
　　（受取利息の金額：　¥10,000×0.06×3/12ヶ月＝150）

○　3月31日の修正：(借方) 受 取 利 息　　50　　（貸方）前 受 利 息　　50

当期の収益（2ヶ月分）¥100　　　次期の収益（1ヶ月分）¥50
2/1 ────────────── 3/31 ────── 4/30
　　　　　　　受け取っている利息3ヶ月分¥150

当期の収益から外され，前受利息（負債）に移された¥50が"収益の繰延

べ"です。すでに対価として現金は受け取ったものの，将来の収益として次年度以降に持ち越すという意味が，前受利息という勘定に込められています。すでに受け取った現金（資産）に対して，前受利息（負債）として計上すれば貸借の帳尻が合うというわけです。

② "収益の見越し"と"費用の見越し"

　いまだ現金を受け取っていないため当期の収益として処理していないものであっても，取引相手に相応のサービスを提供しているところから，当該会計期間の収益とみなして処理するのが妥当とみなされるものがあります。これを**収益の見越し**といいます。一方，いまだ現金を支払っていないが，取引相手から相応のサービスを受けているところから，当該会計期間の費用とみなして処理するのが妥当とみなされるものがあります。これを**費用の見越し**といいます。

【設例２－７】

12月1日に仕入先のD商店から，¥80,000を年利6％（利息は5月末，11月末の年2回払い）の約束で借り受け，そのまま3月末に決算を迎えました。3月末の決算仕訳を示してください。

【解答】　　　（借方）　支払利息　　1,600　　　（貸方）　未払利息　　1,600
　　　　　　（支払利息の金額：¥80,000×0.06×4/12ヶ月＝1,600）

当期の費用（4ヶ月分）¥1,600

12/1　　　　　　　　　　　　　　　　3/31　　　　　　　　　　　　　　5/31

支払っていない利息6ヶ月分¥2,400

　いまだ対価として支払っていないものの，サービスの提供はすでに受けているため，それを当期の費用とすべきとの考え方から，上記のような解答になります。支払利息¥1,600と費用を見越して計上する一方で，いまだ対価を支払っていないことから未払利息（負債）として記帳します。

　簿記上，"繰延べ"とは，取引当事者間で現金の受け渡しがすでに終了している取引に対して用いられる用語であり，また"見越し"とは，取引当事

者間で現金の受け渡しがいまだ行われていない取引に対して用いられる用語です。こうした項目は決算を迎えて企業がその金額を最終的に決定する必要があるところから，決算整理事項のひとつと数えられます。

4. 精　算　表（working sheet）

　一定期間の活動結果を示すために企業が最終的に作成するのは損益計算書や貸借対照表といった会計計算書です。こうした計算書は，本来，仕訳帳や総勘定元帳といった帳簿を用いて作成されていきます。本講で記述を割愛した本手続，別名，帳簿決算のことです。しかし企業は，そうした本来の作業に入る前に，**精算表**を作成します。というのは，棚卸表をもとにすぐ帳簿決算に入ったものの途中で重大な誤りが見つかった場合，帳簿上でその誤りを新たに訂正していくという余分な作業を強いられることになります。これを避けるため，企業はあらかじめ精算表を作成し，帳簿決算のゆくえをあらまし確認したり，経営成績や財政状態をあらまし把握するのです。精算表はこのように帳簿決算の作業を円滑に進めるための役割を果たすところから，多くの企業で用いられています。

　それでは具体的に精算表を作成してみましょう。精算表の様式は下記のとおりです。残高試算表欄，修正記入欄，損益計算書欄，貸借対照表欄の４つの欄が設けられ，それぞれに借方・貸方の欄があるため，全部で８つの欄が設けてあります。ここから８欄（または８桁）精算表と呼ばれています。残高試算表欄には，元帳の残高をもとにすでに金額が入っているとします。さらに，決算で棚卸を実施した結果が本講の最初に示した棚卸表のとおりであったとします。以上から，精算表が以下の①〜⑤の手順で作成されていきます。

精　算　表

勘定科目	残高試算表 借方	残高試算表 貸方	修正記入 借方	修正記入 貸方	損益計算書 借方	損益計算書 貸方	貸借対照表 借方	貸借対照表 貸方
現　　　金	105,000							
売　掛　金	40,000							
貸　付　金	10,000							
商　　　品	35,000							
建　　　物	100,000							
備　　　品	60,000							
買　掛　金		27,000						
借　入　金		80,000						
資　本　金		200,000						
売　　　上		280,000						
受取手数料		12,850						
受 取 利 息		150						
仕　　　入	190,000							
広　告　費	60,000							
	600,000	600,000						

① 棚卸表をもとに以下の仕訳をし，精算表の修正記入欄に記入していきます。なお，その際，さきの残高試算表にはなかった勘定を新たに勘定科目欄に記入していきます。また，修正記入欄への記入を終えたら，その借方合計と貸方合計が一致するのを確認します。

(ア) 債権に対する貸倒れの準備
　　　(借方) 貸 倒 損 失　　　1,000　　　(貸方) 貸 倒 引 当 金　　　1,000
(イ) 商品の棚卸
　　　(借方) 仕　　　　入　　　35,000　　(貸方) 繰　越　商　品　　35,000
　　　(借方) 繰 越 商 品　　　45,000　　(貸方) 仕　　　　　入　　45,000
(ウ) 固定資産の減価償却
　　　(借方) 減 価 償 却 費　　9,000　　(貸方) 建物減価償却累計額　　9,000
　　　(借方) 減 価 償 却 費　　18,000　　(貸方) 備品減価償却累計額　　18,000
(エ) 収益・費用の繰延べと見越し

| （借方）受 取 利 息 | 50 | （貸方）前 受 利 息 | 50 |
| （借方）支 払 利 息 | 1,600 | （貸方）未 払 利 息 | 1,600 |

② 収益に属する勘定は，残高試算表欄の金額と修正記入欄の金額を加減して，損益計算書欄の貸方へ記入します。また費用に属する勘定は，残高試算表欄の金額と修正記入欄の金額を加減して，損益計算書欄の借方へ記入します。

③ 損益計算書欄において，借方（費用）の合計と貸方（収益）の合計をそれぞれ算出し，その差額を当期純利益または当期純損失として記入するとともに，借方合計と貸方合計が一致するのを確認します。

④ 資産に属する勘定は，残高試算表欄の金額と修正記入欄の金額を加減して，貸借対照表欄の借方へ記入します。また，負債および資本に属する勘定は，残高試算表欄の金額と修正記入欄の金額を加減して，貸借対照表欄の貸方へ記入します。

⑤ 貸借対照表欄において，借方（資産）の合計と貸方（負債・資本）の合計をそれぞれ算出し，その差額を当期純利益または当期純損失として記入するとともに，借方合計と貸方合計が一致するのを確認します。

精算表

勘定科目	残高試算表 借方	残高試算表 貸方	修正記入 借方	修正記入 貸方	損益計算書 借方	損益計算書 貸方	貸借対照表 借方	貸借対照表 貸方
現　　　金	105,000						105,000	
売　掛　金	40,000						40,000	
貸　付　金	10,000						10,000	
商　　　品	35,000		45,000	35,000			45,000	
建　　　物	100,000						100,000	
備　　　品	60,000						60,000	
買　掛　金		27,000						27,000
借　入　金		80,000						80,000
資　本　金		200,000						200,000
売　　　上		280,000				280,000		
受取手数料		12,850				12,850		
受取利息		150	50			100		
仕　　　入	190,000		35,000	45,000	180,000			
広　告　費	60,000				60,000			
	600,000	600,000						
貸倒損失			1,000		1,000			
貸倒引当金				1,000				1,000
減価償却費			27,000		27,000			
建物減価償却累計額				9,000				9,000
備品減価償却累計額				18,000				18,000
前受利息				50				50
支払利息			1,600		1,600			
未払利息				1,600				1,600
当期純利益					23,350			23,350
			109,650	109,650	292,950	292,950	360,000	360,000

§4　会計計算書の作成

上記の予備手続が終了すると，いよいよ会計計算書の作成にとりかかりま

す。以下のような所定の様式に書き改めたところで，簿記の作業は終了となります。

(a) 損益計算書

損益計算書 （単位：円）

A商店　平成＊1年4月1日から平成＊2年3月31日まで

費用	金額	収益	金額
売上原価	180,000	売上	280,000
広告費	60,000	受取手数料	12,850
貸倒損失	1,000	受取利息	100
減価償却費	27,000		
支払利息	1,600		
当期純利益	23,350		
	292,950		292,950

(b) 貸借対照表

貸借対照表 （単位：円）

A商店　　平成＊2年3月31日

資産	金額	負債・資本	金額
現金	105,000	買掛金	27,000
売掛金	40,000	借入金	80,000
貸付金	10,000	貸倒引当金	1,000
商品	45,000	建物減価償却累計額	9,000
建物	100,000	備品減価償却累計額	18,000
備品	60,000	前受利息	50
		未払利息	1,600
		資本金	200,000
		当期純利益	23,350
	360,000		360,000

第3講 損益計算書

§1 損益法による利益計算

損益計算書は企業の一期間における経営成績を示す会計計算書です。その様式は，第2講の最後に示したとおりです。そこでは収益や費用の項目と金額が表示されています。さらに収益の合計と費用の合計が表示され，両者の差額として利益または損失が算出されています。損益計算書を用いて行うこうした利益の計算方法を**損益法**といいます。

収益－費用＝利益（または損失）……損益法による利益計算

損益法によって算出される利益計算の方法を，わが国の簿記書ではやや使い古されていますが，"水槽の比喩"によって考えてみましょう。

まず，あらかじめ水槽に一定量の水が入っているとします。そこから一定時間，水槽の上部から水を注入していくと同時に，他方で水槽の下部から水を排水していきます。注水量と排水量が違えば，一定時間後の水槽の水量は，注排水前の水量とは当然異なるはずです。そこで質問します。「水量がどれだけ増えたか減ったかを測定するには，どんな方法があるでしょうか。」

答えのひとつは，注水口と排水口にそれぞれ計量器を備えつけ，一定時間における注水量と排水量を測定する方法です。注水量が排水量を超えていれば，その超えた水量だけ水槽の水は増えているはずです。逆に排水量が注水量を超えていれば，その超えた水量だけ水槽の水は減っているはずです。

損益法による利益計算はまさにこれと同じ原理です。つまり，注水口の計量器で測定された水量が収益に相当し，排水口の計量器で測定された水量が費用に相当すると考えます。そして前者が後者を超えていればその水量を利益とみなし，後者が前者を超えていればその水量を損失とみなすのです。言いかえれば，損益法による利益は，一定期間の注水量（収益）と排水量（費用）にもとづいて算出されるところに大きな特徴があります。損益計算書はこのように企業の一期間における活動を測定の対象とするところから，**フローの計算書**（flow statement）と呼ばれます。

§2　損益計算のための基本原則

1.　発生主義

わが国の企業会計の基本ルールは，戦後間もない昭和24年（1949年）に経済安定本部企業会計制度対策調査会によって公表された「企業会計原則」がその原点となっています（第6講で詳述します）。その後，数度にわたり改定が行われたものの，重要な基本ルールは現在も変わっていません。その「企業会計原則」のなかにつぎのような文言があります。

「すべての費用及び収益は，その支出及び収入に基づいて計上し，その発生した期間に正しく割当てられるように処理しなければならない。」（第二損益計算書原則，第1項A）

この文言には，企業が正しい損益計算を行うために守らなければならない2つの重要なルールが示されています。ひとつは，収益・費用の"測定"は収入・支出にもとづいて行うべしとするルールで，もうひとつは，収益・費用の"認識"は発生主義にもとづいて行うべしとするルールです。ここでは"認識"の問題について考えてみましょう。

損益計算書の使命は，一期間における収益と費用を正しく算出・表示し，もって期間利益を正しく算出することにあります。そのためには収益や費用

をどの時点で捉えるか，つまりどの時点で認識（recognition）するかがきわめて重要な問題となります。

認識ルールには現金主義と発生主義の2つがあります。**現金主義**（cash basis）とは，現金の収入時点をもって収益を認識（つまり収益に計上）し，また現金の支出時点をもって費用を認識（つまり費用に計上）する処理法をいいます。それに対して**発生主義**（accrual basis）とは，取引の発生という経済的事実にもとづいて収益や費用を認識（計上）する処理法をいいます。

「企業会計原則」は，上記の文言から，発生主義を採用していることが分ります。しかも「企業会計原則」は，その文言に続いて，発生主義に関するつぎのような具体的な適用例を示しています。

「前払費用及び前受収益は，これを当期の損益計算から除去し，未払費用及び未収収益は，当期の損益計算に計上しなければならない。」（第二損益計算書原則，一A）

"前受収益"とは，第2講の【設例2−6】で学習した"収益の繰延べ"のことです。今，【設例2−6】に戻って，それを確認してみましょう。

もしこの設例で，3月31日に修正を加えなかったとしたら，当期の受取利息は，2月1日に現金を受け取った¥150のままとなります。これが現金主義にもとづく収益です。現金の収入をもって当期の収益と考えるからです。ところが，われわれは棚卸表にもとづき受取利息を¥50，次年度に繰延べました。このため当期の受取利息は¥100と修正されました。これが発生主義にもとづく収益です。当期に提供したサービス分について，経済的事実が発生していると捉えるのです。このためそれに相応する金額¥100を受取利息（収益）として認識します。

また，"未払費用"とは，【設例2−7】の"費用の見越し"のことです。これも【設例2−7】に戻って確認してみましょう。

もしこの設例で，3月31日に修正を加えなかったとしたら，いまだ現金を支払っていませんから，当期の支払利息は¥0となります。これが現金主義にもとづく費用です。ところが，われわれは棚卸表にもとづき支払利息を¥1,600，当期に見越し計上しました。これが発生主義にもとづく費用です。

当期に提供を受けたサービス分について，経済的事実が発生していると捉えるのです。このためそれに相応する金額¥1,600を支払利息（費用）として認識します。

第2講では触れませんでしたが，われわれはすでに発生主義にもとづいて収益や費用を捉えていたわけです。棚卸表に記載されていた「商品の棚卸」，「債権に対する貸倒れの準備」，「固定資産の減価償却」といった決算整理事項は，いずれも発生主義のルールにもとづきその処理が行われていると考えて間違いありません。今日の企業会計において，発生主義のルールが非常に重要な役割を果たしていることが分ります。

2. 実現主義

今日の企業会計において，収益および費用の認識ルールの基本は紛れもなく発生主義にあります。しかし一方で，「企業会計原則」は一部の収益に関して**実現主義**（realization）のルールも満たすことを求めています。

「売上高は，実現主義の原則に従い，商品等の販売又は役務の給付によって実現したものに限る。」（第二 損益計算書原則，三B）

「未実現収益は，原則として，当期の損益計算に計上してはならない。」（第二 損益計算書原則，一A）

これを要するに，売上等の収益に関しては，「実現収益」と「未実現収益」の2つがあり，今日の企業会計では実現したものでなければ収益とは認めないという立場をとっているのです。そして通説によれば，「実現収益」となるには，(1)取引相手に商品等を引き渡した事実があること，(2)取引相手からその対価として現金もしくは現金に近いとみなされる資産を受け取った事実があること，の2つの要件を満たすことが求められています。

それでは，「実現収益」および「未実現収益」について，以下の4つの【設例】によって，さらに踏み込んで考えてみましょう。

―【設例3-1】《店頭販売の場合》―――――――――――――――
　S商店は，決算直前に地元の製造業者K社から靴下を￥200,000で掛仕入れし，それを翌日から店頭で販売を始め，決算日までに完売しました。販売総額は￥350,000で，販売形態の内訳は，現金￥250,000，売掛金￥100,000でした。当該商品に関するS商店の売上総利益はいくらでしょうか。
【解答】　￥150,000　（＝350,000－200,000）
　　①（借方）仕　入　　200,000　　（貸方）買掛金　200,000
　　②（借方）現　金　　250,000　　（貸方）売　上　350,000
　　　　　　　売掛金　　100,000

　この設例の解答を，これまでに学習した発生主義と実現主義にあてはめて考えると，つぎのようになります。
① まず仕入取引については，納入業者から仕入れた商品が当日にはS商店に到着していると考えられますから，「仕入」という経済的事実は発生しています。このため，発生主義にもとづき，（借方）仕入と記帳して問題ありません。
② つぎに売上取引については，店頭販売のため，商品は顧客に直接手渡されているはずです。したがって，「売上」という経済的事実は発生しています。ただ，販売形態のなかで掛売上が気になりますが，売掛金は現金に近い資産とみなされるため，「売上」という収益が実現していると考え，（貸方）売上と記帳して問題ありません。

　以上から，仕入（販売されましたから売上原価でもあります）の￥200,000と，実現した売上の￥350,000により，S商店の利益は￥150,000と算出されます。
　販売に関わる収益のこうした認識ルールを一般に**販売基準**と呼んでいます。売上等の収益の認識に用いられる最も一般的な基準です。しかしながら，販売形態にはさまざまな形態があります。このため，販売基準を適用しようとしても，うえの店頭販売のように単純にはいかない場合があります。

【設例３－２】《遠隔地販売の場合》
　Ｓ商店は，製造業者Ｋ社から仕入れた靴下を，かねて注文を受けていた得意先のＴ洋品店へ¥350,000の売値で発送しました。ただし，Ｔ洋品店の所在地はＳ商店とは遠距離にあり，商品は運送業者に依頼し，１週間後に到着する予定です。Ｓ商店の決算が発送から３日後だとして，Ｓ商店はどの時点で収益を認識したらよいでしょうか。
　【解答】正解は以下のように２つあります。その仕訳はどちらもつぎのとおりです。

　　　　（借方）売掛金　　350,000　　　（貸方）売　上　　350,000

(1) 発送した時点をもって「販売」したとみなし，発送時点で販売基準を適用することが認められています。この場合，Ｓ商店の当期の売上高は¥350,000加算されます。

(2) 到着した時点もしくは検品が終了した時点をもって「販売」したとみなし，それらの時点で販売基準を適用することもできます。というのは，商品の到着日は，Ｓ商店の決算日の４日後です。その時，はたしてＴ洋品店は予定どおり買い取ってくれるでしょうか。注文したとおりの商品ではなかったとして，返品されてくるおそれはないでしょうか。こうした事態を想定すると，収益の認識時点を少し遅らせ，Ｔ洋品店から商品が到着した旨の連絡が入った時，または検品した結果，間違いがなかったため買い取る旨の連絡が入った時に，収益を計上するほうが手堅いと考えられます。その場合，この取引に関する収益の計上は次年度にズレ込み，当期の売上高は(1)と比べ，¥350,000減少することになります。

　同じく販売基準を適用するにしても，(1)は**出荷基準**と呼ばれるルールを適用することを意味しています。一方，(2)は**到着基準**もしくは**検品基準**と呼ばれるルールを適用することを意味しています。そのどちらを採用するかは企業の裁量に委ねられていますが，どちらを採るかによって企業の期間収益が異なってくることは間違いありません。

【設例３－３】《委託販売の場合》

(1) 地元でバッグを専門に販売しているＢ商店は，全国各地のデパートでの店頭販売を手がけているＲ商事との間で委託販売契約を結んでいます。３月15日，Ｂ商店はＲ商事に委託販売するための女性用バッグ40個（仕入原価＠￥3,000）を納入業者から掛仕入れし，Ｒ商事に対して１個につき￥5,000で販売するよう依頼し，翌日，Ｒ商事に向け商品を発送しました。

(2) ３週間後の４月５日，Ｒ商事から，つぎのような売上計算書が届きました。ただし，Ｂ商店の手取金￥190,000は，まだＲ商事から送金されていません。

売上計算書

売上高		￥200,000
諸掛り：	手数料	10,000
差引：	手取金	190,000

以上から，(1)および(2)でＢ商店が行うべき仕訳を示してください。なお，Ｂ商店の決算日は３月31日とします。

【解答】
(1) (a) 仕入日（３月15日）（借方）仕　　入　120,000　（貸方）買掛金　120,000
　　(b) 発送日（３月16日）（借方）積送品　120,000　（貸方）仕　入　120,000
(2) (a) 売上計算書到着日（４月５日）
　　　　（借方）積送未収金　190,000　　（貸方）売　　　上　200,000
　　　　　　　　支払手数料　 10,000
　　　　（借方）仕　　　入　120,000　　（貸方）積　送　品　120,000

(1)の解答の(b)については解説が必要です。商品を発送しましたから，手許に商品はありません。商品はＲ商事の手許にあるはずです。もし，このまま決算を迎えると，棚卸の際，手許に商品がないため，誤って繰越商品の金額を￥120,000少なく計算するおそれがあります。そこで発送時に，仕入（費用）から積送品（資産）へ移しておきます。第２講の【設例２－２】で学習した決算時の棚卸に関する仕訳のうち，②の仕訳を決算より先回りして行っていると考えたらどうでしょう。これにより，決算時に，積送品という形で繰越商品を抱えていることを忘れないで済みます。

(2)の解答は，「売上計算書」の到着をもって，収益が実現したとして処理したものです。言いかえれば，積送品の売上の時期は翌年度に持ち越される

ことになります。(それに対し, もしB商店が販売基準のうちの出荷基準を適用して, R商事に対して商品を発送した当期に¥200,000の売上を計上したとすれば, それは「未実現収益」とみなされます。R商事による顧客への販売はまだ行われていないからです。)

また,「(借方)仕入 120,000 (貸方)積送品 120,000」の仕訳は, (1)の発送日に行ったと逆の仕訳をし, 元の状態に戻そうとするものです。「売上計算書」の到着により, 商品がすべて販売されていることが確認できましたから, 積送品という形の繰越商品を仕入へ移そうとしています。それはちょうど第2講の【設例2-2】の①の仕訳に相当します。

「企業会計原則」では, 委託販売という特殊な販売形態による「実現収益」の考え方について, つぎのように指示しています。

「委託販売については, 受託者が委託品を販売した日をもって売上収益の実現の日とする。従って, 決算手続中に仕切精算書(売上計算書)が到達すること等により決算日までに販売された事実が明らかとなったものについては, これを当期の売上収益に計上しなければならない。」(「企業会計原則注解」【注6】実現主義の適用について)

特殊な販売形態としては, 委託販売のほかに, 試用販売, 予約販売, 割賦販売などがあります。そして販売形態の違いによって収益の認識時点がそれぞれ微妙に異なってくることになります(詳細は「企業会計原則注解」【注6】参照)。

【設例3-4】《工事収益の場合》

D建設会社は, 当期, 工場の建設を予定しているE社との間で, 以下の資料のような2年間にわたる請負工事に関する契約を結び, 第1年度の工事を終了しました。D社は, 当期の工事にともなう収益と費用をどのように計上したらいいでしょうか。

資料：請負金額　　　　　　　¥200,000千円
　　　見積工事原価　　　　　¥160,000千円
　　　第1年度の発生工事原価　¥90,000千円

【解答】正解は以下のように2つあります。

(1) 仕訳なし
(2) （借方）完成工事未収入金　112,500　（貸方）完 成 工 事 高　112,500＊
　　（借方）完 成 工 事 原 価　　90,000　（貸方）未成工事支出金　　90,000
　＊第1年度の収益：¥200,000×90,000／160,000＝¥112,500（千円）

　(1)の処理は，工事が完成し引渡しが完了したときに収益を計上する方法です。こうした処理のルールを**工事完成基準**と呼びます。この場合，第1年度のD社の損益計算書には，E社の建設工事に関する収益と費用は計上されず，以下の処理にとどまります。

（借方）未成工事支出金　　90,000　（貸方）現　　　　　　　金　　90,000

　そして，予定通り2年後に工事が完成し引渡しが完了した時点で，つぎのように記帳します。

（借方）完成工事未収入金　200,000　（貸方）完 成 工 事 高　200,000
（借方）完 成 工 事 原 価　160,000　（貸方）未成工事支出金　160,000＊

＊2年間にわたる発生工事原価の合計が見積工事原価の¥160,000千円だったと仮定した場合

　(2)の処理は，工事の進み具合（進捗率）に合わせ，収益と費用を各年度に分割して計上する方法です。こうした処理のルールを**工事進行基準**と呼びます。"完成工事高"が収益に相当し，"完成工事原価"が売上原価に相当します。「企業会計原則」は，こうした建設工事にたずさわる企業の収益計上ルールについて，以下のように指示しています。

　「長期の請負工事収益に関する収益の計上については，工事進行基準又は工事完成基準のいずれかを選択適用することができる。
　(1) 工事進行基準
　　決算期末に工事進行程度を見積り，適正な工事収益率によって工事収益の一部を当期の損益計算に計上する。
　(2) 工事完成基準
　　工事が完成し，その引渡しが完了した日に工事収益を計上する。」（「企業会計原則注解」【注7】）

　【設例3－1】から【設例3－3】までは，あらかじめ完成している商品・製

品を単に販売するという事例でした。しかしこの【設例3－4】の事例は，依頼主から特定の建造物の建設を受注した建設会社が，その着工から完成までに関わる会計処理を求められているという点で，大きな違いがあります。受注した建設工事によっては，その着工（製造）から完成（販売）までに1年を超える長い期間を要するものがあることが予想されます。

　このことが建設工事を請け負う建設会社の収益の認識基準に影響を及ぼすことになります。上記2つの基準のうち，工事完成基準は，通常の販売基準を適用したものです。工事が完成し，受注先に引き渡した時点をもって販売したと認識するからです。すでに学習した「実現収益」の要件である，(1)商・製品の引渡し，(2)その対価として現金または現金に近い資産の受取り，という"実現"の要件を満たすことから，文句なく収益として計上できます。ただしこの処理の場合，建設会社の各期間の企業活動がはたして損益計算書に適正に反映されるのかと問われたらどうでしょう。たとえば，本問の場合，建設工事は着実に進められているのに，第1年度は収益が計上されません。やはり一考を要するところがありそうです。

　それに対して，工事進行基準はどうでしょう。これは，工事の完成・引渡し前に，工事収益と工事費用を認識しようとする会計処理です。さきの工事完成基準に比べ，企業の各期間の企業活動が損益計算書により適切に反映されるように思われます。しかし，これまた問題があります。完成（販売）前に収益を計上することになりますから，「実現収益」に必要な2つの要件のうち，(1)商・製品の引渡という要件を満たしていません。それでも「企業会計原則」は，請負工事契約に伴うこうした収益の認識を認めているのです。

　収益のこうした認識方法を**生産基準**と呼んでいます。では，この生産基準を一般の製造会社にあてはめたらどうなるでしょうか。これについても考えてみましょう。一般の製造会社では，当初，原料に過ぎなかったものが加工を加えることで，市場で販売される製品へと姿を変えていきます。つまり販売（収益）へとつながっていくわけです。ということは，製造業の場合，収益はけっして販売の過程で突然生まれるわけではないと考えることができます。とすれば，事前に販売単価（収益）を予定し，加工の進捗度合いに応じ

て収益を部分的に認識していく方法も考えられないわけではありません。これが生産基準です。生産の進み具合に応じて収益を部分的に認識していこうという考え方です。建設業で採用されている工事進行基準は，この生産基準のひとつと言っていいでしょう。しかしながら，この生産基準は，現在，建設会社など特殊な業種以外には収益の認識基準として一般に認められていません。さきの「実現収益」のための要件が満たされていないためです。したがって，一般製造業の場合，工場での加工の進捗率に応じて収益を計上すれば，それは明らかに「未実現収益」とみなされます。

3. 費用収益対応の原則

第1講で学習したように，収益は企業の経済活動の"成果"であり，費用はその成果を生むために要した"犠牲"です。この考え方に立てば，収益と費用の間には何らかの因果関係が認められるはずです。「企業会計原則」は両者のこの関係を，**費用収益対応の原則**と呼び，損益計算書における表示方法について，以下のように指示しています。

「費用及び収益は，その発生源泉に従って明瞭に分類し，各収益項目とそれに関連する費用項目とを損益計算書に対応表示しなければならない。」(第二 損益計算書原則，一C)

つまり，損益計算書は単に収益と費用は無秩序に羅列するのではなく，両者の因果関係を考慮して表示されるべきことを指示しているのです。その意味で，この原則は「企業会計原則」のなかの"明瞭性の原則"と呼ばれる原則と密接な関係にあります。

「企業会計は，財務諸表によって，利害関係者に対し必要な会計事実を明瞭に表示し，企業の状況に関する判断を誤らせないようにしなければならない。」(第一 一般原則4)

言いかえれば，費用収益対応の原則は，明瞭性の原則を損益計算書にあてはめたものといえます。会計計算書の読み手が企業の実態を容易に理解できるよう，費用と収益の因果関係を考慮した表示となることを求めているのです。

費用と収益の対応表示には，**直接的対応**と**間接的対応**といわれる表示の方法があります。前者は，費用と収益の因果関係が強く見られるもので，**個別的対応**ともいわれています。たとえば，売上高と売上原価の関係です。それに対して後者は，そうした関係が強くない場合に用いられます。たとえば，売上高という収益との関係でいえば，販売費および一般管理費は，売上原価ほど強い結びつきはありません。このため**期間的対応**とも呼ばれています。たとえば，販売費および一般管理費のなかに減価償却費があります。売上高との関係でいえば，さらに希薄なものに支払利息があります。このため，営業外費用という分類のもとで表示されます。

4. 総額主義の原則

損益計算書の役割は一期間の利益を計算・表示することにありますが，単に差額の利益額だけを示せばいいというわけではありません。利益が生み出されたプロセス，すなわち収益の大きさと費用の大きさを同時に示す必要があります。それにより，企業の活動量を知ることができるからです。これが**総額主義の原則**です。「企業会計原則」ではつぎのように総額主義を指示しています。

> 「費用及び収益は，総額によって記載することを原則とし，費用の項目と収益の項目とを直接に相殺することによってその全部又は一部を損益計算書から除去してはならない。」（第二 損益計算書原則，一B）

たとえば，売上総額が¥1,200,000であったとしても，そのうち値引きが¥200,000あったとすれば，純売上高は¥1,000,000となります。この場合，売上総額¥1,200,000と売上値引額¥200,000を示したうえで，純売上高¥1,000,000を表示する方法と，差額の純売上高¥1,000,000だけを表示する方法が考えられます。前者が**総額主義**であり，後者が**純額主義**です。"情報価値の高さ"からいえば，当然，前者が高いことになります。ここに，損益計算書の表示にあたって，原則として，純額主義ではなく総額主義が採用される理由があります。

§3 損益計算書の様式と各種の利益概念

1. 勘定式の損益計算書

損益計算書には2種類の様式があります。ひとつは第2講の最後に示した様式で，これを**勘定式**の損益計算書と呼びます。これを改めて区分別にして表記し直すと以下のようになります。

損益計算書

売上原価	180,000	売上高	280,000
売上総利益	112,850	受取手数料	12,850
	292,850		292,850
広告費	60,000	売上総利益	112,850
貸倒損失	1,000		
減価償却費	27,000		
営業利益	24,850		
	112,850		112,850
支払利息	1,600	営業利益	24,850
当期純利益	23,350	受取利息	100
	24,950		24,950

　この損益計算書は，左右に表示することから，これまで学習してきた内容に沿っており，一見，分りやすいように思えます。しかし，区分別に表示してあるため，若干の解説が必要です。まず，一番トップの表示は，さきの(c)「費用収益対応の原則」にもとづき，売上高に最も因果関係が強い売上原価を対照表示しています。その結果，貸方残高¥112,850となり，貸借の金額を一致させるために，売上総利益として¥112,850を借方に表示しています。この貸方残高はつぎの営業活動区分に下ろします。貸方残高から始めるため，まず貸方に売上総利益¥112,850を表示します。借方は営業活動に要した費用を表示します。その結果，貸方残高¥24,850となります。さっきと同じで，この区分での貸借を一致させるために，その差額¥24,850を営業利益として借方に表示します。この貸方残高は，営業活動以外の活動で生じた損益を表示するための区分に下ろします。貸方残高から始めるため，ここでもまず貸

方に営業利益¥24,850を表示します。そして営業活動以外の活動で生じた受取利息や支払利息を表示します。この区分でも，貸方残高¥23,350となっています。そこで借方に不足している金額¥23,350を当期純利益として加算することで，貸借の金額はともに¥24,950で一致します。以上が勘定式により，かつ活動区分別に表示した場合の損益計算書の様式です。

2. 報告式の損益計算書

もうひとつは**報告式**の損益計算書と呼ばれています。その様式は以下のとおりです。報告式は，勘定式のように左側と右側に分けず，上から下向きに表示する様式をさします。いわば垂直式の計算書の様式のことです。

損益計算書

Ⅰ	売上高		280,000	
	受取手数料		12,850	292,850
Ⅱ	売上原価			180,000
	売上総利益			112,850
Ⅲ	販売費及び一般管理費			
	1	広告費	60,000	
	2	貸倒損失	1,000	
	3	減価償却費	27,000	88,000
	営業利益			24,850
Ⅳ	営業外収益			
	1	受取利息		100
Ⅴ	営業外費用			
	1	支払利息		1,600
	当期純利益			23,350

この様式のほうが，計算の得意な日本人には分りやすいのではないでしょうか。表示区分は(1)売上総利益を算出する区分，(2)営業利益を算出する区分，(3)当期純利益を算出する区分に分れています。

第4講
貸借対照表

§1　貸借対照表の役割

　企業の始まりは，まず創業者による財産の集積をもって始まります。創業者がその目的とする活動を行うためには，一人または仲間とともに財産を持ち寄る必要があるからです。企業によっては，プラスの財産の資産だけでなく，マイナスの財産の負債も抱え，創業する場合があるかもしれません。それはともかく，企業としてはまず創業時の財産の一覧表を作成する必要があります。資産の項目を列挙し，各項目の金額を示すとともに，資産の合計額を算出します。負債も同様です。その結果，資産の合計と負債の合計の差額が算出されます。簿記ではこれを資本（純資産）と捉えます。それは創業者たちの"正味の出資額"を意味します。最初の貸借対照表の誕生です。こうして簿記・会計は，企業の成立とともに，貸借対照表の作成をもって始まります。

　A商店の創業時の貸借対照表（期首貸借対照表）が，以下の**図表4－1**のようだったとします。そして1年間の活動の後に作成した貸借対照表（期末貸借対照表）が，**図表4－2**（第2講末の貸借対照表の再掲）のようだったとします。これら2つの貸借対照表を比べてみて，その表示内容で大きく違うところを探してみてください。

図表4−1
期首貸借対照表
A商店　　平成＊1年4月1日現在（単位円）

現　　金	90,000	借　入　金	80,000
商　　品	30,000	資　本　金	200,000
建　　物	100,000		
備　　品	60,000		
	280,000		280,000

図表4−2
期末貸借対照表
A商店　　平成＊2年3月31日現在（単位円）

現　　金	105,000	買　掛　金	27,000
売　掛　金	40,000	借　入　金	80,000
貸　付　金	10,000	貸倒引当金	1,000
商　　品	45,000	建物減価償却累計額	9,000
建　　物	100,000	備品減価償却累計額	18,000
備　　品	60,000	前受利息	50
		未払利息	1,600
		資　本　金	200,000
		当期純利益	23,350
	360,000		360,000

　1年後の貸借対照表がずいぶん複雑になっていることは容易に分ります。ただ2つの貸借対照表の最も大きな違いは，期首貸借対照表では示されていない"当期純利益"が，期末貸借対照表の貸方の最後尾に示されている点にあります。活動を開始する前の貸借対照表には利益は示されません。それに対して，活動後の貸借対照表にはその期間に獲得した"純利益"が示されます。期末貸借対照表では，期末時点の財産の一覧だけでなく，その期間に獲得した"純利益"も表示されるということです。その利益の金額は，損益計算書で示される利益の金額と同じ金額です。第2講の最後に示した損益計算書と貸借対照表で改めて確認してみてください。これら2枚の会計計算書において，ともに¥23,350の"当期純利益"が示されています。

§2　財産法による利益計算

　貸借対照表は企業の一時点における財政状態を示す会計計算書です。そこでは，資産や負債の項目と金額が表示されます。さらに資産の合計と負債の合計が表示され，両者の差額として資本（純資産）が算出されます。加えて，資本の金額が，期首と期末でどう変化したかによって，利益または損失が測定・表示されます。貸借対照表を用いて行うこうした利益の計算方法を**財産**

法といいます。

　期末資本 − 期首資本 ＝ 利益（または損失）……財産法による利益計算

　期首資本は，期首貸借対照表のうち，期首資産の合計額から期首負債の合計額を差し引いて求めます。また期末資本は，期末貸借対照表のうち，期末資産の合計額から期末負債の合計額を差し引いて求めます。この期末資本は，期首資本と当期純利益の合計額で構成されています。さきの**図表4−1**と**図表4−2**の貸借対照表を，以下のように図示して確認してみます。

期首貸借対照表

期首資産 280,000	期首負債 80,000
	期首資本 200,000
280,000	280,000

期末貸借対照表

期末資産 360,000	期末負債 136,650
	期末資本 223,350
360,000	360,000

　それでは，財産法によって算出される利益計算の方法を，前講で用いた"水槽の比喩"によって考えてみましょう。前提は同じです。あらかじめ水槽に一定量の水が入っているとします。そこから一定時間，水槽の上部から水を注入していくと同時に，他方で水槽の下部から水を排水していきます。注水量と排水量が違えば，一定時間後の水槽の水量は，注排水前の水量とは当然異なるはずです。そこで質問です。「水量がどれだけ増えたか減ったかを測定するには，どんな方法があるでしょうか。」

　もうひとつの答えはこうです。まず注排水前の水槽の水量を測っておきます。さらに注排水後の水槽の水量を測ります。両者の水量の差額が，水量の増分あるいは減分を示しているというわけです。そこでは第3講の損益法で述べたような注水口の計量器や排水口の計量器は全く必要ありません。注排水前の水量と注排水後の水量さえ分れば，一定時間後の水量の増減が分るというわけです。

　財産法による利益計算はまさにこれと同じ原理です。注排水前の水量が期首資本に相当し，注排水後の水量が期末資本に相当します。そして後者が前者を超えていればその水量を利益とみなします。逆に前者が後者を超えていればその水量を損失とみなします。財産法による利益は，このように二時点

間の水量（期首資本と期末資本に相当）にもとづいて算出するところに大きな特徴があります。こうして貸借対照表は企業の一時点の財産有高を測定の対象とするところから，**ストックの計算書**（stock statement）と呼ばれます。

§3　純利益（または純損失）のその後の扱い
　　　―資本金に加算するか，加算しないか―

　第1講と第2講では個人企業を対象にした商業簿記について学習しました。そして今，利益計算の方法には，損益計算書を用いた利益計算と，貸借対照表を用いた利益計算があることを学びました。これら会計計算書で示される決算時の利益の表示方法は，個人企業であれ，株式会社企業であれ，変わるところはありません。ただ，翌期首に入って，改めて期首貸借対照表を作成する場合，その表示方法が変わります。さきの**図表4－2**の要約版を用いて，その違いを以下に示します。

A商店　期首貸借対照表		B株式会社　期首貸借対照表	
期首資産 360,000	期首負債 136,650 資本金 223,350	期首資産 360,000	期首負債 136,650 資本金 200,000 繰越利益剰余金 23,350
360,000	360,000	360,000	360,000

　期首資本という概念でいえば，個人商店のA商店も，株式会社のB社も，ともに¥223,350で違いはありません。しかしその表示方法が違います。A商店の場合，前期の期首資本¥200,000に利益¥23,350をプラスした¥223,350が資本金として表示されています。つまり，個人商店では利益が出ればそれが資本金に加算され，損失が出ればそれが資本金から減算されて表示されます。個人商店の資本金は，このように前年度の損益の影響を受け，毎年，変化していきます。それに対して，株式会社のB社の場合，資本金は常に一定額で表示されます。また"当期純利益"が"繰越利益剰余金"という別の勘定に移されて示されます。これらの処理は第7講で取りあげる会社法のルー

ルに沿った処理なのです。

§4　財産計算のための基本原則

1.　取得原価主義

　第3講では，損益計算のための重要なルールとして，"発生主義"と"実現主義"というルールがあることを学びました。損益計算書で正しい利益計算を行うためには，これらのルールを守ることが不可欠です。では，貸借対照表で正しい財産計算および正しい利益計算を行うための重要なルールにはどのようなものがあるのでしょう。

　「企業会計原則」では，資産の評価原則として，つぎのように指示しています。

　　「貸借対照表に記載する資産の金額は，原則として，当該資産の取得原価を基礎として計上しなければならない。」（第三　貸借対照表原則　五）

　貸借対照表の作成時に資産に対して適用されるこのルールを**取得原価主義**と呼んでいます。「企業会計原則」は，貸借対照表に示される資産は，当該資産の取得時の金額を基礎にしなさい，と言っているわけです。以下，このルールについて，さらに踏み込んで考えてみましょう。

　まず，**取得原価**とはどういう意味でしょうか。字義どおり，"資産を取得したときの原価"ということですが，問題はその原価の測定にあります。というのは，企業の資産の取得方法にはいろいろあるため，その原価の測定が単純にはいかない場合があるのです。以下の4つの【設例】で"取得原価の測定"について考えてみましょう。

　┌**【設例4－1】**《購入による取得》─────────────
　│㈱F社は，E建設会社に対し，本社屋から20メートルほど離れたところにある社
　│有地に店舗用建物1棟の建設を依頼しました。建物は約1ヶ月の建設工事ののち
　│完成し，本日，引渡しを受けました。工事代金の請求額は¥20,000（千円）で，

本日，E建設会社の預金口座へ振り込みました。㈱F社が行うべき仕訳を示してください。

【解答】　（借方）建　　物　20,000　（貸方）現　　金　20,000

取得原価の測定が最も容易な事例です。建物という資産を取得した時，それに金額を付さなければなりません。この場合，E建設会社に支払った現金20,000（千円）をもって建物の取得原価とします。

―【設例4－2】《自家(じか)建設による取得》――――――――――――――――――

㈱F社は，本社屋から20メートル離れたところにある社有地に店舗用建物1棟の建設を予定しています。ただ，建設会社に建設を依頼すると多額の工事代金を支払わなければならないため，F社社長は自社の従業員のなかの10人に対し，店舗用建物の建設を指示しました。2ヵ月後の本日，建物が完成しました。建設工事に要した材料費，労務費等の合計額は¥12,000（千円）で，うち¥10,000（千円）については現金ですでに支払っていますが，残り¥2,000（千円）は，来月支払う約束になっています。㈱F社が行うべき仕訳を示してください。

【解答】　（借方）建　　物　12,000　（貸方）現　　金　10,000
　　　　　　　　　　　　　　　　　　　　　　未　払　金　2,000

いわゆる自家建設（自社で建物等を建設するという意味です）により建物を取得した事例です。この場合も，建設に要した資材費代等，相手方にすでに支払ったりこれから支払う予定の代金の合計¥12,000（千円）が，建設した建物の取得原価となります。

―【設例4－3】《交換による取得》――――――――――――――――――――――

㈱F社は，本社屋から20メートル離れたところにある社有地に店舗用建物1棟の建設を予定していました。そこへ1ヶ月前，本社屋のすぐ隣で，長年，店舗を構えビジネスをしていたG商事の社長から，上記社有地とG商事の店舗を交換して欲しいという申し出を受けました。さっそく調査したところ，G商事の店舗より社有地（簿価¥8,000千円）のほうが若干価値が高いことが判明しましたが，利便性を考え，G商事の申し出を快諾し，本日，契約書にサインしました。㈱F社が行うべき仕訳を示してください。

【解答】　（借方）建　　物　8,000　（貸方）土　　地　8,000

交換によって建物を取得した事例です。この場合，相手に提供したのは現金で

はなく土地ですが，提供した土地の簿価¥8,000千円が建物の取得価額となります。

【設例4-4】《贈与による取得》

㈱F社は，本社屋から20メートル離れたところにある社有地に店舗用建物1棟の建設を予定していました。そこへ1ヶ月前，本社屋のすぐ隣で，長年，店舗を構えビジネスをしていたG商事の社長から，高齢のためにG商事の事業を閉鎖することにした，についてはG商事の現従業員5人をF社で雇用してくれるのであれば，G商事の店舗をF社に贈与してもいいという申し出がありました。さっそく専門家に依頼して調査したところ，G商事の店舗の価値は¥7,000千円ということが分りました。本日，G商事の申し出どおりの内容で契約書にサインしました。㈱F社が行うべき仕訳を示してください。

【解答】　　（借方）建　　　物　　7,000　　　（貸方）建物受贈益　　7,000

以上4つの【設例】のうち，最初の3つは，それぞれ資産の取得方法は異なりますが，資産を取得した時に相手に支払った対価をもって当該資産の取得価額としている点で共通しています。いわば，（貸方）の科目の金額が（借方）の科目の金額を決定するというわけです。これが"取得原価の測定"の基本形です。

ところが，最後の【設例4-4】は"贈与"によるため，建物の取得時に相手に対価を提供していません。つまり，（貸方）の科目の金額が判明しないため，（借方）の科目の金額が決定できないという事例です。しかし，「企業会計原則」ではこうした特殊な事例についても，つぎのように指示しています。

「贈与その他無償で取得した資産については，公正な評価額をもって取得原価とする。」（第三　貸借対照表原則，五F）

要するに，その場合は取得した資産そのものの"公正な評価額"を算出し，それをもって当該資産の取得価額とする，というわけです。㈱F社が調査を依頼して判明した¥7,000千円が"公正な評価額"とみなされることになります。

"取得原価"の意味を学んだところで，つぎに"取得原価主義"（単に"原

価主義"ともいいます）について考えてみましょう。すでに触れたように，取得原価主義は，決算において貸借対照表に示す資産の評価方法のひとつで，「企業会計原則」が採用している評価方法です。資産の取得時の金額をベースにして当該資産の期末時点の価額を算出すべしというわけですから，取得時の価額が決定的に重要となります。

それでは，決算時における取得原価主義の適用例について，第２講で学習した「債権に対する貸倒れの準備」（【設例２－３】）と「固定資産の減価償却」（【設例２－４】と【設例２－５】）を用いて，学習しましょう。

【設例２－３】では，期末の売掛金残高￥40,000と貸付金残高￥10,000に対して，各２％の貸倒れを予想し，「（借方）貸倒損失　1,000　　（貸方）貸倒引当金 1,000」と仕訳処理しました。この処理に関連して，「企業会計原則」は"取得原価主義"を以下のように適用するよう求めています。

「受取手形，売掛金その他の債権の貸借対照表価額は，債権金額または取得価額から正常な貸倒見積高を控除した金額とする。」（第三 貸借対照表原則，五Ｃ）

つまり「企業会計原則」は，売掛金や貸付金といった債権について，決算時に見積った貸倒予想額を控除した金額を貸借対照表に表示するよう求めているのです。したがって，【設例２－３】の場合，貸借対照表に表示される売掛金と貸付金の金額は，以下のようになります。

売掛金　￥39,200　（＝40,000－(40,000×0.02)）
貸付金　￥ 9,800　（＝10,000－(10,000×0.02)）

一方，【設例２－４】と【設例２－５】では，備品の取得原価￥60,000に対して，￥18,000の減価償却費が算出され，「（借方）減価償却費 18,000　　（貸方）備品減価償却累計額 18,000」と仕訳処理しました。この処理に関連して，「企業会計原則」は"取得原価主義"を以下のように適用するよう求めています。

「有形固定資産については，その取得価額から減価償却累計額を控除した価額をもって貸借対照表価額とする。」（第三 貸借対照表原則，五Ｄ）

つまり「企業会計原則」は，備品や建物といった固定資産について，その

取得価額から決算時に計上した減価償却費を含む減価償却累計額を控除した金額を貸借対照表に表示するよう求めているのです。したがって、**【設例2－5】**の場合、貸借対照表に表示される備品の金額は、以下のようになります。

　　備　品　　￥42,000　（＝60,000－18,000）

　売掛金や貸付金などの債権、そして備品や建物などの固定資産についても、貸借対照表に表示される金額は、取得価額が基礎になって決定されることが分ります。これが取得原価主義なのです。「企業会計原則」では、これら資産のほかに、商品等の棚卸資産、株式等の有価証券などのすべての資産について"取得原価主義"が貫かれることを求めています。

2. 費用配分の原則

　貸借対照表で正しい財産計算と正しい利益計算を行うためのもうひとつの重要なルールに費用配分の原則があります。**費用配分の原則**とは、取得原価をベースに、その金額の一部を毎期、費用処理していくルールのことをいいます。「企業会計原則」はつぎのように述べています。

　　「資産の取得原価は、資産の種類に応じた費用配分の原則によって各事業年度に配分しなければならない。」（第三 貸借対照表原則，五）

　その適用例として、「企業会計原則」は備品等の固定資産に関わる処理法をつぎのように指示しています。

　　「有形固定資産は、当該資産の耐用期間にわたり、定額法、定率法等の一定の減価償却の方法によって、その取得原価を各事業年度に配分し……なければならない。」（第三 貸借対照表原則，五）

　それでは、第2講の【設例2－4】と【設例2－5】に再度戻り、費用配分の原則について考えてみましょう。

　当期に取得した備品￥60,000のうち、期末に定額法により減価償却費￥18,000を算出し、それを直接法または間接法で仕訳処理しました。備品の耐用年数は3年でしたから、当期と同様の会計処理がこのあと2年間続けられることになります。つまり、取得価額￥60,000の備品は、3年間にわたり

¥18,000ずつ費用処理されていくわけです。これが「企業会計原則」の求める費用配分のルールなのです。

　しかし考えてみれば不思議です。備品は資産としてまだ使用しています。その資産に対して，なぜ，わざわざその金額を見積もり，費用に落としていくのでしょうか。ひとつの理由は，第3講で学んだ"発生主義"に求められます。取得時の価値が年々減少していくという経済的事実を重視し，それを損益計算に反映させることが企業の正しい利益計算につながるという考え方です。

　それでも疑問は残ります。価値が年々減少していくというのであれば，使用を終えて廃棄した年度にまとめて，たとえば"備品除却損"として費用処理するほうが，金額も明確で，むしろ妥当ではないか，と。あるいはまた，いずれ廃棄する運命にある資産であれば，取得した年度にまとめて"備品購入費"として処理してしまう方法もあるのではないか，と。確かにそのとおりです。アメリカやヨーロッパの企業が長年にわたり取り組んできた減価償却に関する歴史を調べてみると，実にさまざまな方法でこの問題に取り組んできたことが分ります。その長い企業実務の経験のなかから，"費用配分"による処理方式が最も望ましい方法であるという考えが定着したのです。

　取得時に全額費用処理する方法や，廃棄時に全額費用処理する方法は，固定資産の減価に対処する考え方として一考の価値はあります。ただ，両者の処理方法には共通する大きな難点があるのです。各期間の利益がブレるという難点です。たとえば，備品¥60,000を取得時に全額費用処理したとします。第1年度の利益額はその影響を受けて少なく計上されます。それに対して第2年度と第3年度は費用ゼロですから，第1年度の利益額に比べ多く計上されることになります。各期間の利益がそのために歪んでしまうのです。"費用配分"のルールではそのブレがありません。これにより"費用配分"のルールのほうが，企業の各期間の活動が"より適正に"表示できると考えられたのです。"費用配分の原則"には，「期間利益の適正化」あるいは「期間利益の平準化」（ブレをなくし滑らかにするという意味）という企業会計の願いが込められています。

3. 総額主義の原則

総額主義の原則は，すでに学んだ損益計算書の表示に関わるルールとしてだけでなく，貸借対照表の表示に関わるルールとしても登場します。

「資産，負債及び資本は，総額によって記載することを原則とし，資産の項目と負債または資本の項目とを相殺することによって，その全部又は一部を貸借対照表から除去してはならない。」（第三 貸借対照表原則，一C）

以上の内容を，これまでに学習したものを用いて考えてみましょう。【設例2－3】にもう一度戻ります。さきの"取得原価主義"にもとづき，売掛金と貸付金の貸借対照表に表示される金額は，それぞれ貸倒引当金を控除したあとの金額になります。売掛金は￥39,200（＝40,000－800），貸付金は￥9,800（＝10,000－200）と表示しなければなりません。

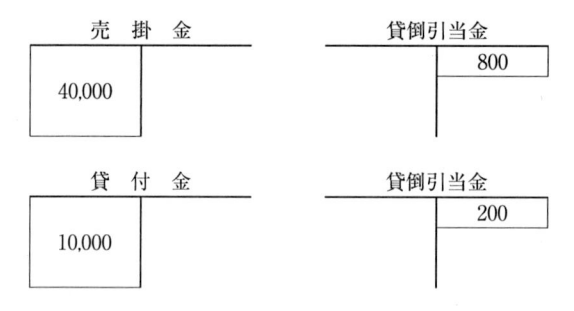

```
     売 掛 金              貸倒引当金
  ┌─────────┐         ┌─────────┐
  │         │         │     800 │
  │  40,000 │         │         │
  └─────────┘         └─────────┘

     貸 付 金              貸倒引当金
  ┌─────────┐         ┌─────────┐
  │         │         │     200 │
  │  10,000 │         │         │
  └─────────┘         └─────────┘
```

ところが"総額主義"のルールは，貸借対照表への表示は単なる純額（差額）ではなく，総額から控除する形式で表示すべしと指示しています。なかなか厄介な注文をしています。そのルールにもとづいて，うえの売掛金と貸付金の貸借対照表での表示方法を示すと以下のようになります。

```
            貸借対照表
  売 掛 金      40,000
    貸倒引当金     800    39,200
  貸 付 金      10,000
    貸倒引当金     200     9,800
```

売掛金と貸付金はともに資産ですから貸借対照表の借方に表示します。ところがこれら債権の貸倒引当金は負債の項目です。このため"総額主義"の

ルールは，その差額だけを示すのでなく，その計算プロセスも示すよう指示しているのです。本来，貸方科目として用いられた貸倒引当金が，貸借対照表の貸方から借方へ移され，各債権の純額を示すための控除科目として利用されるということになります。

【設例２－４】と【設例２－５】の備品と備品減価償却累計額の表示方法も，この"総額主義"のルールにより，うえの売掛金や貸付金と同様の表示方法となります。その表示内容は以下のようになります。

```
                        貸借対照表
  備    品      60,000
  減価償却累計額  18,000  42,000
```

4. 貸借対照表の区分と流動性配列法

貸借対照表の作成・表示に関して，もうひとつ重要なルールがあります。資産と負債の分類表示に適用される**流動性配列法**というルールです。

「貸借対照表は，資産の部，負債の部及び資本の部の三区分に分ち，さらに資産の部を流動資産，固定資産及び繰延資産に，負債の部を流動負債及び固定負債に区分しなければならない。」(第三 貸借対照表原則，二)

「資産及び負債の項目の配列は，原則として，流動性配列法によるものとする。」(第三 貸借対照表原則，三)

貸借対照表の表示方法には，大きく流動性配列法と固定性配列法の２つがあります。流動性配列法とは，現金を筆頭に，その資産が時間的に別の形態の資産に変わりやすいものの順番で上から表示するというルールのことをいいます。逆に固定性配列法は，資本金を筆頭に，その資産が時間的に別の形態の資産に変わりにくいものの順番で上から表示するというルールのことです。わが国の場合，電力会社など特殊な一部の業種を除き，ほとんどの企業の貸借対照表は流動性配列法のルールによって表示されています。具体的には，以下の§5に例示した貸借対照表でその表示方法を確認してください。

§5　貸借対照表の様式

1. 勘定式の貸借対照表

　貸借対照表には2種類の様式があります。ひとつは第2講の最後に示した様式で，勘定式の貸借対照表です。それを本講で学習したルールにもとづき，改めて以下のように表記し直します。

貸借対照表

A商店　　　　　　　　　　平成＊2年3月31日現在　　　　　　　　　（単位：円）

現　　　金			105,000	買　掛　金	27,000
売　掛　金	40,000			借　入　金	80,000
貸倒引当金	800		39,200	前 受 利 息	50
貸　付　金	10,000			未 払 利 息	1,600
貸倒引当金	200		9,800	資　本　金	200,000
商　　　品			45,000	当期純利益	23,350
建　　　物	100,000				
減価償却累計額	9,000		91,000		
備　　　品	60,000				
減価償却累計額	18,000		42,000		
			332,000		332,000

2. 報告式の貸借対照表

　もうひとつは報告式の貸借対照表で，"資産"，"負債"，"資本"の順番に上から下向きに表示する様式です。

貸借対照表

A商店　　　平成＊2年3月31日現在　　　（単位：円）

（資産の部）		
現　　金		105,000
売 掛 金	40,000	
貸倒引当金	800	39,200
貸 付 金	10,000	
貸倒引当金	200	9,800
商　　品		45,000
建　　物	100,000	
減価償却累計額	9,000	91,000
備　　品	60,000	
減価償却累計額	18,000	42,000
資産合計		332,000
（負債の部）		
買 掛 金		27,000
借 入 金		80,000
前受利息		50
未払利息		1,600
負債の部合計		108,650
（資本の部）		
資 本 金		200,000
当期純利益		23,350
資本の部合計		223,350
負債・資本合計		332,000

第5講
工業簿記と原価計算

§1 商業簿記と工業簿記

　第1講の§1の「複式簿記の種類」で，販売業やサービス業で行われる簿記が商業簿記であり，製造業で行われる簿記が工業簿記であると述べました。それはそれで誤りではないのですが，実はこの表現は誤解を招くおそれがあります。本講の学習を始めるにあたり，まずその誤解を解いておかねばなりません。
　結論をさきに述べると，卸・小売業やサービス業といったいわゆる商業では，商業簿記だけで会計計算書を作成することができますが，製造業の場合，工業簿記だけでは必要な会計計算書を作成することができません。商業と同様に，商業簿記も必要となります。
　というのは，製造業の場合，工場のなかで製品を作ることだけが企業活動のすべてではないからです。製品を作るためには，納入業者から原材料を仕入れなければなりません。そして工場で作りあげた製品を販売しなければなりません。つまり製造業の場合，単に製造活動だけにとどまらず，商業と同じように仕入活動や販売活動も行わなければ企業として成り立ちません。このため，製造業の場合，仕入れや販売といった企業の外部者との取引（外部活動）は商業簿記で，工場のなかの製造活動（内部活動）は工業簿記でと，2つの簿記が並行して行われることになります。
　商業簿記については前講までで一通りの学習を終えました。本講は製造業

に特有の簿記である工業簿記について学習します。

§2 工業簿記の目的

　工業簿記の目的は，工場のなかで行われる製造活動を，複式簿記によって適切に把握し，その結果を一枚の会計計算書に表現することにあります。その計算書を**製造原価報告書**と呼びます（製造原価明細書ともいいます）。本講の目標は，複式簿記を通じてこの計算書が作成されるまでの過程を学習することにあります。そこで，その学習に先立って，最終目標となる製造原価報告書の一例を示しておきます。製造原価報告書に表示されているさまざまな名称や勘定科目を見ることで，工場のなかでどのような製造活動が繰り広げられているのか，イメージしてみてください。

製造原価報告書 (単位：100万円)

材　料　費		
期首材料棚卸高	600	
当期材料仕入高	3,200	
合　　計	3,800	
期末材料棚卸高	400	3,400
労　務　費		
賃　　金	1,600	
給　　料	900	2,500
経　　費		
外注加工賃	1,000	
減価償却費	500	
電　力　料	200	1,700
当期製造費用		7,600
期首仕掛品原価		600
合　　計		8,200
期末仕掛品原価		500
当期製品製造原価		7,700

　商業簿記には出てこなかった勘定科目や名称がずらりと登場してきます。

まず「材料費」,「労務費」,「経費」といった勘定科目ですが,工業簿記では工場のなかで発生する費用をこのように3つに分類して把握していきます。ついで,「当期製造費用」,「仕掛品原価」,「当期製品製造原価」といった費用の名称が出ています。なかでも最後の「当期製品製造原価」に注目してください。**当期製品製造原価**とは,当該期間に完成した製品の製造原価のことをいいます。完成した製品のなかには,すでに顧客に販売されたものもあるでしょう。倉庫に山積みされて出荷を待っているものもあるでしょう。いずれにしろ企業としては,製造活動に続いて販売活動に取り組むことになります。それは商業でいえば,仕入業者からの商品の納入が済(す)み,いよいよ販売活動に入っていく段階に相当します。販売活動は外部活動ですから,ここからさきの活動については商業簿記にバトン・タッチされます。つまり工業簿記は,企業の経済活動のうち,商業簿記にバトン・タッチするまでの内部活動(製造活動)を正しく把握するために用いられる記録システムであり,具体的には,当期製品製造原価の算出をもってその役割を終えます。

§3 工業簿記と原価計算

企業が行う製造活動に対して,会計が果たすべき基本的な役割のひとつは,製品の単位あたりの製造原価を算出することです。たとえば,製品1個について,1台について,1キログラムについて,その製造にいくらの費用がかかったのか,というわけです。これを**原価計算**といいます。

わが国では,戦後しばらくして,製造業の経営管理に資するための指針が,大蔵省企業会計審議会より「原価計算基準」として示されています。この基準のはしがきに,つぎのような文言がみられます。

「この基準は,企業会計原則の一環を形成し,そのうちとくに原価に関して規定したものである。それゆえ,すべての企業によって尊重されるべきであるとともに……企業の原価計算に関連ある事項について,法令の制定,改廃等が行なわれる場合にも,この基準が充分にしん酌されることが要望され

る。」(「原価計算基準」"原価計算基準の設定について")

　この「原価計算基準」は，これまでに学んできた「企業会計原則」と同様，法律ではなく，健全な企業経営に資するためのガイドラインとして公表されたものに過ぎません。しかし，ともに今日まで，わが国の企業会計制度にとって重要な屋台骨であり続けています。

　この「原価計算基準」の最初に"原価計算の目的"が５つ記されていますが，最初の２つを紹介すると以下のとおりです。

　　「㈠企業の出資者，債権者，経営者等のために，過去の一定期間における損益ならびに期末における財政状態を財務諸表に表示するために必要な真実の原価を集計すること。

　　㈡価格計算に必要な原価資料を提供すること。」(第一章　原価計算の目的と原価計算の一般的基準，一　原価計算の目的)

　㈠では，損益計算書や貸借対照表といった会計計算書を通じて，その企業の実態を明らかにするために原価計算が必要であることを説いています。また㈡は，製造業がその製品の販売価格を決定するために原価計算が必要であることを説いています。

　以上から，製造業では製品の製造原価を把握すること，すなわち原価計算が必要不可欠であることが分ります。複式簿記を用いてそれをサポートするのが工業簿記なのです。原価計算と工業簿記は一心同体の関係でつながっています。簿記書では両者のこうした関係を**完全工業簿記**と呼んでいます。それは「原価計算基準」に示されている原価計算と工業簿記が一体となって行われる簿記のことをいいます。本講ではこうした完全工業簿記について学習していきます。

§4　原価の集計手続
—費目別計算から製品別計算へ—

　工業簿記は，工場のなかで発生する費用を"材料費"，"労務費"，"経費"の３つの勘定を用いた費目別計算によって始め，ついで部門別計算へ進み，

最後は製品別計算へと至ります。そのプロセスを示しながら各製品の製造原価を最終的に示した計算書を原価計算表と呼んでいます。完全工業簿記ではこのように工業簿記と原価計算が一心同体となって作業が遂行されていきます。ではその作業を始めましょう。

　費目別計算のうちの"材料費"ですが，その内容は製造する製品によって千差万別です。たとえば，自動車メーカーは乗用車やバイクといった製品を作ります。このため，車体，エンジン，シートといった数多くの部品を作り，それを組み立てていって製品に仕上げます。車体の素材は鋼板です。このため自動車メーカーにとって，素材である鋼板の購入代金が主要な材料費となります。エンジンやシートを作るための素材の購入代金も材料費です。材料費で処理されるものは素材の購入代金にとどまりません。たとえば自動車メーカーの場合，車体の製造には，製造ラインで使用するスパナやペンチといったものも必要です。これらも材料費として扱われます。

　"労務費"は，工場のなかで作業に従事する工員をはじめとして，監督者や事務職員といった人たちに支払われる労働の対価をいいます。工員のなかには，製造ラインで直接，製品の製造に従事している人たち（直接工といいます）だけでなく，それをサポートする人たち（間接工といいます）もいます。たとえば，製造ラインに対して，電気やガスを供給したり，原料を運搬することを専らの仕事とする人たち，さらに製造ラインの保守管理にあたる人たちなどが間接工です。

　"経費"は，工場で発生する費用のうち，"材料費"と"労務費"以外の費用をさします。やや乱暴な定義に思われますが，工場で発生する費用が3つで説明されることになりますから，便利といえば便利な定義のやり方です。具体的には，電力料，保険料，減価償却費などが経費に入ります。ただ，注意すべき経費が若干あります。そのひとつが外注加工賃です。自動車メーカーの場合，工場内で部品を組み立てていくことで製品ができあがっていきますが，その部品は当メーカーが自製する場合もあれば，他の部品メーカーに素材を支給したうえで加工の依頼をする場合もあります。後者の場合，外部に加工を依頼しますから，部品が納品されたとき加工賃を支払わなければな

りません。それが外注加工賃です。自動車メーカーの工具は部品の製造に関わっていませんから，労務費として処理することはできません。もちろん材料費でもありません。うえの定義から経費として扱うしかないわけです。

　これら3つの費用を，製品との関わりという観点から，直接費と間接費に分類します。たとえば工場のなかで2種類以上の製品の製造に取り組んでいるとします。**直接費**とは，その費用がある製品の製造のために発生していることが明白な費用のことです。**間接費**とは，その費用が特定の製品との関わりがはっきりしない費用のことです。さきの自動車メーカーでA車とB車という2つの車種の乗用車を工場で製造しているとします。材料費のうち素材である鋼板は，A車を製造するために使われているのか，B車を製造するために使われているのか，その跡づけは十分可能です。したがって，それら鋼板は"直接材料費"と考えます。ところが，製造ラインで使用するスパナやペンチといった材料費は，A車とB車に共通して使って発生した費用だとすると，特定の製品への跡づけが困難です。このためこれら費用は"間接材料費"と考えます。労務費も同様です。特定の製品の製造に携わっている直接工に支払われる賃金は"直接労務費"と考え，間接工に支払われる賃金は"間接労務費"と考えます。"経費"はほとんどが"間接経費"ですが，さきの外注加工賃は特定の製品の製造のために発生していることが明白ですから，"直接経費"と捉えます。

　材料費，労務費，経費という費目による分類と，直接費，間接費という製

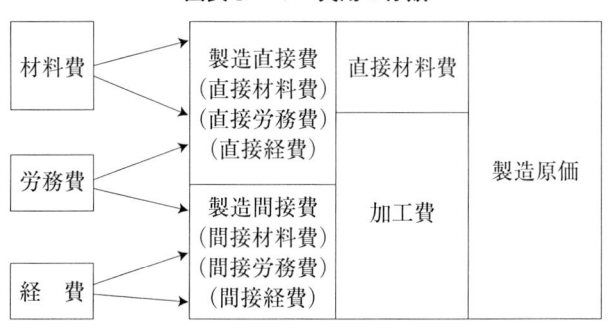

図表5-1　費用の分類

材料費	→	製造直接費 （直接材料費） （直接労務費） （直接経費）	直接材料費	製造原価
労務費	→		加工費	
経費	→	製造間接費 （間接材料費） （間接労務費） （間接経費）		

品との関わりからみた費用の分類を組み合わせると,**図表5－1**のようになります（このなかの直接材料費と加工費の分類については後述します）。

そして【図表5－1】を勘定図で示すと，工業簿記の作業は以下のような流れに沿って行われることになります。

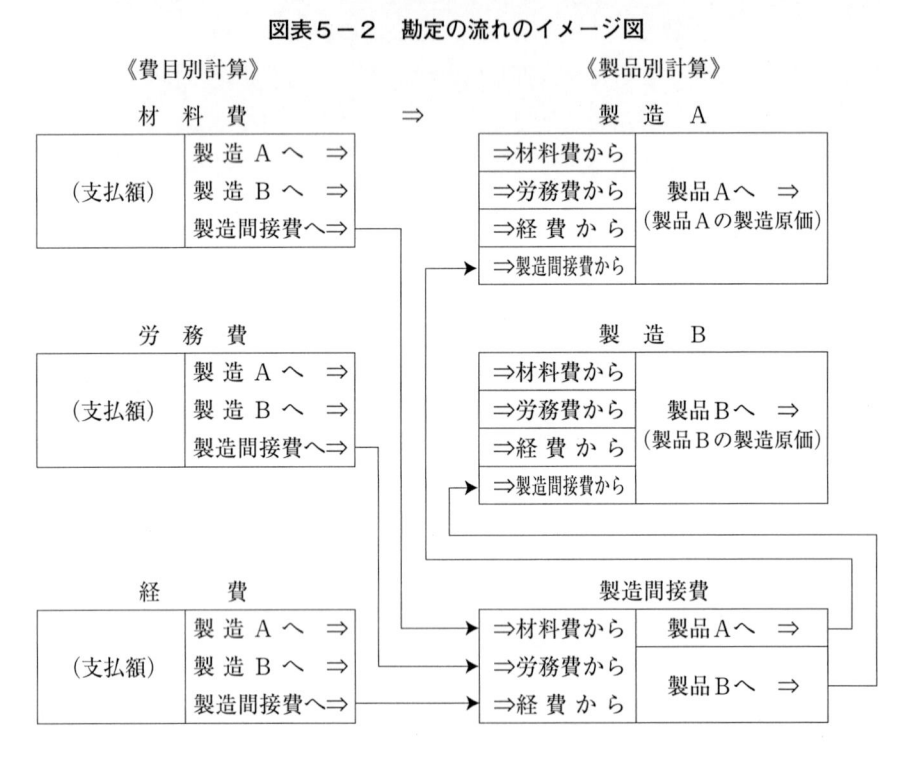

図表5－2　勘定の流れのイメージ図

《費目別計算》　　　　　⇒　　　　《製品別計算》

材　料　費

| （支払額） | 製造Aへ　⇒
製造Bへ　⇒
製造間接費へ⇒ |

製　造　A

| ⇒材料費から
⇒労務費から
⇒経　費　から
⇒製造間接費から | 製品Aへ　⇒
（製品Aの製造原価） |

労　務　費

| （支払額） | 製造Aへ　⇒
製造Bへ　⇒
製造間接費へ⇒ |

製　造　B

| ⇒材料費から
⇒労務費から
⇒経　費　から
⇒製造間接費から | 製品Bへ　⇒
（製品Bの製造原価） |

経　　費

| （支払額） | 製造Aへ　⇒
製造Bへ　⇒
製造間接費へ⇒ |

製造間接費

| ⇒材料費から
⇒労務費から
⇒経　費　から | 製品Aへ　⇒
製品Bへ　⇒ |

以上の勘定図についていくつか説明しておきましょう。

(a) 工業簿記が"費目別計算"から始まり，最後は"製品別計算"へ移行していっていることが分ります。なお，「原価計算基準」は，費目別計算のつぎに"部門別計算"を行うよう指示していますが，本講では省略しています。

(b) 費目別計算の勘定図を見てください。借方にはいずれも支払高が示されています。購入時または支払時に，つぎのような仕訳をすることで，

3つの勘定の借方にその金額が転記されます。

　　材料費の場合：（借方）材　料　費　×××　　（貸方）買　掛　金　×××
　　労務費の場合：（借方）労　務　費　×××　　（貸方）現　　　金　×××
　　経　費の場合：（借方）経　　　費　×××　　（貸方）現　　　金　×××

一方，貸方にはいずれも消費高が示されます。たとえば，つぎのような仕訳をすることで，3つの勘定の貸方にその金額が転記されます。

　　材料費の場合：（借方）製　造　Ａ　×××　　（貸方）材　料　費　×××
　　　　　　　　　　　　　製　造　Ｂ　×××
　　　　　　　　　　　　　製造間接費　×××
　　労務費の場合：（借方）製　造　Ａ　×××　　（貸方）労　務　費　×××
　　　　　　　　　　　　　製　造　Ｂ　×××
　　　　　　　　　　　　　製造間接費　×××
　　経　費の場合：（借方）製　造　Ａ　×××　　（貸方）経　　　費　×××
　　　　　　　　　　　　　製　造　Ｂ　×××
　　　　　　　　　　　　　製造間接費　×××

　直接費は，製造Ａまたは製造Ｂへというように，該当する製品の製造勘定へ直接，移されています。これを賦課または直課と呼びます。ところが間接費は3つの費目とも製造間接費勘定へ移されています。なぜそんなことをするのでしょうか。

(c)　各製品の正しい製造原価を算出するためには，特定の製品との跡づけが困難な製造間接費は，いったん製造間接費勘定にプールし，そこから何らかの基準を用いて各製品が負担すべき製造間接費の金額をまとめて割り出します。そしてその金額を各製品の製造勘定へ移していくのです。これを配賦と呼んでいます。各製品に対して製造間接費の負担額を割り当てることをいいます。

(d)　以上の手続により，工場で発生した費用のすべてが製品別に割り当てられたことになります。製造勘定Ａおよび製造勘定Ｂの借方がその様子を示しています。そしてその合計額は当該期間に完成した各製品の製造原価を意味します。このあと，その金額は製品勘定へ移され，すでに販売されたものはさらに売上原価勘定へ移される一方，いまだ販売されて

いないものは在庫として製品勘定に残るといった流れになりますが，上記の図表ではその製品勘定は示していません。

【設例5－1】

自動車メーカーのF社は，G工場において，A車とB車の2車種を製造しています。当期，発生した費用の明細は以下のとおりでした。これをもとに必要な仕訳を行うとともに，A車とB車の当期の製造原価を算出してください。なお，前期から持ち越された材料はゼロで，また両車種とも前期から持ち越された在庫はないものとします。

①材料費
　支払高：当期仕入高(掛)　￥3,500
　消費高：A車直接材料費　￥1,800
　　　　　B車直接材料費　￥1,200
　　　　　間接材料費　￥500

②労務費
　支払高：当期支払高(現金)　￥2,500
　消費高：A車直接労務費　￥1,000
　　　　　B車直接労務費　￥600
　　　　　間接労務費　￥900

③経費
　発生高：当期支払高及び発生高　￥1,700
　内　訳：外注加工賃　￥1,000
　　　　　　（A車￥700，B車￥300）
　　　　　電　力　料　￥200
　　　　　減価償却費　￥500

④製造間接費の配賦基準には直接材料費を用いる。

【解答】①(借方)材　料　費　　3,500　　(貸方)買　掛　金　3,500
　　　　　(借方)製　造　A　　1,800　　(貸方)材　料　費　3,500
　　　　　　　　製　造　B　　1,200
　　　　　　　　製造間接費　　　500

②(借方)労　務　費　　2,500　　(貸方)現　　　金　2,500
　　(借方)製　造　A　　1,000　　(貸方)労　務　費　2,500
　　　　　製　造　B　　　600
　　　　　製造間接費　　　900

③(借方)経　　　費　　1,700　　(貸方)現　　　金　1,200
　　　　　　　　　　　　　　　　　　　減価償却累計額　　500
　(借方)製　造　A　　　700　　(貸方)経　　　費　1,700
　　　　製　造　B　　　300
　　　　製造間接費　　　700

④(借方) 製 造 A　1,260　　　(貸方) 製造間接費　2,100
　　　　 製 造 B　　840
＊　製造間接費の製品Aと製品Bへの配賦額の計算
　直接材料費法：製造間接費の配賦を直接材料費を用いて配賦する方法
　　　　　配賦率＝製造間接費／直接材料費
　　　　　　　　＝2,100／(1,800＋1,200)＝0.7
　　　　製品Aの製造間接費配賦額　1,800×0.7＝1,260
　　　　製品Bの製造間接費配賦額　1,200×0.7＝840

材　料　費				労　務　費			
買　掛　金	3,500	製　造　A	1,800	現　　　金	2,500	製　造　A	1,000
		製　造　B	1,200			製　造　B	600
		製造間接費	500			製造間接費	900
	3,500		3,500		2,500		2,500

経　　費				製造間接費			
現　　　金	1,200	製　造　A	700	諸　　　口	2,100	製　造　A	1,260
減価償却累計額	500	製　造　B	300			製　造　B	840
		製造間接費	700				
	1,700		1,700		2,100		2,100

製　造　A				製　造　B			
材　料　費	1,800	製　品　A	4,760	材　料　費	1,200	製　品　B	2,940
労　務　費	1,000			労　務　費	600		
経　　　費	700			経　　　費	300		
製造間接費	1,260			製造間接費	840		
	4,760		4,760		2,940		2,940

　以上から，製品Aの製造原価は¥4,760，製品Bの製造原価は¥2,940となります。
　製品別にその製造原価を把握する場合は，以下のような**原価計算表**を作成します。うえの製造A勘定および製造B勘定の内容を再掲したものであることが分ります。企業は当該製品の販売価格を決定するための原価資料をこれで手に入れたことになります。

原価計算表　（単位：100万円）

	A乗用車	B乗用車	合　計
直接材料費	1,800	1,200	3,000
直接労務費	1,000	600	1,600
直接経費	700	300	1,000
製造間接費	1,260	840	2,100
合　計	4,760	2,940	7,700

　さきの【設例5－1】において，製造間接費を配賦している④の解答について，もう少し解説を加えておきます。設例では，製造間接費をA製品とB製品に割り当てる方法として，直接材料費を用いるよう指示されています。これを**直接材料費法**といいます。実は，製造間接費の配賦基準にはいろいろなものがあります。以下に示したのはその代表的なものです。

《製造間接費の配賦基準》
(a)　価額法
　①直接材料費法　：製品の製造に要した直接材料費を配賦基準として配賦率を求め，これをもとに製造間接費の各製品への配賦額を求める方法
　②直接労務費法　：製品の製造に要した直接労務費を配賦基準として配賦率を求め，これをもとに製造間接費の各製品への配賦額を求める方法
(b)　時間法
　①直接作業時間法：製品の製造に要した直接作業時間を配賦基準として配賦率を求め，これをもとに製造間接費の各製品への配賦額を求める方法
　②機械運転時間法：製品の製造に要した機械運転時間を配賦基準として配賦率を求め，これをもとに製造間接費の各製品への配賦額を求める方法

　解答のポイントは配賦率を正しく求めることにあります。この場合の配賦率とは，"直接材料費1円に対して，製造間接費がいくら発生しているか"という意味です。0.7円発生しています。A製品の直接材料費は￥1,800ですから，A製品が負担する製造間接費は￥1,260（＝￥1,800×0.7）となるわけ

です。もし，直接材料費法ではなく，直接労務費法を用いれば，A製品およびB製品が負担する製造間接費は異なるでしょう。それにより，A製品およびB製品の製造原価は別の金額に変わります。実は，製造間接費の配賦の問題は，原価計算の担当者にとって"頭の痛い"問題なのです。どの配賦基準を用いるのが最適であるかについて，自らが判断しなければならないからです。

§5 製品別計算と原価計算

【設例5−1】は図表5−1を理解するために設けた問題です。しかし，そこには現実の製造業からは少し無理のある前提がありました。たとえば，解答の製造Aと製造Bの各勘定を見てください。当期，製造に要した材料費，労務費，経費の費用すべてが製品の完成につながっています。これは自動車メーカーでいえば，期末にはすべて製品として完成していて，工場の製造ラインには製造途中のもの（これを仕掛品(しかかりひん)といいます）が全くない状態をさしています。でも現実の製造現場でそういうことはありえません。期末に仕掛品があるのが自然です。当然，期首も仕掛品を抱えた状態で製造に取りかかっているはずです。というわけで，製造Aと製造Bの勘定に，期首仕掛品の金額と期末仕掛品の金額を入れて，設例を以下のように作り直してみます。

【設例5−2】

以下の資料にもとづいて，A製品の完成品原価を求めてください。
資料 (1) 期首仕掛品 ¥400（直接材料費¥160，加工費¥240）
　　 (2) 当期製造費用 ¥4,760（直接材料費¥1,800，加工費¥2,960）
　　 (3) 完成品数量 300台
　　 (4) 期末仕掛品 数量50台，加工進捗度40％
　　 (5) 直接材料は製造に着手した時点ですべて投入されるとします。
　　 (6) 完成品と期末仕掛品の原価配分は平均法により行います。

【解答】資料の(1)〜(5)のデータを以下の2つの勘定に書き込みました。まずそれを確認してください。

	直接材料費			加工費	
¥160	期首仕掛品	完成品 300台	¥240	期首仕掛品	完成品 300台
¥1,800	当期製造費用	期末仕掛品 50台	¥2,960	当期製造費用	期末仕掛品 20台 (=50×0.4)
¥1,960		350台	¥3,200		320台

(6)の指示により，以下のようにして直接材料費に関する期末仕掛品と加工費に関する期末仕掛品を算出します。

直接材料費の期末仕掛品原価 =（160 + 1,800）× 50 /（300 + 50）= 280
加工費の期末仕掛品原価 =（240 + 2,960）× 50 × 0.4 /（300 + 50 × 0.4）= 200
A製品の期末仕掛品原価 = 480（= 280 + 200）
A製品の完成品原価 = 4,680（= 160 + 1,800 + 240 + 2,960 − 480）

A製品の原価計算表はつぎのように書き改められることになります。

原価計算表

A 製品

当期製造費用	
直 接 材 料 費	1,800
直 接 労 務 費	1,000
直 接 経 費	700
製 造 間 接 費	1,260
合　　　計	4,760
期首仕掛品原価	400
合　　　計	5,160
期末仕掛品原価	480
完 成 品 原 価	4,680

　この【設例5−2】は工業簿記というより原価計算の問題です。そこで，改めて図表5−1に戻りましょう。そのなかに，製造原価は"直接材料費"と"加工費"で構成されるという図がありました。加工費とは，直接材料費以外の費用のことをさしています。原価計算ではなぜこのような2分法をとるのでしょうか。

　【設例5−2】の資料の(4)と(5)にその手がかりがあります。(4)で月末仕掛品

の加工進捗度は40％とするという仮定，(5)で直接材料費は加工の始点で100％発生しているという仮定が設けられています。つまり，工場のなかの費用の発生態様には，加工の始点で全額発生する費用と加工の進捗度に応じて発生する費用の２種類があるという前提です。そうであれば，適正な原価計算を行うためには，加工の始点で全額発生する直接材料費と加工の進捗度に応じて発生する費用は別々に計算する必要があります。

　【設例５−２】の解答のうち，直接材料費の月末仕掛品数量が50台となっているのに対して，加工費勘定の月末仕掛品数量は20台（＝50台×0.4）となっています。それは50台の仕掛品を40％の加工度合で換算すると，完成品20台に相当する費用になるという意味です。

　ところで原価計算には大きく２種類あります。ひとつは【設例５−１】や【設例５−２】のような原価計算で，これを**総合原価計算**と呼びます。自動車メーカーや電気製品メーカーに代表されるいわゆる**見込生産型の企業**で行われている原価計算をさします。工場のなかでは，毎月，いく種類もの製品が反復的に量産されています。完成品の製造原価を算出するためには，当月製造費用に月初仕掛品原価を加え，月末仕掛品を差し引く必要があります。このため，総合原価計算では月末仕掛品の評価がきわめて重要な問題となります。

　もうひとつの原価計算は，**受注生産型の企業**で行われる**個別原価計算**と呼ばれる原価計算の手法です。顧客から，製品の機能やデザインや数量に関する注文が入ってから製造に着手します。完成して納品するまでに数日しか要しない注文もあれば，数ヶ月を要するために決算をまたぐような注文もあるでしょう。もし数日で完成して納品したとすれば，そこには仕掛品は存在しません。また，もし数ヶ月を要するために決算をまたぐことになれば，それまでに発生した費用はすべて仕掛品原価として取り扱います。つまり，個別原価計算では，総合原価計算のように完成品と仕掛品に分けて原価計算をする必要がないのです。

§6　製造業の損益計算書と貸借対照表

　第4講の§3で，貸借対照表の"資本の部"の表示内容の違いから，その企業が個人商店なのか，それとも株式会社なのかを見分けることを学びました。それと同じように，損益計算書と貸借対照表の表示内容の違いから，その企業が商業なのか，それとも製造業なのかを見分ける手がかりが得られます。

　第2講の末尾に示した損益計算書は商業を営むA商店のものでした。それを報告式で示すと第3講の末尾のようになりました。このなかの「Ⅱ売上原価」の表示方法に手を加えると，以下の【図表5-3】のようになります。それに対して，本講で学習した自動車メーカーなどの製造業の損益計算書は【図表5-4】のようになります。ともに"売上原価"の表示内容に注目してください。

図表5-3

損益計算書
Ⅰ	売上高	280,000	
	受取手数料	12,850	292,850
Ⅱ	売上原価		
	1 期首商品棚卸高	35,000	
	2 当期商品仕入高	190,000	
	合　　計	225,000	
	3 期末商品棚卸高	45,000	180,000
	売上総利益		112,850
Ⅲ	販売費及び一般管理費		
	1 広告費	60,000	
	2 貸倒損失	1,000	
	3 減価償却費	27,000	88,000
	営業利益		24,850
Ⅳ	営業外収益		
	1 受取利息		100
Ⅴ	営業外費用		
	1 支払利息		1,600
	当期純利益		23,350

図表5-4

損益計算書
Ⅰ	売上高	×××	
	×××	×××	×××
Ⅱ	売上原価		
	1 期首製品棚卸高	×××	
	2 当期製品製造原価	7,700	
	合　　計	×××	
	3 期末製品棚卸高	×××	
	売上総利益	×××	
Ⅲ	販売費一般管理費	×××	
	（以下省略）		

商業の損益計算書の「売上原価」は，第２講の「商品の棚卸」で学習した内容です。もう一度，【設例２−１】と【設例２−２】に戻ってじっくり確認してください。決算時の「仕入勘定」の中身を表記し直したものとなっています。それに対して，製造業の損益計算書の「売上原価」では，"商品"ではなく"製品"で統一表記されています。"製品"とは，製造勘定で金額が確定された完成品をさしています。"１期首製品棚卸高"は，前期にすでに完成したものの，いまだ販売されないで当期に持ち越された製品という意味です。また"３期末製品棚卸高"はすでに完成しているものの当期に販売されないで次期に持ち越される製品という意味です。"２当期製品製造原価"は当期に完成した製品の製造原価で，本講の最初に学習した「製造原価報告書」の末尾の金額をさしています。言いかえれば，製造業の場合，損益計算書を作成するためには，あらかじめ製造原価報告書を作成しておく必要があるわけです。こうして，"当期製品製造原価"を介して，損益計算書と製造原価報告書がつながりました。そして製造原価報告書が，損益計算書の内訳明細を示す計算書の役割を果たしていることが分かります。

　貸借対照表はどうでしょうか。商業の貸借対照表は第４講の§５で確認してください。両者の違いは，いわゆる棚卸資産の表示に表れます。商業では，仕入れたものの売れ残った在庫品を「商品」として表示するだけですが，製造業では，仕入れたものの製品の製造に未使用の材料は「原材料」で，製造途中の在庫品は「仕掛品」で，売れ残った完成品は「製品」で表示します。棚卸資産に関して貸借対照表に表示されている勘定により，商業か製造業かが判断できるというわけです。

第Ⅱ部

会計計算書の報告

第Ⅱ部のねらい

◎ 日本の会計制度の枠組みと基本原理を学んだうえで，会社法・金融商品取引法・法人税法といった法会計の基本ルールを学ぶのが第Ⅱ部の目的です。

- ○ 日本の会計制度の基本である「企業会計原則」誕生までの歴史および「企業会計原則」の内容について学びます。
  ⇒ 第6講

- ○ 会社法により，株式会社は株主に向けて会計計算書を報告することが義務づけられています。その会計ルールの基本について学びます。
  ⇒ 第7講

- ○ 金融商品取引法により，上場会社は一般投資者に向けて報告することが義務づけられています。その会計ルールの基本について学びます。
  ⇒ 第8講

- ○ 法人税法により，法人企業は納税申告書を税務署に提出することが義務づけられています。その会計ルールの基本について学びます。
  ⇒ 第9講

- ○ 会計に監査はつきもので，会社法と金融商品取引法では監査に関するルールも定めています。その監査の基本ルールについて学びます。
  ⇒ 第10講

第6講

日本の会計制度の枠組み

§1　企業会計制度確立までの歩み

1. 歴史上の2つの変革

　現在の日本の会計制度は，どのような歴史的変遷を辿って確立されたのでしょう。現在の会計制度を学ぶに先立ち，わが国のこれまでの会計制度の歩みについて，少しだけ振り返ってみたいと思います。

　以下の引用文は，私の大学院時代の師であった故・染谷恭次郎教授が，海外の会計研究者に向け，日本の会計制度の発展史について紹介している論文のなかの一節です。私の日本語訳で恐縮ですが，ぜひご一読ください[1]。

　「……日本は過去，二度の会計上の変革を経験しました。最初は1800年代の後半で，二度目は第二次大戦後です。このうち最初の変革は，西洋式の複式記入という記帳法の導入によって簿記法が変化したことでした。この簿記法は，1494年にパチオリが出版した初版本に明解に説かれているもので，そのほぼ400年後，それがついに日本に上陸したのです。複式簿記は以来，日本の近代的資本主義経済発展の礎となりました。第二次大戦後の会計の変革では，会計報告の仕組みが，それまでの経営者中心の会計から一般投資家中心の会計へと変わり，その変化が同時に会計思考，会計実務そして会計制度といった会計のすべての面に影響を及ぼしました。この変化を通じ，日本は会計情報の開示を可能にするさまざまな仕組みを完備し，いわゆる不在投

資家を会計情報の受け手の中心に据えるという考え方が，日本の会計思考にしっかりと根づくことになりました。」

現在の日本の会計制度の基盤が２つの"変革"によって形成されていることが明確に述べられています。ひとつは，江戸時代から明治時代への移行に伴って起きた変革です。ときの明治政府は，西欧の列強に伍(ご)すため，西欧のさまざまな文明を導入する政策に転じました。その政策によって持ち込まれたもののひとつに複式簿記があったのです。その経緯は以下のとおりです。

明治政府が樹立されて４年後の1872年，国立銀行条例が制定され，日本で最初の株式会社であり最初の銀行となる第一国立銀行が設立されることとなりました。その銀行の運営に懸念を抱いていた大蔵大臣・井上馨は，銀行簿記に精通していたアラン・シャンドというイギリス人を日本へ招聘(しょうへい)しています。そして彼の指導のもと，日本で最初の簿記書となる『銀行簿記法』が同年に出版されました。奇(く)しくも同年，慶応義塾大学の創立者として有名な福沢諭吉（１万円紙幣でお馴染の人です）が，『帳合の法』というタイトルをつけ，アメリカの学校で使われていた簿記教科書を翻訳出版しています。染谷教授はこれら簿記書の意義についてつぎのように述べています。

「『銀行簿記法』と『帳合の法』は，当時の日本の簿記実務に見られる固有の欠陥を是正する役割を担いました。出版後，伝統的な簿記法が消え去っていくまでにはかなりの期間を要しましたが，結局，商人や実業家は古い方法を諦め，西洋の複式記入方法を取り入れたのです。まさに複式簿記の導入は，日本が近代資本主義国家として出立していくための画期的な出来事だったのです。」

もうひとつの変革は，第二次大戦後に起きています。"証券の民主化"という言葉で象徴される証券市場を舞台にした変革が起きたのです。それまでのわが国の証券取引所は，1878年にはすでに東京と大阪に開設されていたものの，重要な産業は悉(ことごと)く"財閥"といういわば家族経営によって牛耳(ぎゅうじ)られていたため，証券の売買がほとんど行われず，証券取引所としての本来の機能を果たしていませんでした（第８講で取りあげます）。その財閥を強引に解体させ，株式所有の民主化を推し進めたのが連合国司令部でした。当司令

部が果たした役割について、染谷教授はつぎのように述べています。

「……第二次世界大戦後、日本を占領していた連合国司令部は、変化を惹き起こす役目を果たしました。この外圧なくして、日本は財閥による独占を破壊し、産業資本が一般投資大衆の間に広く分散する経済的な民主主義政策を打ち立てることはなかったでしょう。」

染谷教授は論文のなかで、欧米が長年かけて実現してきた会計の変化は"革新"（innovation）であり、日本が二度にわたる経験で成し遂げた会計の変化は"変革"（revolution）であるとして、同じ"変化"でもその性格は異なるとも述べています。革新とは連続性を保った変化のことであり、変革とは前後の脈絡に連続性が見られない変化のことをさしています。そして染谷教授は、日本の二度にわたる変革は、"外圧"（external force）によって成し遂げられたところに共通点があると見ているのです。

「……近代日本の場合、会計思考や会計実務の変化は、つねに国内の環境変化に応じた進化的な変化（evolutionary changes）を遂げてきたわけではありません。19世紀後半から、日本の経済も会計も、特にアメリカやヨーロッパという強力な外圧によって影響を受けてきました。その意味で、日本の2つの重要な変革は輸入された革新（imported innovations）だったというのが最も当を得ているでしょう。」

2.「企業会計原則」設定の前夜

戦後の証券市場を舞台にした"証券の民主化"という変革に呼応するように、会計学会もこの時期、俄然、慌しい動きを見せています。アメリカではすでに、1929年の経済恐慌を教訓に、証券法（1933年）と証券取引法（1934年）が制定されています。これら二法は、証券市場の適正な運営を通じ、国家経済の安定化と活性化を託して制定されたものです。そのアメリカの証券二法をモデルにして、わが国では1947年に証券取引法が制定され、その翌年から施行される運びとなりました。会計がこの証券取引法といったいどういう関わりがあるのでしょう。会計の社会的役割の原風景を理解するためにも、当

時の会計学者の議論をしばらく覗いてみたいと思います。

◎　日本会計研究学会第7回大会（1948年5月：中央大学）
円卓討論テーマ「財務諸表の改善統一」（司会者：岩田巌・一橋大学教授，発言者19名）

「（岩田）……1つの財務表でたくさんの目的のどれにも役立つようなものを作ることは，なかなか困難なことだと思いますが，しかしこの問題について考えて見なければならぬことは，<u>一体財務表を作って示す場合に，その対象は誰か</u>ということだと思うのです。その対象はさきほどのお話のように長期の債権者もあろう。短期の債権者もあろう。株主もあろう。国家もあろうというわけでありますが，その中で，たとえば債権者で一番大切なのは銀行でありますが，銀行のために作るバランス・シートである場合には，銀行は決してバランス・シートや損益計算書を見ただけでは満足はしないので，もっと中へ踏込んで詳しい調査をする力がある。国家の場合，たとえば税務当局の場合でありますと，出されたバランス・シートで不満足ならば，帳簿をひっくり返す権能を持っているのであります。ところが一般の投資家大衆というものは，そういうことが与えられておりましても実際上できないのです。特に遠くに離れておりますと，会社の実態に殆(ほとん)ど接触しておりませんし，中へ踏込んで行って調べる力もなければそういう機会も与えられない。<u>そこで一番力の弱い，そういうパブリック・インヴェスター（public investor：一般投資者）を保護するということが，非常に重要になってくるのではないか。</u>アメリカでも大体そういうパブリック・インヴェスターの利益を保護するという点に，財務諸表の重点をおいているようであります。」（下線：市村）⁽²⁾

◎　企業会計制度対策調査会（1948年11月：日本銀行第3会議室）
テーマ「企業会計原則と財務諸表との関係について」（委員長：上野道輔・東京大学教授，ほかに調査会委員17名）

「（佐藤孝一委員）この調査会ではどこを中心に考えるのですか。」

「（黒沢清委員）……ここでは，<u>証券取引委員会に対する財務報告を中心にした財務諸表を考えておるわけであります</u>。しかしこの調査会としてはそれだけを考えておるわけではありません。もっと広く……証券取引法によって

律せられないような企業に対しても考えて行く必要がありましょう。財務諸表そのものの具体的なものは，この会計原則に基づいて作成するわけでありますが，この会計原則に基づいて証券取引委員会とは別個な見地で別な形式のものも作成される可能性と必要とがあるわけであります。その場合には，商法とか税法とかの改正ということも示唆していくことを委員会としては理想として掲げているわけです。しかし差し当りこの問題は，理想と現実との二段に分けて考えて置かないと当面の具体案が出来ないものですから目標を一応限定して証券取引法関係に置いているわけです。」

「(佐藤孝一委員) よく了解しました。」

「(岩田巌委員) 差し迫って問題になるのは，証券取引法関係の会社でそれ以外の会社は小さい会社とか同族会社あるいは個人であって，そういう場合には利害関係者が比較的少なく，特にリジッドな規定を設けて取締ったり，それに従わせたりする必要はないと思います。ところが，その株式を取引所に上場する会社だと利害関係が広範囲に亘ってきますから，その財務諸表がでたらめでは困る。信頼しうる統一したものでなければならないということになって，実質的にそこに重点が置かれることになると思います。しかし，この調査会としては必ずしもそれに拘束されないで，全体に亘る高い水準を考えて，それの適用された形如何によって，証券取引委員会の規則ともなり又税務会計にも適用されるだろうし，商法上の株主総会に提出される財務諸表にも適用されるのではないでしょうか。」(下線：市村)[3]

こうした議論を経て公表されたのが「企業会計原則」です。1949年7月のことです。その後今日まで，わが国企業会計の基本ルールであり続けている「企業会計原則」について，当時，どのような役割が期待されていたのか，うえの引用文はそれを知るための貴重な手がかりを与えてくれていると思います。ポイントは以下の3点に集約できます。

(1) 会計学会での岩田教授の発言は，わが国企業が作成する会計計算書の統一化を図るにあたり，最も重視されるべき計算書の利用者は誰なのかという問題について答えたものです。会計原則は，企業の情報に最も遠い距離にある一般の投資大衆を念頭において定める必要があるという考

えが披瀝されています。

(2) 企業会計制度対策調査会での黒沢教授と岩田教授の発言は，会計原則を設定するとして，その軸足をどこに置くべきかについての見解を披瀝したものです。会計原則は証券取引法（現在の金融商品取引法）に軸足を置いて設定すべきであるとの見解です。

(3) しかし一方で，会計原則は，商法や税法といった企業会計に関連する法律も考慮し，より高次元の会計規範となることを目指すべきであるといった見解も示されています。

§2　企業会計制度の確立に向けて

1.　「企業会計原則」の設定

わが国の現在の会計制度は，戦後の「企業会計原則」の設定から始まっています（以下，「原則」といいます）。「原則」は，一般原則，損益計算書原則，貸借対照表原則の3部で構成されています。その前文に，「原則」を設定する目的が記されています。

　「我が国の企業会計制度は，欧米のそれに比較して改善の余地が多く，且つ，甚だしく不統一であるため，企業の財政状態並びに経営成績を正確に把握することが困難な実情にある。我が国企業の健全な進歩発達のためにも，社会全体の利益のためにも，その弊害は速やかに改められなければならない。又，我が国経済再建上当面の課題である外資の導入，企業の合理化，課税の公正化，証券投資の民主化，産業金融の適正化等の合理的な解決のためにも，企業会計制度の改善統一は緊急を要する問題である。

　仍って，企業会計の基準を確立し，維持するため，先ず，企業会計原則を設定して，我が国国民経済の民主的で健全な発達のための科学的基礎を与えようとするものである。」

日本経済の再建のためには企業会計制度の統一が不可欠であり，その基礎

になるのが「原則」であるという強い意気込みがこの前文から伝わってきます。

「原則」のうち，損益計算書原則についてはすでに第3講で主要なものについて学習しています。また貸借対照表原則についても第4講でほぼ学習しています。本講では，残る一般原則について学習します。

2. 一般原則

一般原則は，損益計算書や貸借対照表の作成・表示に共通する基本ルールを示したものです。損益計算書原則や貸借対照表原則の上に位置する原則と言ってもいいでしょう。一般原則は全部で7つですが，以下にそれらをまとめて掲載します。また，これら一般原則のイメージ図を**図表6-1**として示しておきます。

「第一 一般原則
一 企業会計は，企業の財政状態及び経営成績に関して，真実な報告を提供するものでなければならない。
二 企業会計は，すべての取引につき，正規の簿記の原則に従って，正確

図表6-1 一般原則のイメージ図

① 真実性の原則
② 正規の簿記の原則
③ 損益取引・資本取引区分の原則
④ 明瞭性の原則
⑤ 継続性の原則
⑥ 保守主義の原則
⑦ 単一性の原則

な会計帳簿を作成しなければならない。
　三　資本取引と損益取引とを明瞭に区別し，特に資本剰余金と利益剰余金とを混同してはならない。
　四　企業会計は，財務諸表によって，利害関係者に対し必要な会計事実を明瞭に表示し，企業の状況に関する判断を誤らせないようにしなければならない。
　五　企業会計は，その処理の原則及び手続を毎期継続して適用し，みだりにこれを変更してはならない。
　六　企業の財政に不利な影響を及ぼす可能性がある場合には，これに備えて適当に健全な会計処理をしなければならない。
　七　株主総会提出のため，信用目的のため，租税目的のため等種々(しゅじゅ)の目的のために異なる形式の財務諸表を作成する必要がある場合，それらの内容は，信頼しうる会計記録に基づいて作成されたものであって，政策の考慮のために事実の真実な表示をゆがめてはならない。」

(1) 真実性の原則

　図から分るように，7つの原則のなかで最も重要な原則と見られているのが真実性の原則です。しかもこの原則が守られるためには，他の6つの原則の支えが必要となります。その理由は以下のとおりです。

　まず，当原則の趣旨ですが，"会計計算書は真実な内容を示すものでなければならない"という点にあります。当たり前すぎて拍子抜けしてしまいそうなルールです。しかし，当たり前で単純明快なこのルールがなかなか経営者に守ってもらえないのです。経営者のなかには，その時の状況に応じて会計を逆用し，利益を意図的に増やしたり減らしたりといういわゆる**利益操作**をする人たちがいます。真実性の原則を最初に示すことで，"そんなことをしてはダメですよ"と，まずクギをさしているようにも受け取れます。

　ただ，会計ルールを設定する側にも，そうせざるを得ない事情があります。たとえば会計処理の方法を定めた会計ルールのなかに，あらかじめ複数の処

理方法を認め，その選択を経営者に委ねているものがあります。すでに学習した固定資産に発生する減価償却費の処理がその一例です。第２講では定額法によってその金額を算出しましたが，現在の会計ルールでは，定率法や級数法といった別の方法によって算出することも認めています。そのうちのどれを採用するかは企業の判断に委ねているわけです。当然，どれを採用するかによって減価償却費の額は異なります。ということは，認められた複数の処理方法に従って算出した利益の額はそれぞれ異なることになります。しかし「原則」では，認められた処理方法によって算出された利益はどれも正しい，つまり"真実"であると捉えます。そして会計学者もそろってこう弁明します。会計学のような社会科学には，自然科学のような"絶対的真実"は存在しない，存在するのは"相対的真実"である，と。

　要するに，「原則」でいう"真実"とは，自然科学のような唯一絶対の真実ではなく，社会の約束事のうえではじめて成り立つ真実をさしているのです。認められた複数の処理方法によって算出された利益であれば，その金額がたとえ異なっていても，認められていない処理方法によって算出された利益に比べれば正しい，つまり相対的に真実であるというわけです。**図表６－１**で，真実性の原則が下の６つの一般原則で支えられている構図は，まさにそれを象徴しています。言いかえれば，真実性の原則が守られているか否かの判断は，これら６つの原則が守られているか否かで決まるという仕組みになっているのです。

(2) 正規の簿記の原則

　"正規の簿記の原則"という用語は，もとはドイツ商法の条文のなかで用いられた"Grundsätze ordnungs Buchführung"（略して"GOB"といいます）に由来しています。「秩序ある帳簿記入の原則」というのが本来の意味ですが，「原則」ではこれを"正規の簿記"と表現しました。そこから"正規の簿記"についての論争が，当時の会計学者によって繰り広げられていますが，現代のわれわれはこれを単純に"複式簿記"と理解すればよいでしょう。つまり

「原則」では，会計帳簿や会計計算書は複式簿記によって記帳し作成することを求めているというわけです。

(3) 損益取引・資本取引区分の原則

　この原則は，ある意味で，会計学の永遠のテーマといっていいほどに重要な原則です。それだけに達成することが時に非常に困難な原則でもあります。
　しかし原理は難しいものではありません。簡単にいえば，"出資者から提供を受けて得たお金（資本とか，**元本**とかといいます）と，企業活動の成果として得たお金（利益とか，**果実**とかといいます）とは明確に区別し，両者のその後の使い道を誤ってはならない"という原則です。前者は出資者から預かったお金ですから，企業の命のある限り，社外へ放出することは許されません。他方，後者は配当金といった形で出資者への分配に使えるお金です。当然，そのお金は会社から出て行きます。その使い道を間違えると，利害関係者の誰かが被害を被ることになるため，その分別には細心の注意が求められます。
　ただ，"言うは易し，行うは難し"です。損益取引か資本取引かが判然としない取引があるからです。たとえば，××企業が国の政策の一環として助成を受け，○○補助金という名目で手に入れたお金はどうでしょう。これは資本取引でしょうか，それとも損益取引でしょうか。"そのどちらでもない"というのが，正しい答だと思われます。資本取引は企業と出資者との間で生まれる取引です。企業にとって国は出資者ではありませんから，国から得た補助金は資本取引に該当しません。また，損益取引は出資者から提供されたお金を使うことで生まれる取引です。国からの補助金は贈与であって，企業活動の成果として手に入れたものではありません。したがって損益取引にも該当しません。そもそも企業取引を損益取引と資本取引の2分法で捉えることに問題があるのかもしれませんが，いずれにしてもこの原則が達成されるのは容易なことではありません。
　この原則ではほかに，資本剰余金と利益剰余金の区別も要求しています。

ただ本講で取りあげるには紙幅がありません。第7講で改めて取りあげたいと思います。

(4) 明瞭性の原則

　この原則は損益計算書や貸借対照表といった会計計算書の"表示"に関わる原則です。会計計算書を手にする利用者の立場に立って，できるだけ読みやすい表示となることを求めた原則です。この原則については，第3講と第4講ですでに取りあげています。第3講の費用収益対応の原則や総額主義の原則といったルール，そして第4講の総額主義の原則や流動性配列法といったルールが明瞭性の原則の具体的内容です。第3講および第4講に戻って，改めて確認してください。

(5) 継続性の原則

　ここでの継続性とは，"企業がいちど採用した会計処理方法は毎期継続して用い，企業の都合で勝手に変更してはいけない"という意味で使われています。(1)の真実性の原則の話に戻りますが，もしすべての会計処理方法について，ただひとつの処理方法しか認めないというのであれば，継続性の原則は必要ありません。変更の余地がないからです。しかし「原則」は複数の処理方法を認めています。そのため，この原則は真実性の原則を支えるためになくてはならない原則になります。会計処理において継続性が守られれば，企業の利益操作の余地がなくなり，真実性の原則が守られることになるからです。

　「原則」には注解が付いています。その【注解3】で，継続性の原則について，つぎのように補足説明をしています。

　　「企業会計上，継続性が問題とされるのは，一つの会計事実について二つ以上の会計処理の原則又は手続の選択適用が認められている場合である。（中略）

従って，いったん採用した会計処理の原則又は手続は，<u>正当な理由により変更を行う場合を除き</u>，財務諸表を作成する各時期を通じて継続して適用しなければならない。

なお，正当な理由によって，会計処理の原則又は手続に重要な変更を加えたときは，これを財務諸表に注記しなければならない。」（下線：市村）

「原則」は，"いかなる場合にも継続性の原則を守りなさい"とは言っていません。「正当な理由」があれば，会計処理の変更を認めるという柔軟なスタンスをとっています。しかし，「正当な理由」か否かの判断を迫られる実務においては，実はこれが重大なポイントになります。「正当な理由」とはどのような理由をさすのかというわけです。本書ではこれ以上触れませんが，このポイントをぜひ銘記しておいて欲しいと思います。

(6) 保守主義の原則

"保守"という言葉は日常生活のさまざまな場面で使われる言葉です。概ね，伝統や形式を重んじ，変化を好まない傾向が見られる場合に使われます。会計の世界では，一般原則に示されているように，"企業活動のなかで将来，損失の発生が予想される場合，その金額を早期に損失として会計処理すべし"という意味で用いられます。英語でコンサーバティズム（conservatism）といいますが，イギリスの会計にそのルーツを持つ用語です。

具体例を示しましょう。第2講で学習した貸倒引当金がその一例です。貸倒引当金は，売掛金や貸付金が将来，貸倒れにあうことを予想し，決算時において，その損失額を先回りして計上する時に登場する貸方の勘定科目でした。実際にはまだ貸倒れは生じていません。しかしとにかく先回りして損失を計上するのです。これが一般原則でいう保守主義です。

なぜこうした発想が会計学で生まれたのでしょうか。私見では，会計学には簿記の生い立ちと共通するひとつの属性があるように思います。簿記は元来，企業活動を円滑に進めるために考案された用具です。いわば"経営の僕"として誕生しています。保守主義も同じです。会計を通じ，"経営の安定"

を図ろうとする意思が見られます。日本の故事でいえば，"石橋を叩いて渡る"，とにかく慎重に！安全に！という思いが込められた原則なのです。

　でも，損失を早目に計上することがどうして企業の安全につながるのでしょう。その答えは，それによって生まれる効果を考えれば出てきます。損失が出れば利益がそれだけ減少します。まず経営者や従業員の危機意識が強まり，企業全体に緊張感や連帯感が高まる効果が期待できます。また，つぎの第7講で学びますが，利益が減少すれば株主への配当金の支払いが少なくて済みます。さらに第9講で学ぶ税法との関連でいえば，納める税金も少なくて済みます。配当金も税金もその額が減るということになれば，企業にとって現金がそれだけ社内に残る結果となります。ひとつの会計処理によって，社内に残る現金の金額が変わってくるのです。こうして損失を早目に計上することは企業の安定化につながっていくのです。

　一般原則では，保守主義を"不利な影響を及ぼす可能性がある場合"として，損失の面しか取りあげていません。しかし，広く捉えれば，保守主義は収益にもあてはまります。収益の認識ルールについてはすでに第3講で学びました。売上を計上するためには販売基準を満たさなければなりませんでした。それはある意味で，収益に関する保守主義を意味しています。費用の認識が発生主義というルールのみで行われるのに対して，収益の認識は発生主義と実現主義というふたつのルールが適用されます。このため，今日の企業会計では，費用は相対的に早く認識され，収益は遅く認識されるという結果をもたらします。会計学に，「予想される損失は計上すべし，予想される利益は計上すべからず」という格言がありますが，それはまさに保守主義の原則をさして使われます。会計を通じて，"堅実な経営"が指向されているのです。この原則が別名，"慎重性の原則"とか"安全性の原則"と呼ばれているのはこうした理由によります。

(7)　単一性の原則

　会計計算書はさまざまな目的のために用いられます。つぎの第7講から第

9講において学習しますが，会社法の定めに従い株主総会に提出しなければなりませんし，税法の定めに従い税務官庁に提出しなければなりません。また，企業によっては金融商品取引法の定めに従い政府や証券取引所に提出しなければなりませんし，銀行から融資を受けていればその求めに応じて銀行にも提出することになります。

しかも提出するその会計計算書は，それぞれの法律や要請に応じた形式に書き換える必要があり，単一の形式で済ますことはできません。単一性の原則は，その書き換えの際に不正をしないよう戒めたものです。"提出目的の違いによってその形式を変えるにしても，その実質まで改竄することのないように"というわけです。単一性の原則が別に，"形式多元，実質一元の原則"と称されるのはこうした理由によります。

§3　企業会計制度の確立

1.「企業会計原則」と企業会計審議会

すでに述べたように，「原則」は1949年に企業会計制度対策調査会によって設定・公表されました。当調査会は1948年に経済安定本部に設置されたものですが，1950年に企業会計基準審議会と改称されています。審議会は1952年に経済安定本部から大蔵省へ移管され，名称も**企業会計審議会**と再度，改称されています。そして2001年，機構改革によりその役割を**企業会計基準委員会**（本書の「おわりに」で改めて取りあげます）に譲るまで，実に50年の間，審議会は日本の会計制度全般にわたって先導的役割を果たしてきました[4]。第5講で取りあげた「原価計算基準」(1962年11月公表)や，第10講で取りあげる「監査基準」(1950年7月公表)も当審議会が公表したものです。

「原則」はその後，1954年，1963年，1974年，1982年と4回の改訂を重ね，今日に至っていますが，いずれも企業会計審議会の手によって行われています。企業会計審議会が果たした役割はそれにとどまりません。つぎの第7講，

第8講および第9講で学習するいわゆる**企業会計法**（企業会計に関連する法律という程度の意味です。企業会計法という法律があるわけではありません）の改正にあたっても，事前に「意見書」を出すなどしてその指導的・調整的役割を果たしてきました。

2. 制度会計―トライアングル体制

　本講ではこれまで，日本の会計制度の成り立ちについて学習してきました。しかしどういうわけでしょう。会計の専門家は，"会計制度"という言葉と"制度会計"という言葉を微妙に使い分けます。

　"会計制度"は汎用性のある言葉で，さまざまな使い方がされます。たとえば，特定の△△会社で運用されている会計の仕組みを，△△会社の会計制度と呼ぶことができます。また，その△△会社の工場で運用されている原価計算制度があるとすれば，それも"会計制度"のひとつです。もちろんより大きく，特定の○○国で運用されている会計の仕組み全般のことをさして使うこともできます。しかし，汎用性があるために，逆に割りとルーズに使われているようにも感じられます。念のため，私の研究室にある蔵書にあたってみましたが，"会計制度"という用語について定義めいた説明をしている本は，会計学の辞書を含め，1冊もありませんでした。堂々と「会計制度」というタイトルを付した書物でさえ用語の説明がなされていないところを見ると，この用語はそれだけ一般論として説明しづらい用語なのでしょう。

　それに対して，"制度会計"という言葉は，"法律に組み込まれた会計"という特殊な意味をもって使われます[5]。わが国の場合でいえば，会社法と金融商品取引法と税法という3つの法律をさします。つまり，会社法の会計規定，金融商品取引法の会計規定，税法の会計規定を総称して，**制度会計**と呼んでいます。単に，"制度"と"会計"という言葉の配列が違うだけなのですが，使用する時には注意が必要です。

　いわゆる企業会計法には，会社法，金融商品取引法，税法の3つがあります。ここからわが国の制度会計の体系を"トライアングル体制"と呼称する

ことがあります。トライアングルとは，あの三角形をした楽器のことです。いつ，誰が命名したのか，私は存じませんが，確かに面白いネーミングです。こうしてわが国の企業会計制度は，「原則」を中心にして，その回りを会社法と金融商品取引法と税法という3つの法律が取り巻く形で，今日まで展開をとげてきています。

日本の"会計制度"を学ぶためには，この3つの法会計，すなわち"制度会計"を学ぶ必要があります。つぎの第7講，第8講および第9講でしっかりその内容を学習して欲しいと思います。

(注)
(1) Kyojiro Someya, 'Accounting "Revolutions" in Japan', *Accounting Historians Journal* 6/1 (1989) pp.75-86.
(2) 『会計』（第56号）1949年，82-83頁。
(3) 『会計』（第56号）1949年，32-33頁。
(4) 新井清光（川村義則・補訂）『現代会計学（第9版）』中央経済社，2008年，36-37頁，44-45頁。
(5) 中村忠『新版財務会計論』白桃書房，1997年，14頁。

第7講 会社法にもとづく会計報告

§1 会社法とは

1. 会社法の起源

　ビジネスに関するわが国最初の法律は，ドイツ人のヘルマン・ロエスラーによって作成された1890年（明治23年）の商法に遡ります。しかしこの商法は早くも1899年には新しい商法に衣替えし，現在の会社法の起源はむしろ1899年（明治32年）に制定された新商法にあるとされています。商法はその後も改正を重ねていきますが，会社に関するわが国の法規制が完成したのは，1938年改正の商法とされています[(1)]。第2次大戦前のことです。商法は戦後も改正を重ねていきますが，次第にドイツ法から英米法への色彩を強め，今日に至っています。

　そのなかで，会計と関わりの深い改正が1962年（昭和37年）に行われています。会計計算書に関する規定が大幅に改正され，これを受け，翌年には「計算書類規則」が法務省令として制定されました（あとで取りあげますが現在の「会社計算規則」に相当します）。その背景には，前講で学んだ「企業会計原則」の影響があると見られています。商法はその後も今日まで度重なる改正を経てきていますが，2005年6月に国会で承認された今回の改正は，これまでとは趣が全く違う改正となりました。

2. 会社法の制定

　従来，わが国でビジネスに関する法律といえば，商法を挙げるのが常套でした。商法は，個人商店から株式会社に至る私企業のほぼすべてを対象にした法律だったからです（ただし，有限会社については有限会社法が設けられていて，商法とは別枠で扱われてきました）。その図式が今回の改正で大きく変わりました。**図表7-1**により，会社法の新たな枠組みを概観しながら，

図表7-1　商法・会社法による企業・会社の種類

大会社の分類	株式の譲渡制限の有無による分類(5)	
	公開会社	非公開会社
大会社	(A)公開大会社	(B)非公開大会社
中小会社	(C)公開中小会社	(D)非公開中小会社

（旧）→（新）
- 商法 → 商法：会社形態でない企業（個人企業，組合企業）
- 商法 → 会社法：会社形態の企業
  - 持分会社(1)：合名会社(2)，合資会社(3)，合同会社(4)
  - 株式会社
- 有限会社法 → 会社法

(1) 所有と経営が一致していることを前提とした会社で，利益配分のルールに規制がかかっていない会社
(2) 無限責任の出資者（1人以上）によって設立される会社
(3) 無限責任と有限責任の出資者（ともに1名以上）によって設立される会社
(4) 有限責任の出資者（1人以上）によって設立される会社
(5) 株式の譲渡制限の有無によって，会社を「公開会社」と「非公開会社」に分類し，株式が自由に譲渡できる会社を「公開会社」，会社の承認が必要となる会社を「非公開会社」といいます。なお，「非公開会社」のことを，会社法では「公開会社以外の会社」と表現しています。
(6) 会社の規模を示す数値によって，会社を「大会社」と「中小会社」に分類し，会社の資本金が5億円以上または負債額が200億円以上の会社を「大会社」，それ以外の会社を「中小会社」といいます。なお，「中小会社」のことを，会社法では「大会社以外の会社」と表現しています。

改正のポイントを確認していきましょう。

(1) 第1のポイントは「会社法」が新たに制定されたことです。これまで商法の第二編に置かれていた"会社"に関する規定が、商法から抜け出し「会社法」として独立しました。それに伴い、従来の「有限会社法」が廃止され、「会社法」のなかに組み込まれました。これまで複数の法律に分散していた会社関連の規定が、今回の改正により「会社法」として一本化されたのです。そしてこの改正により、従来の商法はその規制の対象が狭まり、個人商店や組合といった会社形態をとらない企業をおもな規制の対象とすることになりました。

(2) 改正の第2のポイントは、会社を大きく持分会社と株式会社の2つに分けた点です。持分会社とは、出資者と経営者が同じであることを前提にした会社（こういう会社を"所有と経営が分離していない会社"といいます）で、責任形態の違いによって、合名会社、合資会社、合同会社の3つのタイプに分れます。一方、株式会社も、従来の有限会社を吸収する形で、その形態を大きく変えました。

(3) 株式会社を4種類に分けた点が第3のポイントです。うえの図表でいえば、(A)公開大会社、(B)非公開大会社、(C)公開中小会社、(D)非公開中小会社です。大会社とは、資本金が5億円以上または負債額が200億円以上の会社をいい、それ以外の会社を中小会社としました。また、株式の譲渡制限のない会社を公開会社といい、譲渡制限のある会社を非公開会社としました。大会社か中小会社か、公開会社か非公開会社か、両者の組み合わせにより4種類の株式会社に分類されます。

3. 株式会社の特徴

現代社会において、会社といえば株式会社をさすと言っていいほど、株式会社の形態が普及しています。なぜこれほどまでに株式会社という会社形態が普及したのでしょう。その理由は2つありますが、それがまさに株式会社という会社形態の特徴を示しています。

ひとつは**株式制度**にあります。株式会社は株式（stock）を媒介にして出資者（株主）を広く募ります。株式を発行し，それを購入してもらうことで，会社はお金を手に入れます。そしてその資金によって事業展開を図ります。一方，株式を購入した人たちは株主という立場を得て，会社の業績が良ければ，配当金（dividend）という形でお金を手に入れることができます。配当金は，会社に資金を提供した出資者への報酬，つまり見返り（return）を意味します。株式制度はこのように，株式の売り手（会社）と買い手（株主）の双方にとって都合の良い制度なのです。

　もうひとつの理由は**有限責任制度**にあります。株式を買って株主の立場を得たとしても，もしその会社が倒産した場合，株主はどこまで責任を負わなければならないのでしょう。個人商店や合名会社の場合，出資者の責任は無限です。もし仕入業者や金融機関に対して借金を負ったまま倒産したとしても，借金の返済を免れることはできません。完済するまでその責任は残ります。これが無限責任です。もしそれができないとなれば，裁判所で破産の手続きを踏むか，それもイヤなら"夜逃げ"をして姿をくらますしかありません。"夜逃げ"は明らかに不法行為です。一方，株式会社の場合，株主は株式を取得するために支払ったお金が戻ってこないことを諦めるだけで，それ以上の責任を問われることはありません。これが有限責任です。同じ出資者であっても，企業形態によって課される責任の重さが全く違います。出資者にとって，これまた有難い制度です。株式会社という会社形態が普及した理由は以上のとおりです。

　ところで，株式の売り手（会社）と買い手（株主）の双方にとって都合の良い株式会社にも，大きく2つのタイプがあります。**所有と経営が分離していない会社**と，**所有と経営が分離している会社**です。

　前者は，同一人物が所有者（株主）と経営者を兼ねている会社のことをいいます。個人商店から出発し，それが成功して株式会社へ形態変更して間がない会社の大半は，こうした"所有と経営が分離していない会社"です。家族や親族等による創業者一族で株式を所有し，彼ら自身で経営に当たっている会社のことを**同族会社**といいますが，そうした会社はまさに"所有と経営

が分離していない会社"です。

　ただ，会社がさらに規模を拡大していくと，事業展開を図るための資金がどうしても不足がちになってきます。株式を発行するとしても，それを創業者一族で購入する財力がないとなると，一般の投資者にその購入を求めざるを得ません。株式会社はこうしてその規模の拡大とともに，同族以外の人たちが株主としてその会社に関わりを持ち始め，そして経営に参画するようになります。

　もし，発行した株式総数に占める一般株主の取得比率が増えていけば，株主総会を開いて決議しても，同族の人たちの意向が十分に反映されないような状況に至ります。一般株主の意向が次第に会社経営に反映されるようになり，それとともに，これまで創業者の代表が務めていた社長職を，一般株主の意向を背景にした人物がその職に就くような状況になってきます。もしその人物が，当会社に従業員として雇用され，長年の勤務業績を高く評価されて社長職に就いたとなれば，その会社はもはや"所有と経営が分離している会社"と見ていいでしょう。単純にいえば，"所有と経営が分離している会社"とは，オーナー経営者からサラリーマン経営者への交代が図られているような会社をいいます。

　会社法にとって，所有と経営が分離していない会社か，それとも所有と経営が分離している会社かは，非常に重要な問題です。たとえば前者の場合，所有者と経営者は同一人物ですから，法律で保護しなくてはならない弱者は，仕入業者や金融機関といった債権者に限定されます。商法が**債権者保護**をその立法趣旨の第一に挙げてきたのはこうした理由によります。それに対して後者の場合，法律で保護しなくてはならない弱者は，債権者のほかに，経営にタッチしていない一般株主，すなわち投資者が加わります。**投資者保護**という考え方がここから生まれてきます。要するに，債権者保護という理念も投資者保護という理念も，ともに経営に直接携わっている人たちの業務活動の失敗や不正行為から保護しようとする会社法（商法）の目的から出てきた考え方なのです。

§2　株式会社の種類と機関

1. 株式会社の種類

(1) 公開大会社

会社法では，資本金が5億円以上または負債が200億円以上の会社で，株式の譲渡制限のない会社を公開大会社としています。株式に譲渡制限がないということから，当会社はほぼ"所有と経営が分離している会社"と考えていいでしょう。その規模の大きさから社会的影響力の最も大きな会社です。

(2) 非公開大会社

資本金が5億円以上または負債が200億円以上の会社ですが，株式の譲渡制限を設けている会社ですから，大会社でありながら同族会社の色彩を残している会社といえます。

(3) 公開中小会社

会社法の定義による中小会社になりますが，株式の譲渡制限を設けていない会社ですから，"所有と経営が分離している会社"ということになります。

(4) 非公開中小会社

株式会社の数からいえば，大半の会社はこのタイプに属します。中小会社は，株式の譲渡制限が設けられているのが通常だからです。数は圧倒的に多いながら，社会的な影響力ということでいえば，個々の会社の影響力は最も小さいといって差しつかえないでしょう。従来の有限会社が株式会社に組織

変更すれば、通常、この会社のタイプに属することになります。

2. 株式会社の機関

新会社法で株式会社を4つに分類した理由は、会社の実態に応じて会社の機関を柔軟に設計できるようにするためです。こうした配慮はこれまでの商

図表7－2　会社法による会社の機関

株式会社に必要な機関		(A)公開大会社		(B)非公開大会社	(C)公開中小会社	(D)非公開中小会社
		監査役会設置会社	委員会設置会社			
株式会社	株主総会(1)	株主総会	株主総会	株主総会	株主総会	株主総会
	取締役(2)（1人以上）	取締役会(3)（3人以上）	取締役会	取締役（取締役会）	取締役会	取締役（取締役会）
		(会計参与)(4)	(会計参与)	(会計参与)	(会計参与)	(会計参与)
		監査役会(5)	指名委員会(6)	(指名委員会)		
			報酬委員会(7)	(報酬委員会)		
			監査委員会(8)	(監査委員会)	監査役(監査役会)	(監査役・監査役会)
		会計監査人(9)	会計監査人	会計監査人	(会計監査人)	

*（　）は任意
(1) 株式会社の最高意思決定機関で、おもに、役員（取締役、会計参与、監査役）や会計監査人の任免、計算書類の承認、利益配当等に関する決定を行う。
(2) 株式会社を代表する業務執行者
(3) 3人以上の取締役で構成され、株式会社の業務執行の決定機関。また、代表取締役の選任や、代表取締役や業務執行取締役を監督する。
(4) 取締役と共同して計算書類の作成にあたる。公認会計士（監査法人）か税理士のみが会計参与になる資格を持つ。また会計監査人を兼務できない。
(5) 3人以上の監査役で構成され、うち半数以上は社外監査役でなければならない。監査報告の作成、常勤監査役の選任、会計監査人に関する議案を株主総会に提出する等の職務を行う。
(6) 委員会設置会社に設置される機関のひとつで、株主総会へ提出する取締役の選任および解任に関する議案の内容を決めるのがおもな職務となる。
(7) 委員会設置会社に設置される機関のひとつで、執行役等の個人別の報酬等の内容を決めるのがおもな職務となる。
(8) 委員会設置会社に設置される機関のひとつで、執行役等の職務の執行の監査および監査報告の作成、株主総会に提出する会計監査人の選任および解任等に関する議案の内容を決めるのがおもな職務となる。
(9) 会計監査人の職務については第10講に詳述しています。そちらを参照してください。

法でも行われてきましたが，今回の改正はかなり徹底しています。まず，その枠組みについて**図表7-2**で概観しながら，改正のポイントを確認していきましょう。

"ここまでやるか"というくらい，株式会社の機関について細かく指示しています。その徹底ぶりに，私も目が眩みそうになります。

(1) うえで学んだ(A)から(D)の4種類の株式会社に共通して設置しなければならない機関は，株主総会と取締役（または取締役会）です。株主総会は会社の最高決議機関であり，取締役（または取締役会）は会社の業務執行機関です。株式会社といっても，その規模でいえば"ピンからキリまで"ありますが，会社法はその"キリ"にあたる中小の株式会社においても，これら2つの機関を備えることを求めているのです。

(2) 4種類の会社のうち，社会的影響力の大きさからいって，(A)の公開大会社の機関設計が最も重要です。その特徴は，監査役会設置会社といわれる従来型の会社と，委員会設置会社といわれるアメリカで用いられている会社の2つのタイプを用意し，その選択を各株式会社に委ねている点にあります。

監査役会設置会社はこれまでどおり，監査役会と会計監査人を設置することが義務づけられています。一方，委員会設置会社は，監査役会ではなく，指名委員会，報酬委員会，監査委員会といういわゆる3委員会を設置する会社のことをさしています。公開大会社はそのいずれかを選択しなければなりません（これら監査の問題については第10講で学習します）。

(3) 一方，個々の会社の社会的影響力でいえば，最も小さいとみられるのが(D)の非公開中小会社です。これらの会社が求められている機関は，株主総会と取締役（または取締役会）だけであり，監査役（または監査役会）や会計参与といった機関の設置は任意です。株式会社といっても，その規模は確かに"ピン・キリ"ですが，今回の会社法は，それぞれの会社においてその実態に合った機関設計ができるよう配慮されているのが分ります。

§3　会社法にもとづく会計報告

1. 会社法における会計規定と会計計算書

　会社法には，第1条から第979条までの条文が収められています。このうち，株式会社に関する規定は，第25条から第574条です。そして株式会社の会計計算書については，「第5章　計算等」として第431条から第465条に収められています。最初のいくつかの条文を見てみましょう。

　　「第1節　会計の原則
　　第431条　株式会社の会計は，一般に公正妥当と認められる企業会計の慣行に従うものとする。
　　第2節　会計帳簿等
　　第1款　会計帳簿
　　第432条　株式会社は，法務省令で定めるところにより，適時に，正確な会計帳簿を作成しなければならない。」

　第431条の「一般に公正妥当と認められる企業会計の慣行」とは，「企業会計原則」をはじめとする企業会計審議会等がこれまで設定してきた種々の会計ルールをさしています。会計計算書に関し，会社法はその会計ルールを尊重するという立場を明確にしている条文です。ここでいう**会計帳簿**とは，複式簿記で用いられる仕訳帳や総勘定元帳といった各種の帳簿をさしています。

　　「第2款　計算書類等
　　第435条　株式会社は，法務省令で定めるところにより，その成立の日における貸借対照表を作成しなければならない。
　　　2　株式会社は，法務省令で定めるところにより，各事業年度に係る計算書類（貸借対照表，損益計算書その他株式会社の財産及び損益の状況を示すために必要かつ適当なものとして法務省令で定めるものをいう。）及び事業報告並びにこれらの付属明細書を作成しなければならない。」

この条文から，会社法では会計計算書のことを**計算書類**と呼んでいることが分ります。会社法で作成が義務づけられている計算書類は以下の①〜④の4種類です（「会社法」第435条第2項，「会社計算規則」第91条）。

$$
\text{"計算書類等"} \begin{cases} \left.\begin{array}{l} \text{①貸借対照表} \\ \text{②損益計算書} \\ \text{③株主資本等変動計算書} \\ \text{④個別注記表} \end{array}\right\} \text{"計算書類"} \\ \text{⑤事業報告} \\ \text{⑥付属明細書} \end{cases}
$$

このうち，③の株主資本等変動計算書は，資本（純資産）の部に表示されている各項目が一期間にどのように変動したかを示す計算書です。従来の「利益処分案」に代わり，今回の改正で導入された計算書です（「会社計算規則」第127条参照）。④の個別注記表は，おもに①〜③の計算書の補足説明をするためのものです。たとえば，減価償却費の算定に定額法を用いたのか，それとも別の方法を用いたのかといった内容が記載されます（「会社計算規則」第128条参照）。こうした注記については，従来の商法では各計算書別に示されてきましたが，今回の改正により"注記表"としてまとめて示すことになりました。⑤の事業報告は，会社の概況を説明する文書です。従来の「営業報告書」に代わるものですが，今回の改正で計算書類から外されました。⑥の付属明細書では，たとえば建物や機械といった固定資産の明細や引当金の明細などが記載されます。①〜④の計算書類に，⑤と⑥を加えて，会社法では"計算書類等"と呼んでいます。

また，うえの第435条において，会計帳簿および計算書類の作成については，法務省令で定めるとしている点も見逃せません。要するに，"具体的な会計規定は法務省令で示しますから，計算書類はそちらの指示に従って作成してください"というスタンスをとっているのです。

わが国の法律はいずれもそうですが，国会で承認を受けた法律をもとに，その法律の実施細則を定めた省令が，その法律を所轄する各省庁によって制定されます。会社法を所轄するのは法務省です。このため今回の会社法の改正にあたっても，法務省令が制定されています。**会社法施行規則**と**会社計算**

規則がそのおもなものです。このうち，会計計算書に関する詳細な指示が規定されているのは会社計算規則です。うえの第432条と第435条に出てくる法務省令とは，この会社計算規則のことをさしています。

　ところで，会計計算書に関するルールが，なぜ会社法において設けられるのでしょうか。その目的は2つあります。ひとつは"分配可能額の計算"にあります。平たくいえば，会計計算書を用い株主へ支払う配当金の限度額を算出するという目的です。その根底には"債権者保護"の思想が流れています。会社財産の分配をめぐり，株主が過度に優遇されれば，それによって債権者の利益が損なわれることが懸念されるからです。

　もうひとつの目的は，会社の財務内容について情報を提供するという目的です。「はじめに」で学んだように，企業をめぐる利害関係者は多種多様です。会社法はその利害関係者のなかでも債権者と株主を重視しています。他の利害関係者と異なり，いずれも企業に資金を提供している立場にあるグループです。その彼らに対して，適切な会計情報を提供することで，利害調整がより良く果たされると考えるからです。

　これら計算書類の提出先は株主総会です。そしてそこで承認を受けなければなりません。それにより取締役の**会計責任**（accountability）が漸く果たされることになります。

>　「第438条　次の各号に掲げる株式会社においては，取締役は，当該各号に定める計算書類及び事業報告を定時株主総会に提出し，又は提供しなければならない。
>
>　　　（各号については省略）
>
>　2　前項の規定により提出され，又は提供された計算書類は，定時株主総会の承認を受けなければならない。」

2.　会計処理における個人商店と株式会社の違い

　会計規定に関する会社法の関心事のひとつは，"分配可能額の計算"にあります。この点の理解を深めるために，今一度，第4講の§3に戻りたいと

思います。

　そこでは個人商店と株式会社の貸借対照表について，その表示方法が異なることについて学びました。個人商店では，利益が出ればその額が翌期には資本金に加算され，損失が出ればその額が資本金から減算されて，結局，資産の合計から負債の合計を差し引いた資本（純資産）が資本金として表示されました。このため個人商店の資本金は，毎期，変動します。それに対して株式会社の場合，資本金は損益の影響を受けず，（増資や減資を行わない限り）常に一定額で表示しなければなりません。両者の違いは，株式会社に求められている**確定資本金制**という会社法のルールにその原因があります（つぎの3．株式会社会計のなかに示した第445条がその規定です）。

　すでに学んだように，個人商店は無限責任ですから，利益の分配について神経をさほど尖（とが）らせる必要はありません。獲得した利益の使い道について，それを積立金として貯金しようが，商店主が私生活のために使おうが，"好きにしてください"というスタンスです。たとえ私生活のために使ったとしても，法律上，商店主の責任は無限であり，最後のツケは商店主個人に回ってきます。しかし株式会社の場合はそうはいきません。株主の責任は有限ですから，債権者の立場を考えると，会社の財産しかその返済に当てにできるものはありません。このため会社法では，利益の使用法について明確なルールを敷いているのです。まず，資本と利益を明確に区分すること，ついで，利益のうち配当金として株主に分配していい部分といけない部分を区分するよう求めているのです。こうした資本の部をめぐる株式会社特有の会計領域のことを**株式会社会計**あるいは**資本会計**と呼んでいます。

3. 株式会社会計

　株式会社会計において最も重要な問題は"分配可能額の計算"です。この問題に関心を寄せる会社法にとって，分配の源泉となる資本（純資産）の部の表示には強い関心を払わざるを得ません。そこは剰余金という名目のもとに，"分配していい資本（利益剰余金）"と，"分配してはいけない資本（資

本剰余金)"が混在する場所だからです。剰余金については,前の第6講で取りあげました。「企業会計原則」のなかの一般原則のうち,「③損益取引・資本取引区分の原則」がそれです。もう一度戻って,その内容を確認しましょう。

さて,貸借対照表のうち,資本(純資産)の部を強調して図示すると,**図表7－3**のようになります。

図表7－3

貸借対照表			
資産	負債 (A)		
	資本 (純資産)	資本金	
		剰余金	(B) 資本剰余金	(C) 資本準備金
				その他の資本剰余金
			利益剰余金	利益準備金
				その他の利益剰余金

資本の部の表示は,(A)にあるように,まず資本金(capital stock)と剰余金(surplus)の2つに分けられます。**剰余金**は,資本(純資産)の部に表示される項目のうち,資本金を除くすべての項目を包括した用語です(字義どおり,余ったお金のことです)。剰余金はさらに,(B)にあるように資本剰余金と利益剰余金に分類され,また(C)にあるように,資本剰余金は資本準備金とその他の資本剰余金に,利益剰余金は利益準備金とその他の利益剰余金に,それぞれ2分類されます。

このうち,(A)の資本金と(C)の資本準備金の関係について,会社法では以下のように説明しています。

「第3節　資本金の額等
　　第1款　総則
　第445条　株式会社の資本金の額は,この法律に別段の定めがある場合を除き,設立又は株式の発行に際して株主となる者が当該株式会社に対して払込み又は給付をした財産の額とする。

2 前項の払込み又は給付に係る額の2分の1を超えない額は，資本金として計上しないことができる。
3 前項の規定により資本金として計上しないこととした額は，資本準備金として計上しなければならない。」

要するに，資本金も**資本準備金**も，株主が株式購入のために支払った対価であることに変わりありません。会社法は，その対価のうち2分の1を超えない範囲内で，資本準備金と処理して構わないと定めているだけなのです。とすれば，資本金も資本準備金も，第6講で学んだように，企業と出資者（株主）との間で行われた資本取引の結果として生まれた項目です。資本取引で入手したお金は，たとえ株主への配当金という名目であるにしても，社外へ放出することは原則として許されません。その他の資本剰余金を含め，会社法では，このような資本取引で生じる剰余金を**資本剰余金**として分類します。

剰余金にはもうひとつ**利益剰余金**があります。企業活動の成果として得たお金，つまり利益が源泉となっている剰余金のことをいいます。配当金の支払いに使えるのがこの剰余金なのですが，このうち利益準備金は会社法により，配当金の支払いに使うことは許されません。これらの問題については以下の5．配当規制でさらに学習します。

4. 貸借対照表と損益計算書の基本様式

会社法が求める会計計算書の表示方法については「会社計算規則」に指示されています。その指示に従って表示の枠組みを示すと，以下の**図表7－4**と**図表7－5**のようになります。そしてこれが"会社法会計"の学習の基点となります。

図表7-4　貸借対照表の枠組み

（資産の部）	（負債の部）
Ⅰ流動資産	Ⅰ流動負債
	Ⅱ固定負債
Ⅱ固定資産	
1 有形固定資産	（純資産の部）
2 無形固定資産	Ⅰ株主資本
3 投資その他の資産	1 資本金
	2 資本剰余金
Ⅲ繰延資産	3 利益剰余金
	4 △自己株式
	Ⅱ評価・換算差額等
	Ⅲ新株予約権

（「会社計算規則」第104条―第117条）

図表7-5　損益計算書の枠組み

　Ⅰ売　上　高
　Ⅱ売　上　原　価
　　　売上総利益（または売上総損失）
　Ⅲ販売費及び一般管理費
　　　営　業　利　益（または営業損失）
　Ⅳ営業外収益
　Ⅴ営業外費用
　　　経　常　利　益（または経常損失）
　Ⅵ特　別　利　益
　Ⅶ特　別　損　失
　　　税引前当期純利益（または税引前当期純損失）
　　　法　人　税　等
　　　法人税等調整額
　　　当　期　純　利　益

（「会社計算規則」第118条―第126条）

　ただ残念ながら，これら図表に示された項目を個別に説明するだけの紙幅が本講にはありません。幸いなことに，今回の改正によって，つぎの第8講で学習する金融商品取引法の計算書様式とほぼ同じものになりました。このため，**図表7-4**と**図表7-5**に関する説明は，第8講での学習に代替することとします。

5. 配　当　規　制

　繰り返しますが，会社法は債権者保護のために**配当規制**を行っています。その内容は，会社法の第5章第4節の以下の条文から始まります。

　　「第4節　剰余金の配当
　　第453条　株式会社は，その株主に対し，剰余金の配当をすることができる。」

　剰余金についてはさきの**図表7-3**で学びました。しかし会社法は，剰余金のすべてを配当金の支払いに充てていいと言っているわけではありません。第461条において，その基本的なルールを示しています。さらに，会社計算規則の第45条，および第177条から始まる条文では，その細則を示しています。とりわけ第186条が重要です。実際に一度，その条文を目にしてみてはどう

でしょう。たかがひとつの条文ですが，そのボリュームは数ページに及びます。しかもそれらを読みこなすには相当の会計知識が求められます。会計の初学者には到底理解不能な内容と言っていいでしょう。そこで，以下の【設例7－1】により，その概略について学習したいと思います。

【設例7－1】

以下の貸借対照表により，(1)剰余金，(2)分配可能額および(3)配当可能限度額を算出してください。

貸借対照表　　　　　　（単位：100万円）

諸　資　産	980	諸　　負　　債	600
		資　　本　　金	300
		資　本　準　備　金	32
		その他資本剰余金	28
		利　益　準　備　金	15
		その他利益準備金	25
		自　己　株　式	△20
	980		980

【解答】

以下の図式から　(1)剰余金 ¥53　(2)分配可能額 ¥33　(3)配当可能限度額 ¥30 となります。

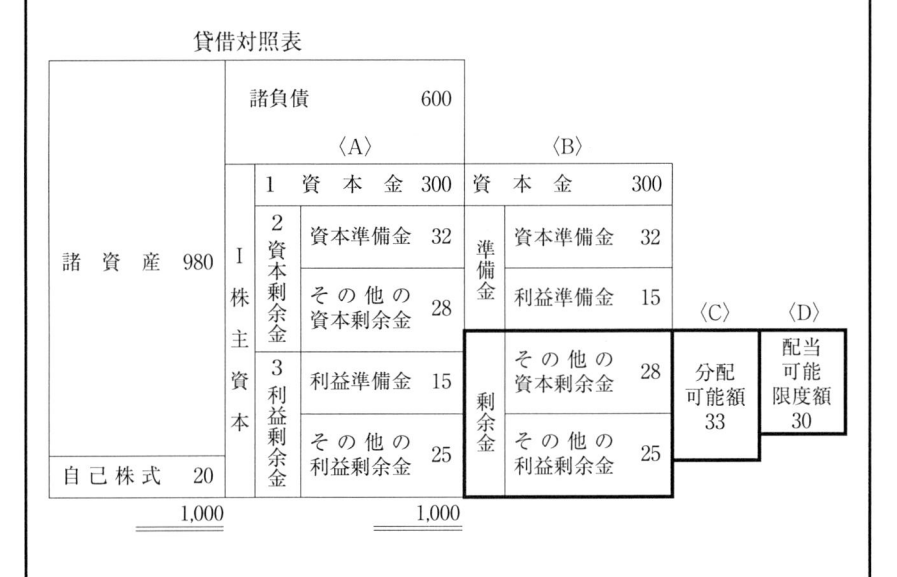

貸借対照表

諸　資　産　980	諸負債　600			
	〈A〉	〈B〉	〈C〉	〈D〉
	Ⅰ株主資本　{ 1 資本金 300 / 2 資本剰余金 { 資本準備金 32 / その他の資本剰余金 28 } / 3 利益剰余金 { 利益準備金 15 / その他の利益剰余金 25 } }	資本金 300 / 準備金 { 資本準備金 32 / 利益準備金 15 } / 剰余金 { その他の資本剰余金 28 / その他の利益剰余金 25 }	分配可能額 33	配当可能限度額 30
自己株式 20				
1,000	1,000			

121

【解説】
　〈A〉は,「Ⅰ株主資本」を会社法に従って示したものです。ただし,自己株式は資本金のマイナス項目であるため,図表では借方に移しています（自己株式についてはつぎの第8講で説明します）。
　〈B〉は,**剰余金**を図示するために,〈A〉の資本準備金と利益準備金を便宜上,うえに移動した図です。これで剰余金が¥53（＝28＋25）となることが分かります。これが(1)の解答です。
　〈C〉は,剰余金から**分配可能額**を求めた図です。分配可能額は,本設例では,剰余金マイナス自己株式で求まります。¥33（＝53－20）で,これが(2)の解答となります。
　〈D〉は,分配可能額から**配当可能限度額**を求めた図です。配当可能限度額は,以下のルールにもとづいて求めます。

　　　配当可能限度額＝分配可能額－準備金要積立額

　準備金要積立額とは,準備金（資本準備金と利益準備金の合計額）の額が資本金の4分の1（これを基準資本金額といいます）に達するまでは,株主へ配当金として支払う額の10分の1を準備金として積み立てるべしというルールにもとづき積立が強制される金額です。本設例の場合,

　　　基準資本金額　¥75（＝300×1/4）　＞　準備金　¥47（＝32＋15）

となり,準備金への積立が必要となります。分配可能額から準備金要積立額を差し引いた金額が配当可能限度額となります。以下の計算式により算出します。

　　　配当可能限度額　X　＝　分配可能額　33　－　準備金要積立額　0.1X
　　　　　　(1＋0.1) X　＝　33
　　　　　　　　　　　X　＝　33 / 1.1　＝　30

　以上が会社法の配当規制です。うえの設例は,配当可能限度額を求めるための最もシンプルな設例です。会社法では多様なケースを想定し,かなり詳細にそのルールを定めています。ただし,［剰余金 ⇒ 分配可能額 ⇒ 配当可能限度額］という手順でその計算が進められていく点は変わりません。
　株式会社は,配当金の支払いを配当可能限度額以下に抑えなければなりません。もしその限度額を超えて配当した場合は違法となります。こうした配当を俗に蛸配当と言っています。蛸はストレスが溜まると,ときに自分の足を食べるところから命名されたようです（残念ながら,私はその現場を見たことがありませんので,その真偽について問い詰められても困るのですが

……)。もしそれが本当だとすれば，その行為は自分で自分の体を傷つけるいわゆる自虐行為にほかなりません。それはちょうど，株主が受ける配当が過度であれば，それは債権者の利益を害するだけでなく，まさに株主自身の体（資本）を傷つけるに等しい行為となります。会社法が配当規制を敷き，蛸配当を厳に取り締まる理由がここにあります。

（注）
(1) 河本一郎他編『日本の会社法（第8版）』商事法務，2006年，47-48頁。

第8講 金融商品取引法にもとづく会計報告

§1 金融商品取引法とは

1. 金融商品取引所（証券取引所）の役割

　当たり前のことですが，取引は，売り手（seller）と買い手（buyer）の双方がいて初めて成立します。市場（market）は，その売り手と買い手が集まって取引を行う場所です。しかし，そこで扱われる商品によって，市場は大きく2つのタイプに分れます。ひとつは，青果市場や魚介市場といった生鮮食材を扱うような市場です。そこでは，取引が成立した段階で，市場はその役割を終えます。買い手は，その商品を持ち帰って自分で消費するか，またはつぎの買い手を見つけて売るかのどちらかです。その商品が再び市場に戻ってくることはありません。

　もうひとつのタイプは，金融商品を取り扱う金融商品取引所（証券取引所）のような市場です。売り手と買い手が集まり，商品をめぐって売買が行われる点は同じです。ただ生鮮市場と異なるのは，金融商品はいちど市場に放出されると，放出した当事者が買い上げない限り，その商品はいつまでも市場に残り，当該商品をめぐっていつまでも売買が繰り返されるという点です。金融商品取引所で扱われる商品のなかに株式があります。この株式を例に，以下，金融商品取引所の役割について考えてみます。

　株式会社が資金を募る際，出資者から資金を手に入れる代わりに，株式と

いう**有価証券**（securities："価値のある紙切れ"のことです。株式の場合は"株券"といったりします）を発行し販売します。株式の売り手（発行者）は株式会社で，買い手は出資者（株主）です。株式の発行時に売買が行われるこうした市場を**発行市場**といいます。この発行市場によって会社は資金を手に入れ，その資金をもとに事業を展開していきます。

金融商品取引所にはもうひとつの役割があります。それが**流通市場**です。発行された株式を最初に購入し，株主の立場を得た投資者のなかで，何かの都合でそれを売却し最初に支払ったお金を取り戻したいと考える人がいれば，彼はこの流通市場で今度は売り手に回ります。売却する株数とその価格を示し，買い手を待ちます。もしその条件による買い手が見つかれば，取引が成立します。新たな買い手も，やはり次は売り手に回ります。こうして一度発行された株式は，発行者が買い手となって買い上げない限り，流通市場において転々と所有者を変え，市場から退出していくことはありません。

流通市場で繰り広げられるこうした取引は，あくまで投資者同士の取引です。その取引は発行会社にとっては関係はなく，精々その売買の動向を注視するに過ぎません。発行会社の唯一の責任は，市場で売買を繰り返す投資者のために，金融商品取引法という法律に従い，会社の財務状況等を適時にそして適切に報告するにとどまります。

要するに，金融商品取引所は，金融商品の"発行"と"流通"が円滑に行われる役割を果たす場所なのです。そのためには，金融商品の売り手と買い手の双方が守るべきルールが必要となります。そのルールを定めているのが金融商品取引法という法律です。

金融商品取引法の第1条には，その目的が以下のように記されています。

「この法律は，①企業内容等の開示の制度を整備するとともに，②金融商品取引業を行う者に関し必要な事項を定め，③金融商品取引所の適切な運営を確保すること等により，④有価証券の発行及び金融商品等の取引等を公正にし，⑤有価証券の流通を円滑にするほか，⑥資本市場の機能の十全な発揮による金融商品等の公正な価格形成等を図り，<u>もって国民経済の健全な発展及び投資者の保護に資することを目的とする。</u>」（①～⑥の番号と下線：市村）

随分と長い文章です。私には悪文の見本のように見えます。それはいいとして，金融商品取引法の目的は，①から⑥までの項目の達成により，「国民経済の健全な発展と投資者の保護」を図ることにあると，立法者は言いたいのでしょう。

2. 金融商品取引所の仕組み

株式会社といっても，前講で学習したように，その規模は"ピン・キリ"です。金融商品取引所で扱われる有価証券は，そのうちの"ピン"にあたる大規模な会社のものに限られます。それがどの程度の規模なのか，図表8－1で確認しましょう。

図表8－1　証券市場に関する金融商品取引法の基本的枠組み

		対象会社	提出書類	届出先
金融商品取引法	発行市場におけるルール	総額1億円以上の有価証券を50名以上の者に対して募集または売出しをする会社（第4条）	有価証券届出書 ①	内閣総理大臣および証券取引所
			有価証券目論見書 ②	
	流通市場におけるルール	(A)上場会社　(B)有価証券届出会社　(C)資本金5億円以上，株主500名以上の会社（第24条）	有価証券報告書 ③	内閣総理大臣および証券取引所
			四半期報告書 ④	
			確認書 ⑤	
			内部統制報告書 ⑥	

① 有価証券届出書： 有価証券の新規発行に関する募集に際し，発行者が内閣総理大臣に宛てて提出する書類のことで，この書類が受理されれば投資の勧誘が可能となりますが，その際には有価証券目論見書の作成が求められます。

② 有価証券目論見書： 有価証券をベースにして作成された文書で，投資者に向けての勧誘文書のことをさします。

③ 有価証券報告書： 有価証券の発行者が事業年度ごとに提出を義務づけられている書類のことをさします。財務諸表等の会社の財務情報がこの書類のなかに記載されます。

④ 四半期報告書： 有価証券報告書を作成しなければならない会社は，投資者への適時情報を提供するという趣旨から会社の3ヶ月ごとの財務情報の提出も義務づけられています。

⑤ 確認書： 有価証券報告書や四半期報告書の提出会社の代表者に提出を求める文書で，これら報告書の記載が適正であることを確認するための文書のことをいいます。

⑥ 内部統制報告書： 内部統制に関する経営者の意識を高めるために設けられた制度で，内部統制に関する経営者自身の評価に，公認会計士等の監査証明を付し，内閣総理大臣等へ提出することが義務づけられています。

金融商品取引法の適用対象となる会社は，図表の〈対象会社〉に示されている3種類の会社に限定されます。

(1) 上場会社

　上場会社とは，全国6ヶ所にある証券取引所で定められた上場基準をクリアし，その有価証券がそれぞれの取引所において，日常的に投資者間で売買されている会社をいいます[1]。新聞の朝夕刊の株式欄に日々その売買動向が報道されます。そこには，各業界において日本を代表する有力会社の名前が列なっています。こうした会社は，"流通市場におけるルール"に従い，図表の〈提出書類〉にあるような文書を，〈届出先〉に向けて提出することが義務づけられています。数にしておよそ3,000社あります。

(2) 有価証券届出会社

　上場会社ではないものの，証券市場を利用して総額1億円以上の多額の資金を50名以上の多数の投資者から調達しようとする会社にも，金融商品取引法が適用されます。当会社はまず，"発行市場におけるルール"に従い，図表8-1の〈提出書類〉にあるような文書を〈届出先〉に向けて提出することが義務づけられています。同時に，"流通市場におけるルール"に従い，図表の〈提出書類〉にあるような文書を〈届出先〉に向けて提出することも義務づけられています。

(3) 資本金5億円以上で株主500名以上の会社

　同じく上場会社ではないものの，株主が500名以上いるような株式会社は，その株券が一般投資者に流通しているとみなされ，投資者保護の観点から，本法の適用対象となります。ただし，会社の負担を考慮し，資本金が5億円以上の会社に限られます。

3. 金融商品取引法の起源と役割

　金融商品取引法は，2006年6月，旧法の証券取引法の改正にあたって命名された新法の名称です。証券取引法についてはすでに第6講で触れています。その制定当初から会計と関わりの深い法律です。今一度戻ってそれを確認しましょう。

　証券取引法は，第二次大戦直後の1947年に制定されています。アメリカの証券二法をモデルにして，日本経済の安定化と活性化に役立つことを願って制定された法律です。前講で学んだ会社法と比べると，制定されてからまだ60年余しか経っていない歴史の浅い法律です。しかしこの法律は，以下の引用文にあるように，今やわが国の経済社会を支えるために欠かすことのできない存在となっています[2]。

　「この証券市場，そしてそこで行われる証券取引が，資本主義経済に立脚する国々の経済にとってどんなに重要なものであるかは，各資本主義国で例外なく証券市場が機能していることをみても分かる。

　ちなみに，1975年に改正されたアメリカの1934年証券取引所法11条Aは，その(a)項第1号Aで『証券市場は保持されかつ強化されるべき重要な国家の財産であること』を，議会が確認すると定めている。この言葉は，資本主義経済体制の存続発展にとって，資本市場すなわち証券市場が不可欠の重要なものであることを，まことに見事に表現したものということができる。(中略)

　しかし，このように資本主義国家で欠くことのできない証券市場もこれが公正かつ円滑に機能しなければ，目的を達成することができない。何よりも出資者である投資者が安心して投資できるような基盤がなくてはならない。それを担保しようとするのが金融商品取引法である。」

　金融商品市場なくしてわが国経済の発展は望めないとする指摘です。確かにそのとおりです。そのための法律が金融商品取引法（旧証券取引法）であり，したがってこの法律はわが国の経済にとってきわめて重要な法律となります。その目的はただ一点，"投資者保護"にあります。それを達成することが当市場の存続・発展につながり，延いてはわが国経済の発展につながる

と見られるからです。

4. 金融商品取引法の制定

戦後60年にわたって施行されてきた証券取引法（略して"証取法"と呼ばれてきました）が，今回なぜ金融商品取引法（以下，略して「金商法」と呼びます）という名称に変ったのでしょう。その理由を**図表8−2**によって把握しておきましょう[3]。

図表8−2

〈金融商品の区分〉	〈金融商品の種類〉		〈金融商品に関する旧法〉	〈金融商品に関する新法〉
有価証券	商品ファンド		商品ファンド法	金融商品取引法
	抵当証券		抵当証券法	
	信託受益証券		信託法	
	株　式		証券取引法	
	債　券	社　債		
		公債(国債・地方債)		
	投資信託			
デリバティブ(金融派生商品)	有価証券先物		金融先物取引法	
	オプション			
	外国為替証拠金			
	天候デリバティブ			
	クレジットデリバティブ			

図表8−2から，さまざまな種類の金融商品のあることが分ります。そして図表の〈金融商品に関する旧法〉にあるように，これまではその商品別に法律が定められ運用されてきました。今回の改正で誕生した「金商法」の目的が，これらの法律を統合し一本化することにあったことが分ります。つまり，金融商品に関する包括的な法律の制定，これが今回の「金商法」制定の大きな目的です。「金商法」の中核を担うのは"証取法"です。しかし，一本化によって規制の対象が"有価証券"を超えることになるため，"金融商品"というより幅広い名称に変更することになったわけです。

§2　金融商品取引法にもとづく会計報告

1.　金融商品取引法における会計規定と会計計算書

「金商法」はその目的からいって投資者への情報の提供を重視する法律です。別名，"**企業開示法**"と呼ばれるくらい，企業の活動内容を適時にそして適切に情報として提供させることを使命としています。「金商法」のなかに，会計に関わる規定としてつぎのような条文があります。

「第193条　この法律の規定により提出される貸借対照表，損益計算書その他の財務計算に関する書類は，内閣総理大臣が一般に公正妥当であると認められるところに従って内閣府令で定める用語，様式及び作成方法により，これを作成しなければならない。

第193条の2　金融商品取引所に上場されている有価証券の発行会社その他の者で政令で定めるものが，この法律の規定により提出する貸借対照表，損益計算書その他の財務計算に関する書類で内閣府令で定めるものには，その者と特別の関係のない公認会計士又は監査法人の監査証明を受けなければならない。」

会社法の場合と同様，会計計算書の作成等に関する具体的規定は，当該法を所轄する省庁に委ねるというスタンスをとっています。「金商法」を所轄するのは内閣府とその外局である金融庁です。そのため，**企業内容等の開示に関する内閣府令**と，**財務諸表等の用語，様式及び作成方法に関する規則**（通称「**財務諸表等規則**」）という2つの内閣府令が制定されています。これを受け，金融庁はさらに詳細なルールを**財務諸表等規則ガイドライン**として定めています。「金商法」をめぐる会計に関するルールの枠組みを示すと，**図表8－3**のようになります。

図表8-3

法律	政令	内閣府令		ガイドライン (金融庁総務企画局)
金融商品取引法	金融商品取引法施行令	個別財務諸表	財務諸表等規則	財務諸表等規則ガイドライン
			中間財務諸表規則	中間財務諸表規則ガイドライン
			四半期財務諸表規則	
		連結財務諸表	連結財務諸表等規則	連結財務諸表等規則ガイドライン
			中間連結財務諸表規則	中間連結財務諸表規則ガイドライン
			四半期連結財務諸表規則	

このうち、「財務諸表等規則」の第1条には、つぎのように指示されています。

「第1条　金融商品取引法……の規定により提出される財務計算に関する書類（以下、「財務書類」という）のうち、貸借対照表、損益計算書、株主資本等変動計算書及びキャッシュ・フロー計算書及び付属明細表（以下、「財務諸表」という）の用語、様式及び作成方法は、次条を除き、この章から第6章までの定めるところによるものとし、この規則において定めのない事項については、一般に公正妥当と認められる企業会計の基準に従うものとする。

2　金融庁組織令第24条第1項に規定する企業会計審議会により公表された企業会計の基準は、前項に規定する一般に公正妥当と認められる企業会計の基準に該当するものとする。」

この条文から、「金商法」では会計計算書のことを**財務諸表**あるいは**財務書類**と呼んでいることが分ります。「金商法」で作成が義務づけられている財務諸表は、①貸借対照表、②損益計算書、③株主資本等変動計算書、④キャッシュ・フロー計算書、⑤付属明細表の5種類です。会社法の"計算書類"と比べると、④キャッシュ・フロー計算書の作成が義務づけられている点が異なります。⑤の付属明細表は、会社法の付属明細書に相当しますが、会社法と異なり、会計計算書として扱われています。また会社法で作成が義務づけられた個別注記法ですが、「金商法」では従来どおり各計算書ごとに注記する方法がとられます。

うえの第1条の各項で示されている規定も見逃せません。会社法と同様、「金

商法」においても，企業会計審議会等がこれまで設定してきた「企業会計原則」をはじめとする種々の会計ルールを「一般に公正妥当と認められる企業会計の基準」として尊重する姿勢を明確に打ち出しているからです。

「金商法」の適用を受ける会社は，こうした財務諸表を年一回でなく，四半期毎の年四回，作成することが義務づけられています。しかも会社グループを形成している親会社にとっては，個別財務諸表だけでなく連結財務諸表の作成も要求されます。会社法の会計ルールとは比べものにならないほど，大量の企業情報を頻繁に提供しなければなりません。会社にとってはさぞ大変な負担であろうと察します。しかし，それもこれも"国民経済の健全な発展と投資者の保護"のためなのです。

2. 貸借対照表の様式

次ページの**図表8－4**は，「財務諸表等規則」の"付則"に示されている〔様式第2号〕をもとに，貸借対照表の一例として作成したものです（第11講から第13講の財務諸表分析の学習で再利用できるよう金額も入れておきました）。これがいわゆる「金商法」が求める貸借対照表の様式です。

貸借対照表の様式については，これまで第2講と第4講のそれぞれ末尾に示しています。もう一度戻ってそれを確認しましょう。"資本の部"の表示方法で分るように，いずれも個人商店を想定した貸借対照表でした。それに対して株式会社の場合，会社法の「会社計算規則」に指示されたルールにもとづいて表示しなければなりません。第7講の**図表7－4**でその様式の枠組みを確認しましょう。そしてその様式を，「金商法」の次ページの**図表8－4**と見比べてみてください。両法において，貸借対照表の区分や分類といった枠組みが全く同じであることが分ります。今回の両方の改正により，会社法にもとづき株主総会へ提出する貸借対照表の様式と，「金商法」にもとづき国や証券取引所に提出する貸借対照表の様式が同じになったことが確認できます。

では，いよいよこれから貸借対照表の区分や分類，そして各勘定科目の説

第8講　金融商品取引法にもとづく会計報告

図表8－4

ABC株式会社

	区　分	金　額（百万円）		構成比（%）		区　分	金　額（百万円）		構成比（%）
(1)	【資産の部】				(10)	【負債の部】			
	I 流動資産					I 流動負債			
(1)	現金及び預金		40,000		(2)	支払手形		1,000	
(2)	受取手形		10,000			買掛金		83,500	
	売掛金		15,000		(3)	短期借入金		12,500	
(3)	有価証券		16,000		(4)	未払金		10,000	
	商品		120,000			未払費用		2,000	
(4)	前渡金		2,000			未払法人税等		16,000	
	前払費用		2,400			未払消費税等		2,000	
(5)	繰延税金資産		7,000			未収受金		11,000	
	未収収益		17,000			前受金		3,000	
(4)	短期貸付金		6,000		(4)	預り金		13,000	
	貸倒引当金		△400		(8)	賞与引当金		2,000	
	流動資産合計		235,000	45.6		その他流動負債			
(6)	II 固定資産					流動負債合計		156,000	30.3
(6)	1 有形固定資産					II 固定負債			
	建物	130,000			(3)	社債		3,400	
	減価償却累計額	30,000	100,000			長期借入金		50,000	
	構築物	10,000				長期未払金		6,000	
	減価償却累計額	4,000	6,000		(5)	繰延税金負債		2,500	
(6)	工具器具及び備品	14,000				退職給付引当金		9,600	
	減価償却累計額	8,000	6,000			固定負債合計		71,500	13.9
	土地		54,000		(11)	負債合計		227,500	44.2
	有形固定資産合計		166,000		(11)	【純資産の部】			
(7)	2 無形固定資産					I 株主資本			
(7)	のれん		1,600			1 資本金		70,000	13.6
(7)	借地権		1,400			2 資本剰余金			
	無形固定資産合計		3,000			(1)資本準備金	60,000		
(8)	3 投資その他の資産					(2)その他資本剰余金	9,000		
(3)	投資有価証券		3,500			資本剰余金合計		69,000	13.4
(3)	関係会社株式		23,500			3 利益剰余金			
	出資金		4,800			(1)利益準備金	2,800		
	長期前払費用		7,000		(12)	(2)その他利益剰余金			
(5)	繰延税金資産		6,000		(12)	別途積立金	97,300		
(8)	差入保証金		68,000		(12)	繰越利益剰余金	42,000		
	貸倒引当金		△2,000			利益剰余金合計		142,100	27.6
	投資その他の資産合計		110,800		(13)	4 自己株式		△100	△0.0
	固定資産合計		279,800	54.3		株主資本合計		281,000	54.6
(9)	III 繰延資産				(11)	II 評価・換算差額等			
(9)	株式交付費		50			1 その他有価証券評価差額金		5,800	1.1
(9)	社債発行費		40			繰延ヘッジ損益		300	0.0
(9)	開発費		110			評価・換算差額合計		6,100	1.2
	繰延資産合計		200	0.0	(11)	III 新株予約権		400	0.0
						純資産合計		287,500	55.8
	資産合計		515,000	100.0		負債・純資産合計		515,000	100.0

133

明に入ります。貸借対照表の作成と報告に関する総仕上げになります。ただし，紙幅にあまり余裕がありません。初学者の皆さんにぜひ理解しておいて欲しい基本的な項目と，このあとの学習に関係する項目に限定して説明することにします。なお，**図表8－4**の枠外に示している(1)～(13)の番号は，以下の説明のための番号と符合しています。

(1) 資産の部の区分

　資産の部は，Ⅰ流動資産，Ⅱ固定資産，Ⅲ繰延資産の3つに区分されます。このうち**流動資産**は，通常，1年以内に別の形態の資産に変わると見られる資産のことをいいます。たとえば，商品は顧客に販売されることで，現金とか売掛金といった資産に変わります。それに対して，**固定資産**は1年を超えてその形態が維持される資産のことをいいます。たとえば，建物は取得してから何年も使用し続けることが想定されています。流動資産と固定資産は，このように**1年基準**（one year rule）をもとに分別されます。両者の共通点は，（金額の大小は別にして）売却価値があるとか，取引相手に対する債権額を示している点にあります。

　ところが**繰延資産**はその性格がだいぶ異なります。売却価値もなければ取引相手に対する債権を意味するものでもありません。その点でいえば，資産と呼ぶには少々憚られる類いの資産です。このため，うえの流動資産や固定資産を**真性**資産と呼び，繰延資産を**擬制**資産と呼んで，同じ資産でも差別されているところがあります。

　"繰延べ"という用語は，第2講においてすでに学習しています。ちょっと戻ってみてください。そこでは"費用の繰延べ"についての設例は示していませんが，たとえば保険会社との契約によりすでに支払った1年分の保険料のうち，決算日以降に相当する部分については，費用の繰延べ，すなわち前払保険料として処理すべきことを匂わせています。前払保険料は，貸借対照表上，流動資産のなかの"前払費用"として示されます。また，もし保険会社に支払った保険料が1年を超えるものであれば，1年基準によって固定

資産のなかの"長期前払費用"として示されます。これらは，以下の(9)で述べる理由により繰延資産には示されませんが，その本質が"費用の繰延べ"，すなわち"支出はしたものの，費用の処理を次年度以降に延ばしている項目"であることに間違いありません。"繰延べ"という用語は，このあと何度も出てきますが，現代会計学を正しく理解するためのポイントになる用語です。

(2) 受取手形と支払手形

商品や製品を販売した時，その顧客から受け取る対価のひとつとして，現金や売掛金のほかに受取手形があります。販売する側としては現金が最も好ましいのですが，手元に現金がないという理由をつけて（支払いを先に延ばすために），掛売りや手形売りを強いられることがあります。売掛金と同様，いずれ約束の期日までには入金が見込まれるものですが，それまでの間，**受取手形**という資産勘定で処理します。売上時の処理はつぎのとおりです。

　　　　（借方）受 取 手 形　×××　　（貸方）売　　　　上　×××

なお，負債のなかの**支払手形**は，受取手形と全く逆の立場になった時に用いられる勘定科目です。その時の処理はつぎのとおりです。

　　　　（借方）仕　　　　入　×××　　（貸方）支 払 手 形　×××

(3) 有 価 証 券

有価証券については本講で学習しました。そこでは"価値のある紙切れ"とやや乱暴な説明を加えましたが，その説明では紙幣も手形も，挙句の果ては"当り馬券"まで有価証券になってしまいます。簿記・会計では，紙幣は現金勘定で，手形は手形勘定で処理し，有価証券には含めません。簿記・会計で有価証券というと株式と債券をさします。

この有価証券ですが，発行する側と購入する側では，使用する勘定科目が違います。以下の**図表8－5**のとおりです。

図表8－5

	発行者	購入者
株　式	資本金	有価証券
債　券	社　債	有価証券

　会社が資金を手に入れる方法としては，銀行等の金融機関から借入金として融資を受ける方法（これを**間接金融**といいます）のほかに，株式や社債といった有価証券を発行して手に入れる方法（これを**直接金融**といいます）があります。前者の場合，1年基準をもとに短期借入金と長期借入金に分類し，**短期借入金**は流動負債に表示し，**長期借入金**は固定負債に表示します。

　後者の有価証券の場合，株式と社債では，発行者にとってその扱いは全く異なります。株式の発行は，発行者にとって資本金の増加（増資ともいいます）として処理します。もちろんそれは資本の部に表示されます。一方，社債の発行は，購入者（投資者）に対していずれ返済（償還ともいいます）しなければならない債務を意味します。このため発行者は，社債という勘定科目を用いて固定負債の部に表示します。社債は，その返済までの期間が1年を超えるのが通常だからです。

　発行者の立場で，株式と社債の発行時の仕訳をすると以下のとおりです。

〈株式の発行者の仕訳〉　　（借方）現　金　×××　　（貸方）資本金　×××
〈社債の発行者の仕訳〉　　（借方）現　金　×××　　（貸方）社　債　×××

　他方，これら有価証券を購入する側にとっては，株式も社債も有価証券に変わりありません。これらの有価証券を購入すれば，いずれも有価証券勘定で処理します。**図表8－5**のとおりです。ただし，ここから先がもっと重要です。有価証券の購入意図が貸借対照表の表示場所と勘定科目に反映されるからです。

　会社がなぜ他の会社が発行する有価証券を購入するのでしょう。購入する会社によってその目的はさまざまです。個人投資者と同じで，短期売買による利益を狙って購入する場合があります。また，長期の保有による配当金や利息の獲得を狙って購入する場合もあります。簿記・会計では，有価証券をめぐる購入意図によって，用いる勘定科目とその表示場所を以下のように明

確に定めています。

　短期売買を目的として購入した有価証券は流動資産の部に表示します。1年以内にそれが売却されて現金という形態に変わることが確実視されるからです。一方，長期保有を目的として購入した有価証券は，固定資産の部の"投資その他の資産"に表示します。さきの**図表8－4**の貸借対照表でいえば，投資有価証券と関係会社株式がそれにあたります。

　投資有価証券は，長期保有を目的として購入した有価証券ですが，当社と発行会社とが特別な関係にない場合の有価証券であることを意味しています。それに対して**関係会社株式**は，購入した当社と発行会社が特別な関係にあることを意味しています。会社同士が特別な関係にあるとかないとかという表現は，男女の関係の場合と同様，只事ではない感じがしますが，事実，只事ではないのです。発行会社の株式を20％以上所有すると"特別な関係あり"とみなされ，関係会社株式という勘定科目で表示することが求められます（ところで男女の場合，20％の関係というのはどの程度の関係をいうのでしょう。私には皆目，見当がつきません）。

　有価証券の購入者の立場から，以上の内容を仕訳で示すとつぎのようになります。

〈短期売買目的での有価証券の購入〉

　　　　（借方）有　価　証　券　×××　　（貸方）現　　　　金　×××

〈長期保有目的での有価証券の購入〉

　　(a)　（借方）投資有価証券　×××　　（貸方）現　　　　金　×××
　　(b)　（借方）関係会社株式　×××　　（貸方）現　　　　金　×××

(4)　前渡金・未収金・前払費用と前受金・未払金・未払費用

　これら勘定科目はワン・セットにして理解することをお奨めします。(a)前渡金vs.前受金，(b)未収金vs.未払金，(c)前払費用vs.未払費用，というセットです。

　(a)は，商品の売買に先立ち，買い手が手付金として売り手にお金を渡す場

合に生じます。お金を渡した側は**前渡金**（資産：前払金ともいいます）で処理し，受け取った側は**前受金**（負債）で処理します。

〈買い手〉（借方）前渡金　×××　　（貸方）現　金　×××
〈売り手〉（借方）現　金　×××　　（貸方）前受金　×××

(b)は，商品の売買以外の取引で発生する債権・債務を記帳するときに用いる勘定科目です。たとえば，所有する土地を売却したものの，買い手からまだ現金を受け取っていない場合，売り手は**未収金**（資産）で処理し，買い手は**未払金**（負債）で処理します。

〈売り手〉（借方）未収金　×××　　（貸方）土　地　×××
〈買い手〉（借方）土　地　×××　　（貸方）未払金　×××

なお，商品の売買取引で発生する債権・債務の記帳に用いられるのは，売掛金と買掛金でした。第3講に戻って仕訳の内容を確認してください。

(c)は第2講で学習していますので説明を省きます。

(5) 繰延税金資産と繰延税金負債

(1)に続いて，"繰延"という名称のついた勘定科目がまた出てきました。税金に関する繰延費用を繰延税金資産といい，繰延収益を繰延税金負債と呼んでいるに過ぎないのですが，これら項目はつぎの第9講のなかの§5税効果会計制度で学習しましょう。

(6) 固定資産の区分と有形固定資産

固定資産は，1・有形固定資産，2・無形固定資産，3・投資その他の資産の3つに区分します。このうち**有形固定資産**は，有形ですから目で見たり手で触ったりしてその存在が確認できる固定資産です。建物，備品，土地がその代表例です。さきの図表8－4の貸借対照表にはほかに構築物という勘定科目も示されています。**構築物**とは，土地に付着している工作物のことをいい，たとえば工場の敷地内に駐車場や電柱あるいは庭園等が設置されてい

るとすれば，その設置に要した支出額がこの勘定科目で示されます。

(7) 無形固定資産

　無形固定資産は逆に，目で見たり手で触ったりしてその存在が確認できない固定資産です。**図表８−４**では，のれんと借地権が示されています。

　借地権(しゃくちけん)とは，地主と借地契約を結ぶことによって得る当該土地の独占的な使用権をいいます。借地借家法という法律により借主(かりぬし)のその権利は守られます。借地料として地主に支払った対価が資産の額として貸借対照表に計上されます。借地契約は１年を超えるのが通常であり有形ではありませんので，無形固定資産として表示されます。

　のれんの説明はそう簡単にはいきません。ただしその語源は，お店の玄関口に掛けられている商店名等を付したあの布キレに由来しています。いわばお店のシンボルです。それが会計とどういう関わりがあるのでしょう。以下の設例で考えてみましょう。

【設例８−１】

　ABC社が，XYZ社を現金¥300,000（千円）を支払って買い取ることになりました。買い取り前のXYZ社の貸借対照表は以下のとおりです。これをもとに，XYZ社を買い取る際のABC社が行う仕訳を示してください。

貸借対照表（単位：千円）

諸資産　500,000	諸負債　260,000
	純資産　240,000

【解答】

（借方）	諸資産	500,000	（貸方）	諸負債	260,000
	のれん	60,000		現　金	300,000

　ABC社はXYZ社を買い取るにあたり，同社の価値を改めて値踏みします。うえの貸借対照表では純資産の¥240,000が同社の正味価値ですが，それは簿価に過ぎません。もし¥300,000の価値があると判断し，その金額でXYZ社を買い取るとすれば，差額¥60,000の説明をしなければなりません。それ

が"のれん"です。業績の良い会社を買い取る，すなわち買収するような場合は，借方に"のれん"という資産勘定が生まれます。

のれんはこうして他企業を買い取る際に使われる特殊な勘定科目です。会社の実力を再評価することで生まれる勘定であるところから，**超過収益力**を意味する勘定と説明されます。

(8) 投資その他の資産

有形固定資産にも無形固定資産にも属さない固定資産はすべて"投資その他の資産"で表示します。いわば"固定資産のゴミ箱"，と言ったら言い過ぎでしょうか。その一例をさきの貸借対照表に出てくる差入保証金で考えてみます。

差入保証金とは，簡単にいえば敷金のことです。たとえば，アパートの一室を借りる場合，家主と賃貸借契約を結びますが，その際，家主から敷金の差し入れを求められます。家主からすると，借主の契約違反に備えるための"預り金"(負債)です。この敷金は，借主がその部屋を退去する時に返還されるのが通常です。したがって借主からすると，"立替金"(資産)に相当します。たとえば，ビルの1階部分を店舗として賃借りし事業展開を図っているコンビニ会社では，この差入保証金が相当の金額にのぼります。

(9) 繰延資産

"繰延べ"についてはここで一応の決着をつけましょう。さきの貸借対照表では，株式交付費，社債発行費，開発費の3つが示されています。(1)で述べたように，繰延資産は資産と呼ぶには少々憚られる資産です。平たくいえば，"過去，これこれのために，これこれのお金を支出しました"というだけのことで，資産が本来持っている"担保価値"を全く持たない資産です。このため現在の会計ルールでは，うえの3つのほかに創立費と開業費を加えた5項目しか，その使用が認められていません。しかもこれら5項目は，発

生した期間に一括費用処理することが原則とされ，資産としての処理も容認されるという程度の扱いです。(1)で学んだ前払費用や長期前払費用のように発生主義会計のルールに沿って粛々(しゅくしゅく)と処理される資産と比べると，同じ繰延べであっても扱いがかなり違います。"もうどうにでもしてください"といった，かなり投げやりな取り扱いになっています。

株式交付費とは，株式を新たに発行する際に要する支出のことをいいます。具体的には，株式募集のための広告費，株券の印刷費，証券会社への支払手数料などをさし，一括して株式交付費として処理します。**社債発行費**は社債を新たに発行する際に要する支出のことをいいます。**開発費**とは，会社が新たな製品の開発，新たな製造方法の開発，あるいは新たな市場の開拓等に向け，特別に取り組む際に要する支出のことをいいます。なお，**創立費**とは会社を設立・登記するまでに要した支出額をいい，**開業費**とは会社設立後，開業までに要した支出額をいいます。

これら5項目が繰延資産として認められる根拠は，その支出の効果が，支出した年度だけでなく，将来期間にも及ぶと期待される点にあります。その期間とは，株式交付費が3年，社債発行費は社債の償還期間，そして開発費・創立費・開業費が5年と定められています。会社はその定められた期間内に費用として償却処理しなければなりません。

(10) 負債の部の区分

負債の部は，Ⅰ流動負債，Ⅱ固定負債の2つに区分されます。資産の場合と同じで，1年基準を用いて両者を分けます。

(11) 純資産の部

純資産の部は，Ⅰ株主資本，Ⅱ評価・換算差額，Ⅲ新株予約権の3つに区分されます。この部は従来，"資本の部"と呼び，Ⅰ株主資本に相当するものだけが表示されてきました。しかしⅡとⅢもこの部で表示することになっ

たため，名称が"純資産"に改められました。表示のメインはやはり株主資本にあります。Ⅱ．評価・換算差額，Ⅲ．新株予約権は初学者の皆さんには理解困難なレベルの問題です。このため本書での説明は割愛しますが，いずれも"まだ最終的な行き先（処理）が決まっていない，いわば"待機状態"にある項目"と考えればよいでしょう。

(12) その他利益剰余金

さきの貸借対照表では，"その他利益剰余金"の内訳として，別途積立金と繰越利益剰余金が示されています。これら勘定科目は以下のような仕訳の結果として出てきます。

(1) 当期純利益のその後の処理……損益勘定から繰越利益剰余金への振替

　　　（借方）　損　　　益　　35,000　　（貸方）　繰越利益剰余金　35,000

(2) 繰越利益剰余金のその後の処理……繰越利益剰余金から別途積立金への振替

　　　（借方）　繰越利益剰余金　10,000　　（貸方）　別途積立金　　10,000

個人商店の場合，当期純利益（損益勘定の貸方残高です）は資本金に加算されました。その際の振替仕訳では以下のとおりです。

　　　（借方）　損　　　益　　35,000　　（貸方）　資　本　金　　35,000

それに対して，株式会社の場合，(1)のように当期純利益はまず繰越利益剰余金に移されます。ついで，繰越利益剰余金のなかから，会社の取り分を(2)のような仕訳で示します。別途積立金とは特定の目的を持たない会社の貯金を意味します。利益が出れば，会社はそれをさまざまな積立金に移し，資本の部の厚みを増していきます。資本の部の厚みが増せば増すほど，会社は財務的に安定していきます。

(13) 自己株式

自己株式は，第7講の【設例7－1】の解答のなかにも出てきました。貸

借対照表では純資産の部の末尾に，純資産からの控除項目（△印）として示します。なぜでしょうか。

　自己株式とは，会社がかつて発行した株式の一部を自らが買いあげることで生じる株式のことです。株式を発行した際には，以下のように仕訳をしています。

　　　（借方）現　　　金　××××　　（貸方）資　本　金　××××

　その株式を自身で買いあげると，今度は，以下のように仕訳をすることになります。

　　　（借方）自 己 株 式　×××　　（貸方）現　　　金　×××

　自己株式はこうしてまず借方に登場しますが，だからといって資産でもなければ費用でもありません。一般に，資本の控除項目と見られています。つまり，自己株式の取得は資本の払い戻しに等しいという考えから，純資産の部の末尾に資本の控除項目（△印）として表示されます。【設例7－1】で，分配可能額を算出する際，剰余金から自己株式を控除したのは，自己株式のこうした性格に起因しています。

3．損益計算書の様式

　図表8－6は，「財務諸表等規則」の"付則"に示されている〔様式第3号〕をもとに，損益計算書の一例として作成したものです。これが「金商法」が求める損益計算書の様式です。貸借対照表の場合と同じように，会社法の「会社計算規則」の様式と見比べてみましょう。第7講の**図表7－5**です。両法において，損益計算書においても，区分や分類といった枠組みが全く同じであることが分ります。

図表8－6

ABC株式会社

【損益計算書】

当事業年度
（自平成X0年4月1日　至平成X1年3月31日）

	区　　　　分	金　　額（百万円）		百分比（％）
	Ⅰ 売上高		1,420,000	100.0
	Ⅱ 売上原価			
	1 商品期首棚卸高	123,000		
	2 当期商品仕入高	1,114,000		
	合計	1,237,000		
	3 商品期末棚卸高	117,000	1,120,000	78.9
(1)	売上総利益		300,000	21.1
(2)	Ⅲ 販売費及び一般管理費			
	広告宣伝費	25,000		
	販売促進費	78,000		
	賞与引当金繰入額	1,600		
	その他引当金繰入額	700		
	給料手当	56,000		
	退職給付費用	2,200		
	減価償却費	19,000		
	賃借料	26,000		
	水道光熱費	6,000		
	その他費用	35,500	250,000	17.6
(2)	営業利益		50,000	3.5
(3)	Ⅳ 営業外収益			
(3)	受取利息	1,000		
	受取配当金	2,000		
(3)	仕入割引	10,000	13,000	0.9
(3)	Ⅴ 営業外費用			
(3)	支払利息	800		
	社債利息	100		
	社債発行費償却	10		
(3)	売上割引	90	1,000	0.1
(3)	経常利益		62,000	4.3
(4)	Ⅵ 特別利益			
	前期損益修正益	600		
	固定資産売却益	400	1,000	0.1
(4)	Ⅶ 特別損失			
	固定資産売却損	1,500		
(4)	減損損失	500	2,000	0.1
(4)	税引前当期純利益		61,000	4.3
	法人税・住民税及び事業税	26,500		
	法人税等調整額	△500	26,000	1.8
(5)	当期純利益		35,000	2.5

では，いよいよこれから損益計算書の表示の説明に入ります。損益計算書の作成と報告に関する総仕上げになります。なお，**図表8－6**の枠外に示している番号は，以下の説明のための番号と符合しています。

(1) 売上総利益

　売上総利益は，売上高から売上原価を差し引いた金額をいいます。損益計算書で示される最初の利益です。実務では，売上総利益のことを"粗利益"（略して"粗利"）と呼んでいます。

(2) 販売費及び一般管理費

　企業本来の活動（いわゆる"本業"のことです）によって発生する費用を営業費と呼びます。広く，売上原価と販売費及び一般管理費のことをさす用語として使われるべきものと思いますが，販売費及び一般管理費の代名詞として使われることが多いようです。企業本来の活動を行うために発生することが避けられない費用をいいます。なお，売上総利益からこの販売費及び一般管理費を差し引き，**営業利益**という利益が算出されます。

(3) 営業外収益と営業外費用

　企業本来の活動以外の活動によって生じる収益や費用のことをいいます。いわゆる"副業"によって生じる損益のことです。受取利息は，貸付けという活動によって生じる収益です。支払利息は，資金の借入れという活動に伴って生じる費用です。こうした収益や費用は，企業本来の活動とはみなされず，損益計算書上，営業外収益あるいは営業外費用として表示されます。
　仕入割引も本業外の活動によって生じる収益とみなされます。それは，仕入取引という営業活動のなかで生じるものですが，売上業者との約束の期日前に現金を支払うことで，代金の支払いが一部免除される金額，つまり財務

活動によって生じる収益とみなされます。売上割引はその逆です。それは売上取引という営業活動のなかで生じるものですが，仕入業者との約束の期日前に現金を受け取ることで，代金の支払いを一部免除する金額をさし，やはり財務活動によって生じる費用とみなされます。要するに営業外損益とは，財務活動（金融活動ともいいます）によって生じる損益のことをいいます。

そして営業利益に営業外収益を加算し，営業外費用を減算すると，第三の利益である経常利益（けいじょうりえき）が算出されます（簿記でよく使われる計上（けいじょう）という言葉と混同しないよう，経常利益あるいは略してケイツネと呼びます）。企業が毎年，反復的に繰り広げる活動のことを"経常活動"と呼びますが，経常利益はその経常活動によって得た利益をさしています。具体的には，営業活動と営業外活動によって得た利益のことです。

(4) 特別利益と特別損失

そのつぎに示されるのが，特別利益と特別損失です。それらはいわば"非経常活動"によって生じた損益を意味します。数年に一回起きるか起きないかといった非反復的な活動をいいます。

ABC社の損益計算書には，前期損益修正益，固定資産売却益（損），減損損失の3つが示されています。このうち**前期損益修正益**とは，過年度の損益計算において，費用が過大計上されていたり収益が過少計上されていることが判明した場合，それを修正するために用いられる項目です。**減損損失**とは，所有している固定資産の時価が著しく悪化して簿価を下回っている場合に，その時価と簿価の差額を損失として処理する時に用いられる項目です。そして経常利益に特別利益を加算し，特別損失を減算すると，第四の利益である**税引前当期純利益**が算出されます。

(5) 当期純利益

税引前当期純利益から法人税，住民税，事業税といった税金を差し引くと，

損益計算書の最終地点である**当期純利益**に到達します。ただし、その前に法人税等調整額という項目があり、ABC社の損益計算書では△印が付されています。何を意味しているのでしょう。

　それはこうです。税務会計にもとづいて算出した結果、企業が納める税額は¥26,500になりますが、うち¥500は企業会計上、当期の税金ではなく次年度以降の税金となるため、企業会計上の税額はその¥500を差し引いた¥26,000になります、という意味です。税務会計の影響を排除するための企業会計の仕組みのことで、税効果会計と呼んでいます。初学者にはやや難解なテーマになりますが、つぎの第9講で学習します。

(注)

(1) 東京証券取引所、大阪証券取引所、名古屋証券取引所、札幌証券取引所、福岡証券取引所、ジャスダック（JASDAQ）
(2) 河本一郎・大武泰南『金融商品取引法読本』有斐閣、2008年、2頁。
(3) 図表は黒沼悦郎『金融商品取引法入門』（日本経済新聞社、2007年、18頁）の図をもとに、筆者が加筆したものです。

第9講
法人税法にもとづく会計報告

§1 租税の目的

　社会は人の集合体です。しかし人もさまざまです。"普通"の人もいれば，"変"な人もいます。たとえ"変"であっても，それが"個性"の枠内にとどまっていれば，社会からみて問題はありません。しかしその枠を超えルールから外れたとなれば，社会はそれを看過しません。社会の大多数の人がそれによって被害を被ることになるからです。ただルールといってもさまざまです。明文化されたルールもあれば，"暗黙のルール"という明文化されないルールもあります。しかしいずれも，社会に暮らす大多数の人々の平穏な生活を守るために敷かれたルールであることに変わりありません。

　国家社会の場合，そのルールの大本は"憲法"(constitution) です。そこには，国を国として成り立たせる (constitute) ために，国民が守らなければならない基本ルールが明文化されています。日本の場合，現在の憲法は第二次大戦直後の1946年に制定されたものです。全103条からなるこの憲法には，国民が果たすべき義務が示されています。教育を受けさせる義務（第26条），勤労の義務（第27条），そして納税の義務（第30条）の三大義務です。このうち納税の義務については以下のように記されています。

　「第30条　国民は，法律の定めるところにより，納税の義務を負う。」

　国民には，自然人としての個人だけでなく法人も含まれます。このため納税の義務は法人にも及びます。そして税金にもいろいろな種類があります。

図表9-1　租税の分類

		直　接　税							間　接　税					
		所　得　課　税				資　産　課　税				消　費　課　税			流　通　課　税	
		①	②	③	④	⑤	⑥	⑦	⑧	⑨	⑩	⑪	⑫	⑬	⑭
		所得税	法人税	住民税	事業税	相続税	贈与税	固定資産税	都市計画税	消費税	酒　税	その他	登録免許税	印紙税	不動産取得税
国　税		○	○			○	○			○	○	○	○	○	
地方税	道府県税			○	○							○			○
	市町村税			○	○			○	○			○			

⑨消費税：国税としての消費税の税率は4％。これに地方消費税（消費税額の25％で，消費税率換算で1％）を合せると5％となる。図表では地方消費税については表示していない。
⑪その他：国税としては関税，揮発油税，石油ガス税等がある。地方税としては，道府県たばこ税，市町村たばこ税等がある。

一体，国民はどのような税金を納めることになるのでしょう。**図表9-1**は，わが国のおもな税金とその性格を一覧表示したものです。実にさまざまな種類の税金のあることが分ります[1]。

こうした税金はすべて憲法の以下の条文にもとづき，国会で制定された法律にその法源を持っています。

　「第84条　あらたに租税を課し，又は現行の租税を変更する場合には，法律又は法律の定める条件によることを必要とする。」

租税の新たな制定および変更は，必ず法律によって行うべきことを規定した条文です。こうした考え方を**租税法律主義**と呼んでいます。

しかし納税者の立場からすれば，憲法に定められた国民の義務だからという理由で，租税法律主義を盾に，何の見返りもなく一方的・強制的に税金を徴収されるのでは堪りません。竹下昌三教授はこうした租税制度の問題点についてつぎのように指摘しています[2]。

　「国民に納税の義務があることは憲法の条文を読むまでもない。……税金は直接の反対給付なしに国が権力によって国民から徴収するものであるから，徴税官庁が恣意的に徴収することがないように，徴収の方法は，納税者である国民の代表が国会で法人税法，所得税法，消費税法等の法律として制定している。

税法は本来は納税者のために制定された法律である。ところが一度税法が制定されると，税務官庁は税法に従って課税し徴収するから，税法は徴税者のための法律となる。特に，国会が法律を制定するのは制度上の建前であって，国会は，所管の省庁が作成した法律の原案を審議し承認する役割しか果たしていないから，税法は納める者のために作られた法律ではなく，取る者のために作られた法律となっている。」

　そうだとすれば，納税者である国民の立場からして，納めた額に相応するサービスを国や地方自治体から受ける権利について考える必要がありそうです。北野弘久教授は納税者のこうした権利を"納税者基本権"と称し，納税者の立場を以下のように述べています[3]。

　「租税国家体制を前提とする日本国憲法のもとでは，人々は無原則的に無条件的に納税の義務を負うのではない。人々が自己が納付した租税が憲法の規定するところ（基本的人権の尊重。福祉本位，福祉目的）にしたがって使用されることを前提にして，かつその限度で憲法の規定するところ（応能負担原則）にしたがってのみ，納税の義務を負う。」

　税金の徴収者である国や地方自治体は，集めたお金を国民や市民の生活のために有効に使用する義務があること，そしてその義務が果たされることを前提に，国民は納税の義務を負っているというわけです。

　租税はもうひとつ重要な課題を担っています。納税者間の"課税の公平性"を確保するという課題です。そのための方策として，全国民から一律一定の金額を徴収するのもひとつのやり方かもしれません。しかし現代の税法では，"各人の負担能力に応じた税金の分担"という考え方にもとづき，その課題を実現しようとしています。これを**応能負担原則**と呼びます。税金の負担能力が高い人には高い負担を求め，負担能力の低い人には低い負担を求めるという考え方です。

　図表9－1にあるように，国や地方自治体はさまざまな角度から，国民に対して納税を求めています。年間の所得の大小に応じて納税を求める所得税や法人税などの"所得課税"もあれば，所有財産の大小に応じて納税を求める相続税や固定資産税などの"資産課税"もあります。いずれの租税も応能

負担原則が実現されるよう配慮されています。しかしすべての租税が応能負担原則にもとづいているわけではありません。消費税や酒税のような"消費課税"は，一律一定の金額を消費者から徴収することになるため，低所得者層の国民にとって税負担が強まるという，応能負担原則とは逆の効果をもたらすものもあります。

§2　租税の種類

　これまでにも参照してきましたが，わが国のおもな税金を分類すると**図表9-1**のようになります。
　このうち，個人企業の商店主や会社員として働くビジネスマンにとって，最も関わりの深い税金は**所得税**です。所得税は個人の年間所得に対して課される税金です（英語では個人の所得に課される税金という意味でpersonal income taxといいます）。商店主の場合，所得申告書を自ら作成し，それを税務署へ提出するとともに，その税額を納めることが義務づけられています。こうした納税の仕組みのことを**納税申告制度**といいます。一方，会社員として働くビジネスマンの場合は，勤務先の会社が申告の代行をしてくれます。毎月の給料のうち，所得税に相当する金額を預り金として社内に留保しておき，申告および納税時期がくると，会社が申告書とともに預かった所得税相当額を税務署へ一括して申告し，税金を納めます。税金のこうした徴収制度を**源泉徴収制度**といいます。同じ所得税でも，商店主と会社員では，申告方法や支払方法が異なることになります。ただしこれら所得税は国税と分類されます。国にその徴収権があり，国庫へ収められるからです。またその支払は自己申告を原則とするところから，直接税と分類されます。
　それに対して法人税は株式会社のような法人の年間所得に対して課される税金のことです（英語では，法人の所得に対して課される税金という意味でcorporation income taxといいます）。年間所得に対して課税されるという点では所得税と変わりありません。そして法人税は，所得税と同様，国税および

直接税として分類されます。

所得税や法人税のような国税の場合，まず「国税通則法」という法律により，国税に共通する基本ルールにもとづき徴税が執行されます。当該法は，国税の納付に関する手続的なルールを規定したもので，所得税法や法人税法といった個別の税法に対する一般法として位置づけられています。一方，固定資産税や住民税のような地方税は都道府県や市町村が徴収権者となります。このためそのルールは各地方自治体の条例（国の法律に相当します）で定められています。"地方分権"という言葉が使われるようになって久しいですが，各自治体の財源を支えるのがこうした地方税です。日本という同じ国に住んでいても，あるいは同じ県に住んでいても，納める固定資産税や住民税の金額が違うのは，各自治体の条例の内容が違うためです。本講では以下，法人税を中心に学習していきます。

§3　法人税法のしくみ

1.　法人税法とは

法人税は法人の所得に対して課される税金です。その法人税の算出ルール等を示しているのが，法人税法という法律です。その第1条にはつぎのように記されています。

　「第1条　この法律は，法人税について，納税義務者，課税所得等の範囲，税額の計算の方法，申告，納付及び還付の手続並びにその納税義務の適正な履行を確保するため必要な事項を定めるものとする。」

法人税法の場合も，第7講の会社法や第8講の金融商品取引法がそうであったように，その基本法の理念を達成するため，政令（"法人税法施行令"）や省令（"法人税法施行規則"）といった種々の法令が積み重ねられています。税法の場合はさらに租税行政の統一化を目的に，地方の国税局や税務署に対し税法の解釈を示した国税庁長官の通達（"法人税取扱通達"）まで示されて

います。さらに特別なおまけとして，国税に関する特例を定めた**租税特別措置法**という法律まで付いています（略して"特措法"と呼んでいます。いわば期間限定の例外的措置を示した法律です。その内容は毎年のように改正されるだけでなく，租税特別措置法施行令や租税特別措置法施行規則などの政・省令で固められています）。企業の顧問税理士となる税金のプロフェッションは，当然ながらこれら法令等に精通していなければなりません。税金のプロもなかなか大変な職業であることが分ります。

2. 法人税法と会社法の関係―確定決算主義

　ところで法人税法を語る時，会社法を抜きにして語ることはできません。法人税法に対し，会社法は基本法としての性格を有しているからです。両法の関係について，以下，見ていきましょう。

　まず会社法ですが，第7講で学んだように，株式会社は計算書類等を株主総会に提出するとともに，株主総会での承認を受けなければなりません。ただし第439条で，会計監査人設置会社の場合，当該計算書類が取締役会の承認を受ければ，株主総会での承認は不要であり，報告で足りるという特則も設けています。

　一方，法人税法は会社に対し，法人税の申告に関して以下のように求めています。

　「第74条　内国法人は，各事業年度終了の日の翌日から二月以内に，税務署長に対し，<u>確定した決算に基づき</u>次に掲げる事項を記載した申告書を提出しなければならない。

　一　当該事業年度の課税標準である<u>所得の金額又は欠損金額</u>
　二　前号に掲げる所得の金額につき前節（税額の計算）の規定を適用して計算した法人税の額
　　　　　　　（以下，六号まで省略）　　　　　　　」（下線：市村）

　法人税法第74条でいう「確定した決算」とは，"株主総会の承認を受けた

決算書"，または監査人設置会社の場合"取締役会の承認を受けた決算書"のことをさしています。つまり，税務署に提出する申告書は，会社法の定める計算書類を会社が作成し，それが株主総会もしくは取締役会で承認されたものであることが前提となっているのです。法人税法のこうした仕組みを**確定決算主義**と呼んでいます。この条文により，法人税法が会社法に依存する形で，法人の税額を決定する仕組みを形成していることが分ります。

§4 課税所得の算出

1. 税務会計と企業会計の関係

さきの法人税法第74条にも規定されているように，会社が納める法人税の額は当該事業年度の"所得の金額"，すなわち**課税所得**によって決まります。課税所得に税率をかけることで法人税額が決定するからです。法人税法第21条および第22条では，課税所得の算出方法についてつぎのように定めています。引用がやや長くなりますが，きわめて重要な条文ですから，全文をそのまま示します。

「第21条　内国法人に対して課する各事業年度の所得に対する法人税の課税標準は，各事業年度の所得の金額とする。

第22条　内国法人の各事業年度の所得の金額は，当該事業年度の益金の額から当該事業年度の損金の額を控除した金額とする。

2　内国法人の各事業年度の所得の金額の計算上，当該事業年度の益金の額に算入すべき金額は，別段の定めがあるものを除き，資産の販売，有償又は無償による資産の譲渡又は役務の提供，無償による資産の譲受けその他の取引で資本等取引以外のものに係る当該事業年度の収益の額とする。

3　内国法人の各事業年度の所得の金額の計算上，当該事業年度の損金の額に算入すべき金額は，別段の定めがあるものを除き，次に掲げる額とする。

一　当該事業年度の収益に係る売上原価，完成工事原価その他これらに

準ずる原価の額
　二　前号に掲げるもののほか，当該事業年度の販売費，一般管理費その他の費用の額
　三　当該事業年度の損失の額で資本等取引以外の取引に係るもの
４　第２項に規定する当該事業年度の収益の額及び前項各号に掲げる額は，<u>一般に公正妥当と認められる会計処理の基準に従って計算されるものとする。</u>」
（下線：市村）

　うえの条文から，法人税法が課税所得の算出にあたり，益金および損金といった概念を用いているのが分ります。ここに**税務会計**という特有の領域が生まれます。一言で表現すれば，〔益金－損金＝所得〕という等式で表わされる領域をいいます。それに対して，われわれが第６講を中心としてこれまで学習してきた領域のことを**企業会計**といいます。等式で表現すれば，〔収益－費用＝利益〕という領域です。同じ会計でありながら，税務会計と企業会計という別の領域が存在する背景について，竹下昌三教授はいみじくもつぎのように指摘しています[4]。

　「企業の利益に対して課税される法人税は，企業利益の計算を前提としている。企業利益の計算は長期間にわたり慣習的に企業会計として形成されてきた。市場で競争する企業にとって，企業の永続的存続は保証されないから，分配可能利益を計算する企業会計は，利益が控え目に算出されるような予測や見積りを行う。国庫収入を確保し，納税者の恣意的判断を排除し課税の公平を期するための法律である法人税法は，企業会計の保守的判断行使と相容れない。」

　同じ会計でありながら，両者の目的が対立的な関係にあることが分ります。ただここで留意すべきは，税務会計と企業会計とは接点が全くないわけではないという点です。うえの条文に明示されているように，税務会計の益金や損金の金額は，企業会計の収益や費用を出発点として算出されていくのです。とりわけ第22条第４項が重要です。法人税法が，収益および費用は，「一般に公正妥当と認められる企業会計の処理の基準に従って計算されるものとする」と明記しています。前講までで学習した会社法や金融商品取引法と同様

に，法人税法においても，「企業会計原則」をはじめとする企業会計審議会がこれまで設定してきた種々の会計ルールを尊重するという立場を表明しているのです。

ただし，「別段の定めがあるものを除き」という制約が付きます。「別段の定め」とは，「企業会計原則」にはない法人税法固有の目的を達成するために必要なルールのことをさしています。そのルールは法人税法，法人税法施行令，法人税法施行規則といった法令に示されています。こうした企業会計と税務会計の関係を図示すると，以下の**図表9－2**のようになります。

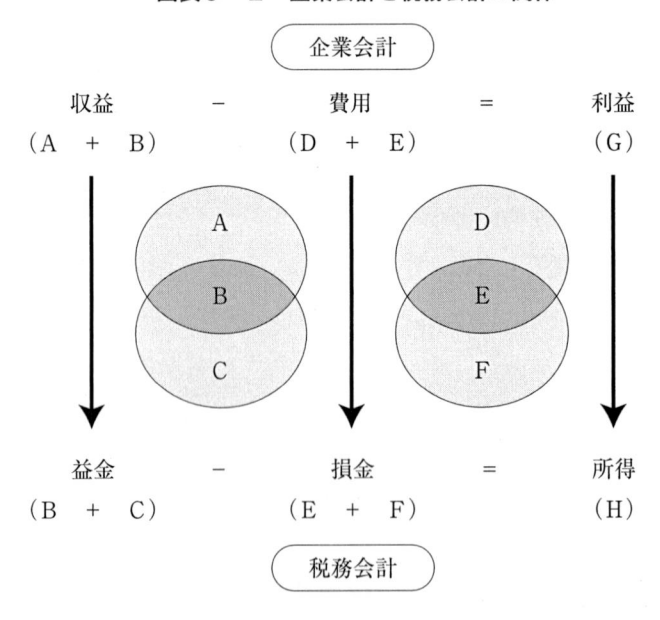

図表9－2　企業会計と税務会計の関係

企業会計

収益　　　－　　　費用　　　＝　　　利益
(A ＋ B)　　　　(D ＋ E)　　　　　(G)

A		D
B		E
C		F

益金　　　－　　　損金　　　＝　　　所得
(B ＋ C)　　　　(E ＋ F)　　　　　(H)

税務会計

図表9－2はつぎのように読み取ってください。まず，企業会計の収益が(A)と(B)で構成されているとします。また企業会計の費用が(D)と(E)で構成されているとします。その結果，企業会計の利益G〔＝A＋B－(D＋E)〕が算出されます。これを出発点にして，税務会計の所得(H)を算出していくのです。まず企業会計の収益のうち，法人税法が定める「別段の定め」にもとづき，

(A)を除くとともに，(C)を付け加えます。また企業会計の費用のうち，同じく「別段の定め」にもとづき，(D)を除くとともに，(F)を付け加えます。以上の調整により，税務会計上の所得であるH〔＝B＋C－(E＋F)〕が算出されます。これが法人税法の求める"課税標準となる所得"，すなわち課税所得の算出の仕組みです。こうした調整は税務署に提出する申告書において行われるところから，これを**申告調整**と呼んでいます。それではこうした調整項目について，以下の(1)～(4)によって具体的に学習していきましょう。

2. 申告調整

(1) 益金不算入項目──（例）受取配当金

益金不算入項目とは，図表9－2でいえば，(A)にあたる項目をさします。企業会計では収益に計上されますが，税務会計では益金から外さなければならない項目です。その一例が受取配当金です。

法人が所有している株式の見返りとして受け取る配当金は，企業会計では営業外収益として損益計算書に計上されます。しかし税務会計では，この受取配当金は課税所得の計算上，益金不算入項目として取扱います。当然，その金額だけ課税所得は減り，結果的に納税額が税率分だけ減ることになります。

税務会計では受取配当金をなぜ益金とみなさないのでしょう。理由は，法人が受け取った配当金には，別の法人で一度課税されている履歴があり，二重課税は"課税の公平性"という基本理念に反するからです。たとえばA社が利益¥1,000を計上したとします。所得も同額の¥1,000だったと仮定して，かつ法人税率を30％とすると，A社が納める法人税額は¥300となります。A社は，税引後の¥700（＝1,000－300）から株主に対して配当金を支払うことになります。その配当金を受け取ったのがB社である当社だとすれば，当社はその受取配当金は収益として損益計算書に計上するのは当然としても，税務当局はその配当金に対してまで課税するのは憚られるというわけです。

A社が獲得した利益に対して二度課税する結果になるからです。最初のA社はいいとしても，B社の立場に立てば，課税された残りの"おこぼれ"である配当金にまで課税されるのでは，"踏んだり蹴ったり"ということになります。法人が受け取る配当金を税務会計で益金不算入として取り扱うのはこうした事情によります。

とはいうものの，法人税法23条では，法人が得る受取配当金のすべてを益金不算入とするものではないことを定めています。すなわち，持株比率が25％以上の会社から受け取る配当金の場合，全額益金不算入とできますが，持株比率が25％未満の会社から受け取る配当金の場合，益金不算入とできるのは配当金額の50％と定めています。法人税法もなかなか"シタタカ"です。

(2) 益金算入項目―（例）受贈益

益金算入項目とは，図表9－2でいえば，(C)にあたる項目をさします。企業会計では収益に計上されていませんが，税務会計では益金として計上することが求められている項目のことをいいます。その一例が受贈益です。

受贈益とは要するに，無償あるいは格安の価額で資産を譲り受けることによる"儲け"のことをいいます。その一例が，第6講の「企業会計原則」の一般原則の(3)で取りあげた"××企業が国の政策の一環として○○補助金という名目で手に入れた場合の助成金"です。そこではこの種の取引は損益取引とも資本取引とも言い難いと述べました。しかしそのいずれかに分類せよと迫られると，企業会計ではこれを広義の資本取引として取扱います。確かに企業と出資者との間で行われる純粋な資本取引ではありませんが，企業の助成を目的とした国からの出資金ととらえ，"その他の資本剰余金"として処理します。このため，企業会計上，その金額は収益として損益計算書には顔を出しません。ところが税務会計では，これを益金とみなして課税の対象とします。さきに示した法人税法第22条第2項で，"無償による資産の譲り受け"は益金として取り扱うと指示しているとおりです。つまり，受贈益は課税所得の計算上，益金として 図表9－2の(C)として取り扱われることに

なります。税務当局に言わせれば，"タダ得はナシですよ" ということなのでしょう。

(3) 損金不算入項目―（例）償却限度額を超えた減価償却費

　損金不算入項目とは，図表9－2でいえば，(D)にあたる項目をさします。企業会計では費用に計上されますが，税務会計では損金から外す項目になります。法人税法で認められる損金の限度，すなわち償却限度額を超えた減価償却費がその一例です。

　減価償却費の計算方法については第2講で学びました。取得価額，残存価額，そして耐用年数の3つの要素で算出されました。このうち残存価額と耐用年数はあくまで予定値です。法人税法はこのため，企業の恣意的判断を抑止する目的で，省令でそのルールを定めています。残存価額については，「減価償却資産の耐用年数等に関する省令」（財務省令）の別表第9において，有形減価償却資産の場合は10％，無形減価償却資産の場合はゼロと定めています。また耐用年数については，同じく「減価償却資産の耐用年数等に関する省令」の別表第1～第6において，有形固定資産の種類別に詳細に定めています。たとえば，営業用の乗用車で排気量が3,000cc以上の大型車の場合は耐用年数が5年，金属製の事務机やキャビネット等の耐用年数は15年といった具合です。試しに，皆さんも一度この省令を覗いてみたらどうでしょう。"相当こまかい"です。法人税法が定めたこうした耐用年数のことを**法定耐用年数**と呼んでいます。

　法人税法で定めた以上のルールにもとづいて算出された減価償却費が**償却限度額**です。もし企業会計において計上された減価償却費がその限度額の範囲内であれば，税務会計においてその金額は損金算入することが認められます。しかし，企業会計において償却限度額を超えた額が計上されているとなると，その超過額は損金から外さなければなりません。損金処理される金額がそれだけ減ることになり，結果的に，その金額だけ所得が増えることになります。当然，企業が納める税金は税率分だけ増えることになります。

ただし，2007年度の税制改正により，従来の取扱いに加え，いくつかの新たな減価償却制度が導入されました。そのひとつが，残存価額をゼロとして年間の減価償却費を算出できるとした改正です。企業にとって損金処理できる金額が従来より増えることになり，それだけ企業の税負担は少なくなります。わが国企業，そしてわが国経済の活性化のために打ち出された法人税制の新機軸のひとつです。

(4) 損金算入項目─（例）繰越欠損金

損金算入項目とは，図表9-2でいえば，(F)にあたる項目をさします。企業会計では費用に計上されていませんが，税務会計では損金として計上することが認められる項目のことをいいます。当然，その金額だけ課税所得は減少します。その一例が繰越欠損金です。

欠損金という用語も税務会計特有の用語です。企業会計の損失に相当します。企業は時に年間の活動に失敗し赤字を出すことがあります。その赤字のことを税務会計では欠損金と呼ぶのです（法人税法第2条第19項）。法人税は"所得課税"ですから，所得がマイナスの場合は当然，納税額はゼロとなります。しかも，その"マイナスの所得"である欠損金は，次年度以降7年間にわたって"プラスの所得"と通算できると定めています（法人税法57条）。つまり欠損金がなくなるまで，それを次年度以降に繰り越し，法人税の軽減を図ってくれるというのです。赤字企業にとって"血も涙もアル"有難い規定です。所得の有無に応じて課税するという"応能負担原則"がここでも貫かれていることが分ります。

§5 税効果会計制度

企業会計で算出される利益額と税務会計で算出される所得額がなぜ異なるのか，その理由が理解されたでしょうか。ただ厄介なのは，税務会計で算出

された所得額にもとづき計算された法人税額が，企業会計の立場に立って作成される損益計算書の末尾に"法人税等"として顔を出す点にあります。両会計はある意味で水と油の関係にあります。それを損益計算書という一枚の計算書でともに表示することになりますから，損益計算書の表示に混乱を招く結果になります。

その不都合を取り除くために考案されたのが**税効果会計**（tax effect accounting）という仕組みです。以下では，税効果会計を適用しない場合と，適用する場合とに分けて，税効果会計の意義について考えてみましょう。

【設例9－1】

以下のデータをもとに，(A)税効果会計を適用しない場合と，(B)税効果会計を適用する場合に分け，各損益計算書の末尾部分の表示内容を示してください。

(1) 税引前当期純利益　¥10,000
(2) 申告調整額　償却限度額を超えた減価償却費　¥500
(3) 法人税等（法人税・住民税・事業税）の税率　40%

【解　答】

	(A)〔税効果会計を適用しない場合〕		(B)〔税効果会計を適用する場合〕	
	〈税務会計〉	〈企業会計〉	〈税務会計〉	〈企業会計〉
税引前当期純利益	¥10,000	¥10,000	¥10,000	¥10,000
損金不算入額	¥500		¥500	
課税所得	¥10,500		¥10,500	
法人税等	4,200	4,200	4,200	4,200
法人税等調整額				△200　　4,000
税引後利益		5,800		6,000

(A)と(B)の違いは，企業会計の損益計算書に端的に表われます。まず金額の違いですが，税効果会計を適用しない(A)の場合，税引後利益は¥5,800（＝10,000－4,200）と表示されます。それに対して税効果会計を適用した(B)の場合，税引後利益は¥6,000（＝10,000－4,000）と表示されます。どちらが正しいのでしょうか。答えはもちろん(B)です。

いずれの場合も，納める法人税等の金額は¥4,200で変わりません。税効果会計を適用するか否かで納税額が変わることはありません。うえの解答の〈税務会計〉で示してあるとおりです。それに対して〈企業会計〉では，法

人税等をどのように扱うかによって，税引後利益が変わってきます。(A)の場合，税引後利益が法人税等の影響をモロに受けているのが分ります。企業会計にとってはありがた迷惑な話です。そこで考案されたのが税務会計の影響を排除するような企業会計上の表示の仕組みなのです。

もともと減価償却費（¥500）は企業会計サイドからすれば費用です。しかし法人税法の規定により，それに相当する税額¥200（＝500×40％）を納めることになりますが，企業会計の論理からすれば納める必要のない税金です。このため，税効果会計を適用した損益計算書では，この税金部分を差し引いて，企業会計本来の姿に戻そうとします。そのために，以下のような仕訳をすることになります。

　　　　（借方）　繰延税金資産　200　　　（貸方）　法人税等調整額　200

この仕訳のうち，貸方の法人税等調整額は，うえの解答の(B)に△200として示されます。その結果，企業会計上，納めるべき法人税額は¥4,000と修正されます。一方，借方の繰延税金資産は，税務会計により費用¥500を次年度以降に繰り延べることになり，その税額分¥200を前払いする羽目になったことを意味しています。繰延税金資産とは，企業会計からいえば税金の前払い，つまり前払費用なのです。このため貸借対照表上，資産の部に表示されることになります。第8講の図表8－4に戻り，改めて繰延税金資産が資産の部に表示されていることを確認してください。

こうした税効果会計制度がわが国に導入されたのは1999年のことです。その前年には企業会計審議会により，「税効果会計に係る会計基準」が設定・公表されています。この「基準」はその冒頭で，税効果会計の目的をつぎのように述べています。

　「税効果会計は，企業会計上の資産又は負債の額と課税所得計算上の資産又は負債の額に相違がある場合において，法人税その他利益に関連する金額を課税標準とする税金（以下，「法人税等」という）の額を適切に期間配分することにより，<u>法人税等を控除する前の当期純利益と法人税等を合理的に対応させることを目的とする手続きである。</u>」（下線：市村）

うえの解答の税効果会計を適用しない(A)の場合，法人税等の金額の影響で，税引前当期純利益（¥10,000）と法人税等（¥4,200）の間に合理的な対応関係が見られません。しかし，税効果会計を適用した(B)の場合，税引前当期純利益（¥10,000）と法人税等（¥4,000）の間に合理的な対応関係が見られます。税引前当期純利益のちょうど40％が法人税として納付されるというスッキリした表示になっています。これがうえの「基準」が指摘している税効果会計の目的なのです。

(注)
(1) 図表9－1の作成にあたっては，北野弘久編『現代税法講義（5訂版）』（法律文化社，2009年）の全編を参考にさせて頂きました。
(2) 竹下昌三『会社の税務と会計』中央経済社，1993年，まえがき。
(3) 北野弘久編『現代税法講義』法律文化社，2009年，12頁。
(4) 竹下昌三『会社の税務と会計』中央経済社，1993年，まえがき。

第10講
監査制度と監査報告

§1　監査制度

1. 監査とは

　"お金に纏る不祥事はいつの時代もあとを絶つことがない。それはちょうど試験にカンニングが付きものであると同じで，いずれも，人間の欲望とそれを自制できない心の弱さから出る行為だ。結局，お金や試験がなくならない限り，こうした不正行為がこの世からなくなることはあるまい"と，人間社会を達観し悦に入っている場合ではありません。会計学には，お金に纏る不正や誤謬を発見したり，それらを未然に防止するという役割も期待されているからです。その役割を担うのが監査という領域です。**監査**（audit）とは，会計をめぐる不正や誤謬を発見したり防止するための仕組みや行為のことをいいます。

　しかし，一口に監査といっても，図表10－1に示したように，会社で実施される監査にはさまざまな形態があります。

図表10−1　監査の形態

	(A)	(B)	(C)
監査	内部監査	任意監査 （自主監査）	監査課 （監査室）
		強制監査 （法定監査）	監査役 （監査役会）
	外部監査		会計監査人 （公認会計士）

＊注　① (B)の任意監査として，会計監査人に依頼して行う監査もありますが，図表には示していません。
② 図表では，(C)の監査役による監査を(A)内部監査として位置づけています。しかし，内部監査を狭く任意監査と捉え，監査役監査を内部監査と外部監査の中間に位置づける見解がむしろ一般的です。

(1)　内部監査と外部監査

内部監査（internal audit）とは，会社内部に所属する個人や機関が行う監査，すなわち自己監査のことをいいます。それに対して**外部監査**（external audit）とは，会社外部の個人や機関が当該会社に入って行う監査，すなわち他人監査のことをいいます。

(2)　任意監査と強制監査

任意監査（voluntary audit）とは，法律によって強制されないで企業自らが自発的に行う監査をいい，自主監査ともいいます。それに対して**強制監査**（compulsory audit）は，法律の定めによって行われる監査をいい，法定監査ともいいます。

(3) **監査課・監査役・会計監査人**

これは，誰が監査をするのかという監査の主体による分類です。会社の場合，**監査課**（または監査室），**監査役**（または監査役会），**会計監査人**（公認会計士または監査法人）の3つに分けられます。

本講ではこのうちの強制監査について学習します。具体的には，監査役による監査（監査役監査といいます）と，会計監査人による監査（会計監査人監査とか会計士監査とかいいます）です。

2. 監査制度の起源

日本の監査制度はいつ，どのようにして生まれたのでしょう。現在の監査制度を学習するに先立ち，監査制度の歴史について少しだけ振り返ってみましょう。

(1) **監査役監査の起源**

監査役監査は，わが国最初の商法で早くもその設置が義務づけられています（第7講参照）。しかしそれから100年余の今日まで，監査役に求められる監査の内容は時代の波を受け，右へ左へと大きく揺らいできました。

監査役に期待される監査には，大きく会計監査と業務監査の2つがあります。このうち**会計監査**は，会社の会計帳簿が適切に整えられ，会社の活動状況が日々，それら帳簿に適切に記帳されているかどうかといった監査（日常監査といいます）と，決算期に会社が作成する計算書類が適正に作成されているかどうかといった監査（期末監査といいます）からなります。一方，**業務監査**は取締役の業務執行に関する監査のことをいいます。第7講で学んだように，取締役は株式会社を代表する業務執行者ですが，その取締役が業務執行を適正に果たしているかどうか，私利私欲のために不正行為を働いていないかどうかをチェックするのが業務監査です。いずれの監査も，一般株主

のために，取締役をはじめとする会社の活動を監視することが期待されています。

　その監査役監査の歴史を繙(ひもと)くと，1890年（明治23年）に制定された最初の商法では，監査役には業務監査と会計監査の権限が与えられていました。ところが1949年（昭和24年）の改正商法では，業務監査の権限は取締役会に移され，監査役は会計監査の権限しか与えられませんでした。しかしその後に頻発した経営者による粉飾決算や贈収賄事件といった不祥事の反省からでしょう，1974年（昭和49年）の改正では，監査役に対して再度，業務監査の権限が与えられました。しかも**商法特例法**といわれるこの法律により，資本金が5億円以上または負債が200億円以上のいわゆる"大会社"に対して，会計監査人による監査も義務づけられることになりました（この法律の正式名称は「株式会社の監査等に関する商法の特例に関する法律」で，そこから**監査特例法**とも呼ばれています）。商法の歴史において，監査役のほかに会計監査人の設置を義務づけたのはこの法律が最初です。その意味で画期的な法律です。しかし一方で，資本金が1億円以下および負債が200億円未満のいわゆる"小会社"については，従来どおり，監査役の権限を会計監査に限定しています。

　この商法特例法を契機に，商法は，監査役監査の内容を会社の規模等にもとづき柔軟な対応姿勢をとるようになります。その端的な例が今回改正された会社法です。第7講の図表7－2に戻り，監査役監査に関するさまざまな対応ぶりを確認してみましょう。監査役の設置が義務づけられない会社があるかと思えば，3人以上で構成される監査役会が義務づけられる会社があったり，監査委員会という新たな監査機関が義務づけられる会社があるなど，監査役について多彩なメニューが示されています。その風景は，監査役監査のこれまでの多難な歴史を象徴しているようにも受け取れます。

(2)　会計監査人監査の起源

　監査役監査はあくまでも会社法（旧・商法）がこれまで求めてきた強制監

査の一形態です。これに対して会計監査人監査は，第二次大戦後に制定された証券取引法（現・金融商品取引法）にその起源があります。同じく監査といっても，監査役監査と会計監査人監査では，法源を異にしています。

会計監査人監査がどのような背景のもとで誕生したのか，以下の引用文でそれを探ってみましょう[(1)]。

　「わが国の会計士監査制度は，実質的には戦後，公認会計士法と証券取引法によって生み出されたものである。それは，財務会計の発展とともに歩んできたのであって，財務会計が投資者その他の利害関係者に対していかに企業の財務情報を公開するかに関する会計学の一分野であるとすれば，会計士監査制度はそれを基盤としつつ，経理公開制度の重要な一翼を担うものとして，形影相添うがごとく，唇歯輔車の関係において発達してきたのである。ある意味では，戦後の会計学の歴史はディスクロージャー充実の歴史であった，といってもよいであろう。

　顧みれば，戦後証券民主化の旗印の下に一般投資大衆が証券投資に参加するようになり，健全な証券市場の育成をはかることが急務となったのであるが，証券市場を育成し，有価証券の新規発行および流通を円滑ならしめるためには，投資者に対して企業の財務内容を開示せしめ，その実態を正しく把握できるようにする必要がある。ここにおいて企業会計原則の制定，証券取引法による有価証券報告書制度の創設，その他種々の施策が講じられたので，そこにおけるディスクロージャーの原理と限界を探るべく財務会計の研究が発達したのである。」（下線：市村）

監査役監査と比べれば，会計監査人監査の歴史はまだ浅いことが分ります。それはちょうど第7講と第8講で学んだ会社法（旧商法）の歴史と金融商品取引法（旧証券取引法）の歴史の差に符合しています。会計監査人監査の制度は，戦後制定された証券取引法，公認会計士法，ならびに企業会計原則と同時期に，その歩みを始めています。"証券市場の健全な育成と発展"という共通の目標に向かい，これら制度が一斉にスタートしたのです。

会計監査人とは，1948年に制定された公認会計士法で定めた**公認会計士**

(Certified Public Accountant: CPA) のことをさしています。この法律により，監査を専門とする会計のプロフェッションがわが国ではじめて誕生することになりました。翌年には，早くも第1回の公認会計士試験が実施されています。公認会計士の資格は，公認会計士法で定めた試験に合格しなければ得られません。現在でもわが国の国家試験のなかでも最難関の試験のひとつとみられています。そして公認会計士の資格を持った会計のプロが行う監査のことを**会計監査人監査**と呼んでいるのです。

会計監査人監査は，証券取引法が適用される一部の大規模な株式会社に対して義務づけられるところからスタートしました。しかし，うえで触れた1974年の商法特例法により，いわゆる"大会社"に対して会計監査人監査が義務づけられることとなり，公認会計士の活躍の場が広がることになりました。

3. 会社法にもとづく監査

第7講の図表7－2に戻り，会社法にもとづく監査について，(A)の公開大会社を例に，もう少し深く考えてみましょう。

公開大会社の場合，監査役会か監査委員会のいずれかを設置することが義務づけられています。前者を**監査役会設置会社**と呼び，後者を**監査委員会設置会社**と呼びます。ともに会計監査人の設置が義務づけられています（**会計監査人設置会社**と呼びます）。公開大会社という社会的影響力の最も大きい会社に対して，内部者による監査と外部者による監査を法律で義務づけ，監査の徹底化が図られているのが分ります。

(1) 監査役会設置会社の監査

監査役会は，3人以上の監査役で構成される会社の機関で，監査役のうち半数以上は社外監査役で構成されなければなりません。監査役会は合議制で，その決議は監査役の過半数の同意によって決します。ただし，個々の監査役

はその職責をまっとうするため，監査役会での同意が得られなくても，取締役に対して違法行為の差止請求などの権限が認められています。

現行の会社法では，監査役会は業務監査と会計監査の双方の権限を持っています。一方，会計監査人は会計監査の権限を持っています。このため会計監査の権限をめぐり，両者の関係が問題となります。この点については，以下のように考えられています。

会社法では，監査役になるための資格について，取締役と同様，特別の制限を設けていません。株主総会で承認されれば，誰でも監査役になることができます。したがって会計知識を十分に持ちあわせていない人物が監査役に就くことも予想されます。それに対して，会計監査人は会計のプロです。このため，会計監査については会計監査人がその中心的役割を果たします。すなわち会計監査人の職務は，会社の計算書類等を監査し，監査役会に対して会計監査報告をすることにあります（会社法第396条および第397条）。「会社計算規則」では会計監査人が作成する会計監査報告についてつぎのように指示しています。

「第154条　会計監査人は，計算関係書類を受領したときは，次に掲げる事項を内容とする会計監査報告を作成しなければならない。
　一　会計監査人の監査の方法及びその内容
　二　計算関係書類が当該株式会社の財産及び損益の状況をすべての重要な点において適性に表示しているかどうかについての意見があるときは，その意見
　　　イ　無限定適正意見　監査の対象となった計算関係書類が一般に公正妥当と認められる企業会計の慣行に準拠して，当該計算関係書類に係る期間の財政状態及び損益の状況をすべての重要な点において適性に表示していると認められる旨
　　　ロ　除外事項を付した限定付適正意見　（以下略）
　　　ハ　不適正意見　（以下略）　　　　　　　　　　　　　　　」

会社法はさらに，株主総会に向けた監査報告の作成を監査役会に対して求

めています（第390条）。このうち"事業報告"および"付属明細書"に関する監査報告については，「会社法施行規則」でつぎのように指示しています。

「第129条　監査役は，事業報告及びその付属明細書を受領したときは，次に掲げる事項を内容とする監査報告を作成しなければならない。
　一　監査役の監査の方法及びその内容
　二　事業報告及びその付属明細書が法令又は定款に従い当該株式会社の状況を正しく示しているかどうかについての意見
　三　当該株式会社の取締役の職務の遂行に関し，不正の行為又は法令若しくは定款に違反する重大な事実があったときは，その事実
　　（以下，四，五，六略）　　　　　　　　　　　　　　　　　　」

一方，"計算書類"に関する監査報告については，「会社計算規則」でつぎのように指示しています。

「第155条　会計監査人設置会社の監査役は，計算関係書類及び会計監査報告を受領したときは，次に掲げる事項を内容とする監査報告を作成しなければならない。
　一　監査役の監査の方法及びその内容
　二　会計監査人の監査の方法又は結果を相当でないと認めたときは，その旨及びその理由
　　（以下，三，四，五略）　　　　　　　　　　　　　　　　　　」

以上から，会社法では，特別の事情がない限り，会計監査は会計監査人が主導し，監査役は業務監査に専念するという一応の業務分担が図られていることが分ります。こうした構図について，山浦久司教授はつぎのように述べています[2]。

「会社法における会計監査人監査と監査役（監査役会ならびに監査委員会も準じる）監査との関係は，会計および監査の専門家で独立の立場の会計監査人と，会社内部情報の精通者であり，かつ取締役等の業務執行を監査し，株主の利益を擁護するうえで彼らに対抗する権限を有する監査役という構図

で理解でき，この両者の関係が，つぎに述べるコーポレート・ガバナンス（Corporate Governance: 会社に求められる組織的統制の仕組みのことをさし，"企業統治"と訳されています：市村）の機能向上にとって，相互相乗的な効果を生み出すことが会社法により予定されている，ということができよう。」

(2) 監査委員会設置会社の監査

　監査委員会設置会社とは，指名委員会，報酬委員会，監査委員会の3委員会で構成される委員会設置会社のなかの監査委員会をさしています。委員会設置会社では，監査は監査委員会で行うこととなり，監査役会を別に設置することは認められません。なぜでしょう。

　うえで学んだ監査役会設置会社の場合，取締役会は会社を代表する業務執行者としての権限を与えられています。その業務を監督するのが監査役会です。監査役会が取締役会に対し，いわば"お目付け役"の役割を果たすという意味で，両者は対立的な関係として位置づけられています。これに対して委員会設置会社の場合，業務の執行にあたるのは取締役会ではなく，取締役会から選任される代表取締役（これを**執行役**あるいは**代表執行役**といいます）とされ，その代表取締役の業務を監督するのが取締役会という構図に変わります。言いかえれば，監査役会設置会社の場合，取締役会は監督される立場であるのに対し，委員会設置会社の場合，取締役会は代表取締役を監督する立場になるのです。

　監査委員会は取締役会のメンバーである取締役と社外取締役から構成されます。他の委員会と同様，監査委員会も3人以上のメンバーが必要で，うち過半数は社外取締役で構成されなければなりません。このように取締役会および監査委員会に業務執行の監督・監査にあたらせることになれば，会社の機関として監査役会はもはや必要ないという理屈になります。

　なお，監査委員会の職務は，うえの監査役会の場合と大きく変わるところはありません。したがって会計監査人と監査委員会の関係も，監査役会設置会社の場合と変わりません[3]。

第7講で学んだように，今回の会社法改正の特徴のひとつは，会社の機関設計の柔軟性にあります。株式会社といってもその規模はさまざまで，その大小に応じて柔軟に機関設計ができるよう配慮されています。本講で学んだ監査役会設置会社，監査委員会設置会社および会計監査人設置会社に関するルールはその典型といえます。会社法によるこうした新たな規制は，以下の引用文にあるように，わが国の株式会社がこれまで抱えてきた種々の問題点を何とか解決したいという強い願いが込められているものと，受けとめるべきでしょう[4]。

　「わが国企業のコーポレート・ガバナンスの実態に対して，多くの批判が寄せられていることは周知のとおりである。株主総会が形骸化している，監査役（会）が無機能化している，内部統制や内部牽制が軽視され不正が見過ごされやすい，取締役の意思決定や行動に内部的歯止めが利いていない，企業倫理が欠如している，等々の批判である。そして，これらの批判を裏付けるように不祥事が頻々と発生し，同時に商法改正の措置により監査制度が見直しを受けてきた。とりわけ，近年の監査役（会）制度の改正は数次に及び，なおも改正が検討され，今般の会社法改正となった。」

　会社法にもとづく監査の概要は以上です。続いて金融商品取引法を中心とした会計監査人監査の内容について学習しましょう。

§2　会計監査が成立するための前提条件

　会社法にもとづく会計監査であれ，金融商品取引法にもとづく会計監査であれ，会計監査が実施されるためには，(a)会計監査人，(b)会計基準，(c)監査基準という3つの条件の整っていることが前提となります。

1. 会計監査人

　会計監査が実施されるためには，会計監査にあたる主体，すなわち会計監査人が必要です。会計監査人とは公認会計士のことをいいます。「公認会計士法」では，公認会計士の使命をつぎのように記しています。

　「第1条　公認会計士は，監査及び会計の専門家として，独立した立場において，財務書類その他の財務に関する情報の信頼性を確保することにより，会社等の公正な事業活動，投資者及び債権者の保護等を図り，もって国民経済の健全な発展に寄与することを使命とする。」

　そして，現行の「監査基準」では，公認会計士に対してつぎのような姿勢で監査に臨むことを求めています。

　「1　監査人は，職業的専門家として，その専門能力の向上と実務経験等から得られる知識の蓄積に常に努めなければならない。
　　2　監査人は，監査を行うに当たって，常に公正不偏の態度を保持し，独立の立場を損なう利害や独立の立場に疑いを招く外観を有してはならない。（以下，3－8略）」

（企業会計審議会「監査基準」第二　一般基準，2005年）

　1では，会計監査人は監査の専門家としての十分な知識や技術を備えていなければならないとする，監査人としての**専門性**を求めています。そして2では，会計監査人の**独立性**を求めています。監査人に求められる独立性には2つのタイプがあり，監査基準ではそのいずれも順守することを求めています。ひとつは，企業経営者やその企業を取り巻く利害関係者の誰にも与しない，常に"公正不偏の態度"を保持するという**精神的独立性**です。もうひとつは，当該企業と何らかの利害関係でつながっていると見られることのない**外見的独立性**です。監査人自身が当該会社の株主であったり，当該会社から何らかの資金援助を受けているとか，監査人の妻が当該会社の役員であるといった場合，監査人としての外見的独立性が損なわれていると判断され，当

該会社の監査人になることは認められません。

なお，1966年の公認会計士法の改正により，大企業の会計監査を組織的に行うことができるよう**監査法人**の設立が可能となりました。ただし，5人以上の公認会計士が出資者となって設立することが条件です（公認会計士法，第34条の7）。ちなみに，現在，わが国で最大手といわれる監査法人は2,000人を超える公認会計士を擁（よう）しています。

2. 会 計 基 準

会計基準とは，第6講で学んだ「企業会計原則」を核にした種々の会計ルールをさしています。会計は"ビジネスの言語"とよく言われます。その場合の言語とは，コミュニケーションのツール（tool）という意味で用いられます。人間が相互に意思疎通を図るためには言葉という言語が必要であるのと同じで，ビジネスの世界では会計という言語，すなわち財務諸表が利害関係者間のコミュニケーションのツールになります。会計基準はそのツールの作成ルールを示したものです。

財務諸表の作成者である企業は，定められた会計基準にもとづいて財務諸表を作成することが求められます。一方，財務諸表の利用者である利害関係者は，その財務諸表が定められた会計基準にもとづいて作成されていることを前提に，それぞれの目的のために財務諸表を利用します。とすれば，作成者と利用者の中間に位置する会計監査人も，当然，その財務諸表が定められた会計基準にもとづいて作成されているかどうかのチェックをしなければならないことになります。会計監査人にとって，会計基準の存在は監査の適否を左右する重要な役割を果たしているのです。

3. 監 査 基 準

監査基準には，会計監査人が監査を実施するに際して順守しなければならないルールが示されています。会計監査人だからといって，監査に際しての

心構えや監査の進め方が"お構いなし"というものではありません。監査基準の存在もまた会計監査が成立するための不可欠な前提条件になります。

(1) 監査基準の設定

1950年7月，わが国最初の「監査基準」が企業会計審議会より設定・公表されています。以来，監査基準は数度にわたる改訂を経て今日に至っていますが，現在の「監査基準」は2005年10月に改訂されたものです。

「監査基準」は，(1)監査の目的，(2)一般基準，(3)実施基準，(4)報告基準の4部で構成されています。(1)では，監査の目的をつぎのように記しています。

「財務諸表の監査の目的は，経営者の作成した財務諸表が，一般に公正妥当と認められる企業会計の基準に準拠して，企業の財政状態，経営成績及びキャッシュ・フローの状況をすべての重要な点において適正に表示しているかどうかについて，監査人が自ら入手した監査証拠に基づいて判断した結果を意見として表明することにある。」

(2) の一般基準は，監査人の専門性や独立性を説いたもので，本講ですでに取りあげました。以下，(3)実施基準と(4)報告基準について学習します。

(2) 実施基準

うえの引用文にあるように，監査人は自らが入手した監査証拠にもとづき，経営者の作成した会計計算書が適正に表示されているかどうかについて，意見を表明しなければなりません。"実施基準"には，意見を表明するに足る十分な監査証拠を入手するための手順が示されています。

「　一　基本原則
1　監査人は，監査リスクを合理的に低い水準に抑えるために，財務諸表における重要な虚偽表示のリスクを評価し，発見リスクの水準を決定するとともに，監査上の重要性を勘案して監査計画を策定し，これに基づき監査

を実施しなければならない。

2　（略）

3　監査人は，自己の意見を形成するに足る合理的な基礎を得るために，経営者が提示する財務諸表項目に対して，実在性，網羅性，権利と義務の帰属，評価の妥当性，期間配分の適切性及び表示の妥当性等の<u>監査要点を設定し</u>，これらに適合した十分かつ適切な監査証拠を入手しなければならない。　　」（下線：市村）

このように"実施基準"では，実際の監査手続を，㈠監査リスクの評価 ⇒ ㈡監査計画の策定 ⇒ ㈢監査要点の設定 ⇒ ㈣監査証拠の入手，という手順で進めるよう指示しています。となれば，現代の監査では，最初の"監査リスクの評価"がきわめて重要な役割を果たすことになります。"はじめ良ければ，すべて良し"の格言どおりです。

ところで，"実施基準"にはリスクという用語が至るところで使われています。1991年の改定で導入されたリスク・アプローチといわれる監査手法によるためです。このリスク・アプローチについて，2002年に改訂された監査基準の前文では，その導入意図をつぎのように述べています。

「リスク・アプローチに基づく監査は，重要な虚偽の表示が生じる可能性が高い事項について重点的に監査の人員や時間を充てることにより，監査を効果的かつ効率的なものとすることができることから，国際的な監査基準においても採用されているものである。」

"リスク"（risk）とは，監査人が誤った意見表明をする危険性のことをさしています。監査人としては何としてもそれは防がなければなりません。そのための監査手法がリスク・アプローチです。つまり，危険の可能性がある領域をあらかじめ特定し，そこを重点的にチェックすることで，"監査リスク"をできる限り抑え込もうという監査手法なのです。

"監査リスク"（audit risk）は，"固有リスク"，"統制リスク"，"発見リスク"の3つのリスクからなると考えられています。

"固有リスク"(inherent risk)とは，社内に有効なチェック・システム，すなわち**内部統制**のための制度が欠如していることを前提とした場合に生じるリスクのことをいいます。たとえば，現金は他の資産と比べ，不正が生じやすい資産であるため，その固有リスクは高いと判断されます。

　このため経理部では，内部統制の一環として，現金の収支を記帳する担当者と現金を直接扱う担当者とは別にする必要があります。しかし，会社内でこうした内部統制が図られているとしても，現金に纏る不正が皆無になるわけではありません。もしその不正を監査人が発見できないとなれば，そこに統制リスクが生じます。"統制リスク"(control risk)とは，内部統制が図られているとしても，財務諸表の虚偽表示が防止できないリスクのことをいいます。

　会計監査人はこれら2つのリスクの水準を評価し，リスクが高いと判断すれば，監査計画を入念に策定するとともに，実際の監査実務において細心の注意を払う必要があります。しかしながら，現代の財務諸表監査はチェック項目のすべてを監査するという**精密監査**（略して**精査**ともいいます）ではなく，チェック項目の一部をサンプリングとして抜き取り，その結果によって全体の適否を判断するという**試査監査**の手法をとっています。監査にかかる時間と費用を省くためです。このために第3のリスクの生じる懸念が想定されます。それが発見リスクです。つまり"発見リスク"(detection risk)とは，財務諸表の虚偽表示がどうしても発見できないリスクのことをいうのです。

　いずれにしても，会計監査人には，こうしたリスク・アプローチによる"監査リスク"をできるだけ抑え込む努力が求められているのです。

§3　監査報告

　監査人は，監査の実施により監査証拠を入手したところで，経営者の作成した財務諸表が適正に表示されているかどうかについて，監査報告書において意見を表明しなければなりません。「監査基準」の(4)報告基準では，つぎ

のように指示しています。

「　一　基本原則（１及び２略）

　３　監査人は，監査意見の表明に当たっては，監査リスクを合理的に低い水準に抑えた上で，自己の意見を形成するに足る合理的な基礎を得なければならない。

　４　監査人は，重要な監査手続を実施できなかったことにより，自己の意見を形成するに足る合理的な基礎を得られないときは，意見を表明してはならない。」

　会計監査人が表明する意見には，㈰無限定適正意見，㈪限定付適正意見，㈫意見差控，㈬不適正意見，の４種類があります。

　"無限定適正意見"とは，財務諸表がすべての重要な点において適正に表示されていると監査人が判断した時の意見です。"限定付適正意見"とは，経営者が採用した会計方針の選択や財務諸表の表示方法に関して不適切なものがあるため，無限定適正意見を表明することはできないものの，その影響が虚偽の表示にはあたらないと判断した時に表明される意見です。"意見差控"とは，うえの報告基準の４にあるように，財務諸表の適否について監査人として意見表明をしない場合にあたります。"不適正意見"とは，経営者が採用した会計方針の選択や財務諸表の表示方法が著しく不適切なため，財務諸表が全体として虚偽の表示にあたると判断した時に表明される意見です。

　なお，上場会社の場合，監査報告書において不適正意見が表明されれば，証券取引所の"上場廃止基準"に抵触し，上場廃止という厳しいペナルティを受けることになります。上場会社の経営者にとって，"不適正意見"はまさに"桑原，桑原"です。

　さて，本講を閉じるにあたり，無限定適正意見が表明されている監査報告書の一例を最後に示します。下線を付した部分が，会計監査人の意見が表明されているところです。ご確認ください。

独立監査人の監査報告書及び内部統制監査報告書

平成21年6月24日

株式会社オービック
 取締役会　御中

     新日本有限責任監査法人
      指定有限責任社員　　公認会計士　　中島　康晴　印
      業務執行社員
      指定有限責任社員　　公認会計士　　鈴木　一宏　印
      業務執行社員
      指定有限責任社員　　公認会計士　　新居　伸浩　印
      業務執行社員

〈財務諸表監査〉

　当監査法人は，金融商品取引法第193条の2第1項の規定に基づく監査証明を行うため，「経理の状況」に掲げられている株式会社オービックの平成20年4月1日から平成21年3月31日までの連結会計年度の連結財務諸表，すなわち，連結貸借対照表，連結損益計算書，連結株主資本等変動計算書，連結キャッシュ・フロー計算書及び連結附属明細表について監査を行った。この連結財務諸表の作成責任は経営者にあり，当監査法人の責任は独立の立場から連結財務諸表に対する意見を表明することにある。

　当監査法人は，我が国において一般に公正妥当と認められる監査の基準に準拠して監査を行った。監査の基準は，当監査法人に連結財務諸表に重要な虚偽の表示がないかどうかの合理的な保証を得ることを求めている。監査は，試査を基礎として行われ，経営者が採用した会計方針及びその適用方法並びに経営者によって行われた見積りの評価も含め全体としての連結財務諸表の表示を検討することを含んでいる。当監査法人は，監査の結果として意見表明のための合理的な基礎を得たと判断している。

　当監査法人は，上記の連結財務諸表が，我が国において一般に公正妥当と認められる企業会計の基準に準拠して，株式会社オービック及び連結子会社の平成21年3月31日現在の財政状態並びに同日をもって終了する連結会計年度の経営成績

及びキャッシュ・フローの状況をすべての重要な点において適正に表示しているものと認める。

〈内部統制監査〉

　当監査法人は，金融商品取引法第193条の2第2項の規定に基づく監査証明を行うため，株式会社オービックの平成21年3月31日現在の内部統制報告書について監査を行った。財務報告に係る内部統制を整備及び運用並びに内部統制報告書を作成する責任は，経営者にあり，当監査法人の責任は，独立の立場から内部統制報告書に対する意見を表明することにある。また，財務報告に係る内部統制により財務報告の虚偽の記載を完全には防止又は発見することができない可能性がある。

　当監査法人は，わが国において一般に公正妥当と認められる財務報告に係る内部統制の監査の基準に準拠して内部統制監査を行った。財務報告に係る内部統制の監査の基準は，当監査法人に内部統制報告書に重要な虚偽の表示がないかどうかの合理的な保証を得ることを求めている。内部統制監査は，試査を基礎として行われ，財務報告に係る内部統制の評価範囲，評価手続及び評価結果についての，経営者が行った記載を含め全体としての内部統制報告書の表示を検討することを含んでいる。当監査法人は，内部統制監査の結果として意見表明のための合理的な基礎を得たと判断している。

　当監査法人は，株式会社オービックが平成21年3月31日現在の財務報告に係る内部統制は有効であると表示した上記の内部統制報告書が，わが国において一般に公正妥当と認められる財務報告に係る内部統制の評価の基準に準拠して，財務報告に係る内部統制の評価について，すべての重要な点において適正に表示しているものと認める。

　会社と当監査法人又は業務執行社員との間には，公認会計士法の規定により記載すべき利害関係はない。

以　　上

(注)
(1)　日下部與市『新会計監査詳説（全訂版）』中央経済社，（初版1962年，全訂版1975年）9頁。
(2)　山浦久司『会計監査論（第5版）』中央経済社，2008年，119頁。
(3)　紙幅の関係で関連条文を記載できません。監査委員会の職務については，会社法の第404条，事業報告および付属明細書に関する監査報告については会社法施行規則の第131条，計算書類に関する監査報告については会社計算規則の第157条をご参照ください。いずれ

も監査役会の場合と同様の指示が示されています。
(4) 山浦久司『会計監査論（第5版）』中央経済社，2008年，127頁。

第Ⅲ部

会計計算書の利用

第Ⅲ部のねらい

◎ 会計計算書のさまざまな利用方法について学ぶのが第Ⅲ部の目的です。

- ○ 企業と取引関係にある外部の人たちの立場からの利用方法について学びます。大きく安全性分析と収益性分析の2つがあります。　　　　　　　　　⇒　第11講および第12講
- ○ 企業は資金繰りに失敗すれば倒産します。その様子を窺えるのがキャッシュ・フロー計算書です。キャッシュ・フロー計算書の作成，報告，そして分析方法について学びます。
　　　　　　　　　　　　　　　　　　　⇒　第13講
- ○ 利益獲得をめざす企業内部の人たちの立場からの利用方法について学びます。企業活動の開始に先立ち，利益計画の一環として利用されるのが損益分岐点分析です。　⇒　第14講
- ○ 利益計画のつぎは利益統制です。製造業の場合，製造現場での原価削減が重要な役割を果たします。標準原価計算はそのために用いられる会計技法です。　　⇒　第15講

第11講
財務諸表分析(1)
―安全性分析―

§1 財務諸表分析とは

　「はじめに」で学んだように，会計には管理会計の領域と財務会計の領域があります。前者は，企業内部で活動している経営者をはじめとするさまざまな管理階層の人たちに役立つ会計領域のことで，後者は，企業と利害関係を持つ外部の人たちに役立つ会計領域のことです。企業が作成する会計計算書は，企業の内部者・外部者を問わず，さまざまな関係者によりそれぞれの目的に応じて利用されます。そうした会計計算書の利用の仕方を学ぶのが第Ⅲ部の目的です。このうち本講から第13講までは，損益計算書，貸借対照表およびキャッシュ・フロー計算書を利用したいわゆる財務諸表分析について学習します。

　財務諸表分析は，誰が分析をするのかという経営分析の主体によって，内部分析と外部分析の2つに分けられます。**内部分析**とは，経営者等の内部者の立場から行う財務諸表分析をいい，**外部分析**とは，投資者等の外部者の立場から行う財務諸表分析をいいます。財務諸表の分析技法において両者に違いはありませんが，内部者と外部者では入手できる情報の質と量において圧倒的な格差があります。§2の図表11－1で分るように，外部者が入手できる企業情報はかなり限定されます。それに対し内部者は，企業の事情に精通し，かつ必要な情報を必要なだけ入手できる立場にあります。こうした事情から，財務諸表分析という場合，一般に企業外部者の立場に立って行われる

分析のことをさします。財務諸表という限られた情報をもとに，企業経営の良し悪しを判断しようというわけです。本講以下で学習する財務諸表分析も同様です。

もちろん企業外部者といってもさまざまです。「はじめに」に戻り，その外部者の顔ぶれを改めて確認しましょう。金融機関や仕入先といった債権者，一般株主，国や地方自治体，従業員で構成される労働組合などです。彼らステークホルダーが企業とどのような利害でつながっているかについても学びました。ということは，企業外部者が当該企業の財務諸表分析をする場合，彼らの関心事は利害でつながっているその一点にあると言っていいでしょう。

債権者の場合は，元金の返済と利息の支払いが可能な会社かどうかを判断するために分析をします。また一般株主の場合は，配当金の額や株価の値上がりが期待できる会社かどうかを判断するために分析をします。国や地方自治体の場合は税額が適正に算定され，かつその支払能力がある会社かどうか（担税力といいます），労働組合の場合は労働の対価である給料等の報酬が適正であるかどうかを知るために，財務諸表分析をすることになります。当該会社が金融商品取引法適用会社であるということになれば，証券会社や格付機関も財務諸表分析者の一員に加わってきます。

§2 財務諸表の入手形態

企業外部の利害関係者が財務諸表分析をしようとする場合，当然のことながら，当該企業の財務諸表の入手方法について知識を持っておく必要があります。分析をしたくても，肝心の財務諸表が入手できないのでは，磨きをかけたせっかくの分析能力も"宝の持ち腐れ"になるからです。財務諸表の入手形態は以下の**図表11－1**に示したとおりです[1]。

図表11－1　財務諸表の入手形態

[会社の分類]	[法律等による規制]	[情報源の名称]	[入手可能者]	[入手ルート]	[入手可能時期]	[入手時期のランキング]	[情報量のランキング]
非適用会社	会社法 株主総会前	計算書類	株主＆債権者	・株主宛ての郵便またはEメール ・本店・支店での閲覧	決算日から11週以内	②	③
	会社法 株主総会時	計算書類	株主	・総会出席時	決算日から13週（3ヶ月）以内	③	③
	会社法 株主総会後	決算公告	一般	・大手新聞社の日刊紙	株主総会後まもなく	④	④
金融商品取引法適用会社	金融商品取引法	有価証券報告書	一般	・EDINET（無料） ・官報販売所（有料） ・証券取引所での閲覧 ・本店・支店での閲覧	決算日から13週（3ヶ月）以内	③	①
	金融商品取引法	四半期報告書	一般	・EDINET（無料） ・官報販売所（有料） ・証券取引所での閲覧 ・本店・支店での閲覧	四半期決算日から13週（3ヶ月）以内	③	①
	証券取引所（取引所の自主規制）	決算短信	一般	・東京証券取引所のHP「適時開示情報サービス」（無料） ・大手新聞社の日刊紙（発表後の翌日）	決算日から45日以内	①	②

186

第11講　財務諸表分析(1)　—安全性分析—

　この図表11－1は，会計情報の入手が容易な会社かどうか，その入手可能時期はいつか，そしてその情報量は豊富かどうか，といった内容について示しています。
　まず，〔情報量のランキング〕から分るように，情報量の豊富さでは有価証券報告書や四半期報告書に記載される会計情報に勝(まさ)るものはありません。しかも現在，金融庁がインターネットを通じて配信している"EDINET"（Electronic Disclosure for Investors' Network：投資者のための電子開示ネットワーク）を利用すれば，無料で誰でもその会計情報を入手できます（ネットの検索欄に"edinet"と入力するだけで閲覧が可能です）。財務諸表の分析者にとってこれほど"強い味方"はないでしょう。
　一方，企業の会計情報が真っ先に流されるのは，〔入手時期のランキング〕から分るように，証券取引所が自主規制として上場会社等に対して求めている取引所の記者クラブでの決算発表と，その際に開示される「決算短信」という文書です。
　「決算短信」それ自体は，売上高，当期純利益，総資産等，投資判断に重要と見られる数項目の金額を一枚の紙に記載したもので，何らかのネタをもとに証券投資を繰り返す投資者にとっては確かに重要な情報源かもしれません。しかし，それらは断片的な情報に過ぎず，財務諸表分析の素材としては十分なものとはいえません。分析の素材として利用できるのは「決算短信」の"添付資料"として公表される財務諸表です。東京証券取引所では2007年3月の決算発表以降，上場会社等の全社に対してこうした添付資料を開示するよう求めています。そして決算発表と同時に，これらデータが東京証券取引所のホームページを通して閲覧することが可能になりました。金融商品取引法適用会社の場合，財務諸表分析のための素材の入手が格段に容易になっています。
　これに対して，金融商品取引法の適用を受けない会社の場合，株主でない限り，一般人がその財務内容を知るのは容易なことではありません。株主以外の人たちがこうした会社の財務内容を目にすることができる機会は，会社法が義務づけている「決算公告」によってしかありません。しかもその情報

量は，**図表11−1**の〔情報量のランキング〕からみても最下位です。「決算公告」でもある程度の財務諸表分析をすることは可能です。しかし投資者の立場からいえば，分析をしてみたところでその会社が会社法でいう公開会社でない限り株主になれるわけでもありません。このため一般投資者にとり，金融商品取引法の適用を受けない会社に対する関心は，当然，"蚊帳の外"ということになります。

§3 安全性分析

1. 安全性分析の目的

外部者による財務諸表分析の2本柱は"安全性分析"と"収益性分析"です。本講では安全性分析について学習します。

財務諸表分析の発展の歴史を繙くと，最初に登場するのが**安全性分析**（safety analysis）です。19世紀後半，アメリカにおいてまずこの分析技法が誕生しています[2]。

「経営分析は19世紀後半にアメリカで起こり，主に比率分析を中心として展開されてきた。19世紀後半，当時産業成熟期にあったアメリカでは，経営管理者が企業資本家から専門経営者に移り，さらに財務分野が経済で優位を占めるにつれて，財務諸表の必要性が増大した。それに伴い，特に比率分析を中心として経営分析が大いに発展した。……（中略）……このアメリカにおける経営分析の発展は信用分析（credit analysis）と経営管理分析（managerial analysis）というふたつのルートに大別することができる。

信用分析は債権者目的で行われ支払能力指標（すなわち安全性指標）を強調する外部分析であり，特に初期の経営分析で支配的であった。これに対して，もうひとつの流れである経営管理分析は経営管理者のために行われる内部分析であり，そこでは安全性分析はもちろんだが，収益性指標が強調される。」

もともと"安全性"という用語は，融資する銀行サイドに立って使う用語です。銀行にとって融資の審査のポイントは，お金を貸し付けても返済が可能な会社かどうか，つまり安全な会社かどうかという一点にあるからです。財務諸表分析の歴史は，銀行が融資先の貸借対照表を手がかりにして，その"債務返済能力"の有無を判断しようとしたところから始まっています。安全性とは要するに債務の返済能力のことですが，これを**支払能力**（solvency）ともいいます。その分析にはおもに貸借対照表が使われます。ただ近年，安全性という用語とともに，安定性という用語も使われる傾向があります。貸借対照表を用いた分析の視点が，単に金融機関等の債権者の立場に立った分析にとどまらず，投資者等を含むより幅広い立場に立った分析へと広がりを見せていることが，その背景にあるように思います。貸借対照表を用いた分析の狙いが，企業の長期的発展を視野に入れた財務構造の健全性に関する分析，つまり安定性の分析へと拡大してきたためです。

2. 安全性に関する分析指標

以下では，安全性および安定性に関する個々の分析指標について学んでいきますが，それらを具体的な数値で表現できるようにするために，**図表11-2**としてDEF社の貸借対照表の要約版を示します。

図表11-2　DEF社の貸借対照表

流動資産 490	当座資産 280	流動負債 350
	棚卸資産 140	
	その他の流動資産 70	固定負債 300
固定資産 780		資本（純資産） 650
繰延資産 30		
1,300		1,300

(1) 流 動 比 率

　安全性分析のなかで最も古くから用いられている分析指標が流動比率です。以下の計算式でその値を求めます。

　　　　流動比率　＝　流動資産／流動負債

　第8講の§2で学んだように，流動負債は1年以内に返済期限が来る負債です。返済には通常，現金を用います。貸借対照表に示されている流動資産は，現金はもちろんのこと，他の流動資産も1年以内に現金の入金が見込める資産です。そこで，流動負債の返済に流動資産を用いると仮定して，支払能力に余裕があるかどうかを判断するために流動比率が用いられます。このため流動比率の値は原則，1.0以上あることが必要となります。もしその値が1.0を下回っていれば，"支払能力に問題あり"という判定が下されることになります。なお，流動比率の値は2.0くらいあること，つまり流動負債額

の2倍の流動資産額があることが理想とされています。

うえのDEF社の流動比率を求めると，その値は1.4（＝490／350）となります。1.0を超えていますから，1年という短期間の間に"支払不能"という事態に陥ることはないと判断されます。

また第8講の**図表8－4**に戻り，今度はABC社の流動比率を求めてみましょう。以下の計算式により，その値は1.506となります。これまた問題ありません（なお，以下の計算ではいずれも小数点第4位以下を切り捨てます）。

　　　235,000／156,000＝1.506

(2) 当 座 比 率

当座比率は，流動比率と同じく，企業の短期的な支払能力を見るために使われる指標です。その計算式は以下のとおりです。

　　　当座比率　＝　当座資産／流動負債

流動比率との違いは，計算式の分子に当座資産の金額を充てる点にあります。**当座資産**（quick assets）とは，流動資産のなかでも比較的短期間に現金に変わる可能性の高い資産をいいます。さきの**図表11－2**にあるように，流動資産から棚卸資産やその他の流動資産を差し引いて求めますが，具体的には，現金・預金，受取手形，売掛金，有価証券からなります。

棚卸資産が当座資産から外されています。なぜでしょうか。会計上，棚卸資産は流動資産に分類されますが，それが販売されて現金として回収されるまでには，まだ相当の時間を要します。また実際にそれらが販売されるかどうかも保証の限りではありません。流動負債の返済の原資とするには，若干，問題を抱えているのです。

当然のことですが，当座比率の値は，流動比率の値と比べると，シビアな数値になります。計算式の分子の金額が確実に減るからです。さきのDEF社の場合，当座比率の値は0.8（＝280/350）となります。当座比率の値は1.0

以上が望ましいとされていますので、それにはやや届いていません。

では第8講のABC社の当座比率を求めてみましょう。以下の計算式により、その値は0.516となります。

$$(40,000 + 10,000 + 15,000 + 16,000 - 400) / 156,000 = 0.516$$

ABC社の場合、流動比率の値（1.506）と比べると、当座比率の値がかなり落ち込んでいます。その理由は、流動資産のなかに占める棚卸資産（商品）の割合が大きいためです。言いかえれば、支払能力という点でいえば、流動比率の値はまずまずだったのですが、当座比率でみると、必ずしも楽観できる状況ではないことが分ります。こうして企業の短期的な支払能力をシビアに見ようという場合、この当座比率が重視されることになります。

(3) 自己資本比率

自己資本比率は以下の計算式により求めます。

　　　自己資本比率 = 自己資本 / 総資本

自己資本とは、DEF社の貸借対照表でいえば、〔資本（純資産）〕のことをさします。一方、総資本とは、〔資本＋負債〕のことです。つまり、自己資本比率とは、会社の総資本のなかに占める自己資本の割合のことです。一体、この値は高いほうが好ましいのでしょうか、それとも低いほうが好ましいのでしょうか。

正解は前者、つまり高いほうがいいのです。企業の財務構造の健全性という観点からいえば、自己資本比率は高いほうが好ましいのです。なぜでしょう。総資本のうち、負債はいずれ返済しなければならない項目であるのに対して、資本（自己資本）は株主の出資額であり、企業が続く限り返済する必要のない項目です。総資本のなかで返済する必要のない資本の割合の高いほうが、企業として安全であり安定していると考えられるからです。この指標は、うえで学んだ(1)や(2)の指標とは視点をやや異にしています。短期的な支

払能力というよりは、長期的な支払能力についてその良否を判断しようとするものです。

　DEF社の場合、自己資本比率の値は0.5（＝650／1,300）となります。自己資本の理想値は、一般に0.5とされていますから、DEF社はそれを達成しています。では、第8講に示したABC社の場合はどうでしょう。以下の計算式により、その値は0.557となり、ABC社もまた問題ありません。

$$(287{,}500 - 400) / 515{,}000 = 0.557$$

　ここで分子の（287,500－400）という計算式について説明します。¥400は新株予約権の金額をさしています。第8講のなかでも少し触れましたが、新株予約権は"まだ最終的な行き先が決まっていない項目"です。会社が発行した新株予約権という権利をお金を払って買い取った投資者の権利を意味しています。この権利を発行した当会社は、その権利に相当する金額をその投資者からすでに受け取っています。一方、その権利を買い取った新株予約権者には、一定期間内に2つの選択肢のいずれかの選択が認められています。

　ひとつは、あらかじめ契約で約束した価格で新株を買い取るという選択肢です。新株予約権者は、その会社の株価の動向を見ながら、その権利を実行して新株を買い取り、その後、当該株式を売却することで売却益が得られると判断すれば、その権利を実行して会社に対し株式の発行を要求します。会社はその予約権者の要求を契約上、拒否することはできません。その場合、新株予約権の金額は資本金に振り替えられることになります。

　しかし、株価の動向次第で、予約権者が約束した価格で新株を買い取っても株式の売却益が得られないと判断すれば、その権利を放棄します。この場合、会社は契約の際に予約権者から受け取っている金額を返済する必要はなく、新株予約権の金額は"貰い得"となって、新株予約権失効益という勘定科目に振り替えられ、損益計算書に示されることになります。

　要するに、新株予約権はいまだ行き先が確定していないために、自己資本の金額を算出する際には、一応、純資産合計から差し引いておいたほうが無難でしょう、ということなのです。

話を戻します。DEF社の場合、自己資本比率は0.557で、理想値である0.5を上回っています。(2)の当座比率では短期的な支払能力に関して若干問題がありましたが、長期的な支払能力の指標となる自己資本比率においては全く問題ないと判断していいでしょう。

(4) 負債比率

負債比率を求める計算式は以下のとおりです。

負債比率＝負債／自己資本

この計算式にあてはめれば、**図表11－2**のDEF社の場合、負債比率の値は1.0（＝(350＋300)／650）となります。負債比率は、(3)の自己資本比率とは逆に、低ければ低いほど好ましいということになります。総資本に占める自己資本の割合が高ければ高いほど、負債比率の値は低くなるはずだからです。うえの自己資本比率の理想値が0.5以上であることを考えれば、負債比率は1.0以下が理想値ということになります。DEF社はその数値をキープしているのが分ります。

では、ABC社の場合はどうでしょう。以下の計算式により、その値は0.792となり、全く問題ありません。

227,500／(287,500－400)＝0.792

この負債比率は、自己資本比率と同様に、長期的な支払能力を見るための指標と考えられています。

(5) 固定比率

固定比率の学習に入る前に、"資金の投入"と"資金の回収"の意味について少し考えてみます。たとえば小売業の場合、仕入業者から商品を仕入れると、当然、その代金を支払わなければなりません。現金という資金の投入が

まず先行します。そして仕入れた商品を早速，店頭に陳列し，顧客が買ってくれるのを待ちます。もし顧客が買ってくれれば，その顧客から現金を受け取ります。投入した資金がこれで回収されます。

　資金を投入する理由は，資金の投入によってより多くの資金が回収できると考えるからです。その等式は，〔資金の回収額－資金の投入額＝資金余剰〕となります。資金余剰，すなわち利益です。資金の投入から回収までにさほど時間を要しないことも，商品売買の特徴のひとつです。

　ところが同じ資金の投入でも，固定資産への資金の投入となると，資金の回収形態と回収期間は，商品の場合とはかなり異なります。たとえば，ある小売業の会社が，店舗を取得するために多額の資金を投入したとします。この店舗取得のために投入した資金は，当該資産の売却によって回収するわけではありません。減価償却費という形で少しずつ回収していきます。すでに学んだように，減価償却費は耐用年数の期間にわたり，毎期，少しずつ費用に落とされていくタイプの費用です。それは，仕入や給料等の他の費用と違い，現金の支出を伴わない費用です。仕訳をしてみれば一目瞭然です。(借方)減価償却費×××　（貸方）○○減価償却累計額×××，となり，貸方に現金勘定が出てきません。ということは，費用ですからその金額だけ利益額は減少しますが，現金は社外に出て行かないで社内に留保されることになります。つまり，減価償却費の金額だけ現金が社内に蓄えられていくのです。固定資産へ投入した資金はこうした形で回収されていきます。専門家はこれを**"資金の流動化"** と呼びます。投入した資金が，減価償却費の処理によって少しずつ回収されていく様をうまく表現した言葉だと思います。したがって固定資産の資金の回収には耐用年数に相当する長い期間を要することになります。同じ資金の回収でも，商品に投入した資金の回収形態とは異なり，地道にかつ長期にわたってコツコツ，コツコツと回収されていくのです。

　ということで準備が整いました。では固定比率の話に戻ります。固定比率は，固定資産への資金の投入額が返済の必要のない自己資本によってどれだけカバーされているかを示す指標です。

固定比率＝固定資産／自己資本

　上記のように，固定資産への資金投入は，その資金を回収するまでに長い期間を要します。このためその資金は自己資本のように返済する必要のない資金で賄(まかな)うのが賢明です。固定比率の値が1.0であれば，固定資産への資金投入が自己資本でちょうど賄われていることを意味します。

　DEF社の場合，その値は1.2（＝780／650）となります。1.0を超えていますから，固定資産への投資が自己資本だけでは賄えていないことになります。財務構造の健全性という観点でいえば，けっして好ましい値ではないのですが，さりとて，つぎの固定長期適合率の結果次第では，さして悲観するほどの状況ではないかもしれません。優良企業といわれる企業のなかにもこうした値を示す企業はたくさんあります。

　図表8－4に戻り，ABC社の場合も見ておきましょう。以下の計算式により，その値は0.974となります。DEF社と比べると，望ましい値を示していることが分ります。

　　　279,800／（287,500－400）＝0.974

(6)　固定長期適合率

　固定長期適合率という指標は，うえの固定比率で結果の良くなかった企業について，その財務健全性をさらに吟味するために使われる指標です。つまり，固定比率の値が1.0を上回る企業の場合，返済までにまだ時間的余裕のある固定負債を自己資本に加算し，それを分母にすることで，長期的な支払能力に問題がないかどうかを見るのです。計算式は以下のとおりです。

　　　固定長期適合率＝固定資産／（自己資本＋固定負債）

　この値は1.0より下回らなければなりません。もし1.0を上回っている場合，固定資産への資金投入が"身の丈(みのたけ)"を超えていることを意味します。**図表11－**

2から推測できるように，その数値は必然的に流動比率を1.0以下の状況に追いやります。つまり，固定長期適合率が1.0を上回ると，短期的にも長期的にも，"支払能力"に暗い影を落とすことになるのです。DEF社とABC社の場合でそれを確認しましょう。

DEF社の場合，流動比率は(1)で算出したように1.4（＝490／350）で，まずまずの数値でした。一方，固定長期適合率の値は0.821（＝780／(650＋300)）となります。これまた固定長期適合率の最低ラインである1.0を下回っていますから，まずまずの数値と言っていいでしょう。固定比率が1.2で不安が残っていましたが，この数値で不安が少し解消されたことになります。

ABC社の場合，流動比率は1.506（＝235,000／156,000）でした。DEF社と比べ，より望ましい数値となっています。そして固定長期適合率も，0.780（＝279,800／(287,500－400)＋71,500）で，これまたDEF社より望ましい数値が出ています。

(7) インタレスト・カバレッジ・レシオ

ここまでの指標はいずれも貸借対照表に示されているデータをもとに，企業の短期または長期にわたる"支払能力"を見るために考案された指標です。しかし，企業の支払能力を見るための分析指標は，貸借対照表のデータに限られるわけではありません。インタレスト・カバレッジ・レシオ（interest coverage ratio）という指標がその一例です。

インタレスト・カバレッジ・レシオ＝（営業利益＋金融収益）／金融費用

この指標は，計算式から分るように，損益計算書に示されているデータを用いてその値を求めます。営業活動で得た利益（営業利益）と金融収益（受取利息等の財務活動で得た収益のことです）の合計額が，金融費用（支払利息等の財務活動で生じた費用のことです）の何倍にあたるかを示す指標です。つまり，支払利息の支払能力（**利払能力**といいます）を見るための指標なのです。

この指標が生まれた背景は以下のとおりです。企業は活動の規模を拡大する目的でしばしば外部の資金に依存します。銀行からの長期・短期の借り入れや社債の発行による資金調達のことです。それは、自前の資金では足りず、他人の資金を利用して規模を急いで拡大しようとする企業の姿勢を示しています（これを**レバレッジ** leverage：梃子（てこ）といいます。汚い（きたな）喩（たと）えになりますが、"他人の褌（ふんどし）で相撲を取る" ことです）。それはそれでいいのですが、用心しなければならないのは、それら外部資金には支払利息という"負のおまけ"が付いてくるという点です。同じ負債でも、借入金や社債が**有利子負債**と呼ばれるのはこのためです。この支払利息に対する配慮を怠ると、企業経営はその足元を掬（すく）われかねません。その"負のおまけ"について警告を発しているのが、インタレスト・カバレッジ・レシオという指標なのです。

　インタレスト・カバレッジ・レシオは、その値が高くなれば、利息の支払いに追われる危険性は薄れ、支払能力の余裕度が高まります。逆に、その値が低くなれば、支払能力の余裕度が低くなります。仮にその値が1.0を下回るようなことになれば、利息の支払いに追われ、支払不能の事態に陥る危険が目前に迫っていることを意味します。その原因は、長期・短期の借り入れや社債の発行による資金調達が膨張し過ぎたこと、そしてその割りには営業利益が増加していないことにあります。

　インタレスト・カバレッジ・レシオという指標は、いわゆる無借金経営の会社にとっては全く無縁の指標です。そもそも借金がありませんから支払利息はゼロです。その場合、この指標の値は無限大（∞）となります。支払不能によって倒産するという危険性は全くありません。数は少ないのですが、そうした会社が上場会社のなかにも確かに存在します。そのような財務諸表に遭遇すると、ついつい企業人としての経営者の崇高な志（こころざし）に触れる思いがします。

　では、第8講の図表8－6に戻り、ABC社のインタレスト・カバレッジ・レシオの値を求めてみましょう。

$$（営業利益50,000＋受取利息1,000＋受取配当金2,000＋仕入割引10,000）／（支払利息800＋社債利息100＋売上割引90）＝63.636$$

　値が63.636ですから，利払能力には全く問題のない会社であることが分ります。

　さて，うえの(1)～(6)で学んだ安全性分析は，貸借対照表という企業のある時点のストック情報をもとにした分析であるところから，"静的な安全性分析"と呼ぶことができます。それに対して(7)は，損益計算書という企業のある期間のフロー情報をもとにした分析であるところから，"動的な安全性分析"と呼ぶことができます。"動的分析"であるためでしょうか，支払能力に関する描写がよりリアルに伝わってくるように思うのですが，そう思うのは私だけでしょうか。"動的な安全性分析"にはさらに，第13講で学習するキャッシュ・フロー計算書を用いたキャッシュ・フロー分析が加わってきます。

(注)
(1)　この図表は，桜井久勝教授の『財務諸表分析（第2版）』（中央経済社，2003年，9～25頁）の記述を参考にしながら，一部最新の状況を加味して作成したものです。
(2)　渋谷武夫『アメリカの経営分析論』中央経済社，2005年，1頁

第12講

財務諸表分析(2)
―収益性分析―

§1 収益性分析の目的

　前講で学んだ安全性分析では，その情報源としておもに貸借対照表を利用しました。本講では収益性分析について学びますが，情報源としては，"収益性"という言葉から受けるイメージとは違い，損益計算書だけでなく貸借対照表も用います。
　そもそも"収益性"という言葉は，英語のprofitability（利益獲得能力）に由来しています。第3講で学んだ損益計算書の〔収益－費用＝利益〕という等式でいえば，左辺に出てくる"収益"のことではなく，むしろ右辺の"利益"のことをさしています。複式簿記では，利益は損益計算書だけでなく貸借対照表でも測定・表示されます。したがって企業が獲得した利益は，損益計算書で示される収益と費用の規模からその良否を判定するだけでなく，貸借対照表で示される資産・負債・資本の規模との対比によっても判定することができるのです。
　つまり**収益性分析**（profitability analysis）とは，獲得した利益がどれだけの活動量の結果として得られたのか，企業が所有する資産をどれだけ効率的に利用した結果なのかを見るために生まれた分析技法なのです。安全性分析とは異なり，獲得した利益をめぐり，損益計算書と貸借対照表を用いて企業活動の良否を判定するところに収益性分析の特徴があります。

§2 収益性に関する分析指標

1. 資本利益率とその分解式

　安全性分析が外部分析としてスタートしているのとは対照的に，収益性分析は前講の渋谷武夫教授の引用文にあるように，内部分析，つまり経営管理のための分析技法としてスタートしています。その代表的なものが，アメリカの総合化学メーカーのデュポン社が1919年に開発し，1949年にはじめて社外に公開したとされる資本利益率をめぐる分解式です[1]。
　資本利益率（rate of return on investment：ROI）は，以下の計算式で算出します。

　　　資本利益率＝利益／資本

　この指標の狙いは，"所有している資本1円でいくらの利益を稼ぎ出しているか"を算出することにあります。その値が高ければ高いほど，資本の利用効率が高く，利益を効率的に稼ぎ出していることになります。
　デュポン社は，従来から使われていたこの指標に，以下のような改良を加え，自社の経営管理の用具として活用していたのです。

　　　資本利益率＝利益／資本　＝　利益／売上　×　売上／資本
　　　　　　　　　　　　　　　　＝　売上利益率　×　資本回転率

　この分解式は，売上（高）を媒介にして，売上利益率と資本回転率に分け，資本利益率の具体的な改善策を図ろうとしている点に特徴があります。**売上利益率**とは，売上高1円のなかに占める利益の割合をいいます。売上高のなかに占める費用の割合が抑えられていれば，この指標は高い割合を示します。高ければ高いほど好ましいとされる指標です。また**資本回転率**とは，所有している資本が売上高の獲得にどれほど貢献しているのか，言いかえれば，資本の何倍の売上高を獲得したかを示す指標です。これもまた，その値は高け

れば高いほど好ましいとされます。単に資本利益率の高低で企業経営の良否を判定するにとどまらず，売上利益率と資本回転率の要素に分解することで，資本利益率を高めるための具体的方策を探ることができるというわけです。

試しに，以下の**図表12－1**により，資本利益率の分解式の威力について確認してみましょう。

図表12－1

A 社		B 社	
収　益	1,000	収　益	4,000
費　用	600	費　用	3,400
利　益	400	利　益	600
総資本	2,000	総資本	4,000
C 社		D 社	
収　益	1,000	収　益	4,000
費　用	800	費　用	3,000
利　益	200	利　益	1,000
総資本	2,000	総資本	4,000

うえの４社のデータを示され，"収益性に関して最も望ましい会社から順にランキングしてください"と質問されたら，どう答えることになるのでしょう。

(1) 収益（売上高）の絶対額による比較

"大きいことは良いことだ"とばかりに，まず収益の金額をもって比較することが考えられます。この場合の４社のランキングは，①Ｂ社＆Ｄ社（4,000）⇒③Ａ社＆Ｃ社（1,000）となります。

(2) 利益の絶対額による比較

同じく獲得した利益額という絶対額で比較すれば，①D社（1,000）⇒②B社（600）⇒③A社（400）⇒④C社（200）の順になります。

(3) 資本利益率による比較

規模の違う企業間の比較では，規模の大きな企業が有利になります。うえの(1)および(2)の結果で分るように，収益や総資本の額で勝る(B)社と(D)社にどうしても軍配があがります。同じことは，日本の国技である相撲や柔道といったスポーツにもあてはまります。日本一の座を無差別級で争うということになれば，体は小さいよりはデカイほうがイイに決まっています（私自身，体が小さいものですから，ここは妙に力が入ります）。

しかしです。財務諸表分析には，比率分析と呼ばれる分析技法があります。前講で学んだ安全性分析がそうでした。すべて比率に直し，規模の大小に関係なくその良否を判定しました。資本利益率という分析指標も比率分析の技法です。以下は，（A社）－（D社）を資本利益率によって判定した結果です。

  （A社）：0.2　（＝400／2,000）
  （B社）：0.15（＝600／4,000）
  （C社）：0.1　（＝200／2,000）
  （D社）：0.25（＝1,000／4,000）

以上から，収益性に関して最も望ましい会社は，①D社 ⇒②A社 ⇒③B社 ⇒④C社の順になります。

(4) 資本利益率の分解式による比較

以上の結果を分解式にあてはめ，各社の問題点をさらに探ることにしましょう。

（C社）：資本利益率 0.1 ＝売上利益率 0.2 　（＝200／1,000）
　　　　　　　　　　　　　　　　× 資本回転率0.5（＝1,000／2,000）
　　　（B社）：資本利益率 0.15＝売上利益率 0.15（＝600／4,000）
　　　　　　　　　　　　　　　　× 資本回転率1.0（＝4,000／4,000）
　　　（A社）：資本利益率 0.2 ＝売上利益率 0.4 　（＝400／1,000）
　　　　　　　　　　　　　　　　× 資本回転率0.5（＝1,000／2,000）
　　　（D社）：資本利益率 0.25＝売上利益率 0.25（＝1,000／4,000）
　　　　　　　　　　　　　　　　× 資本回転率1.0（＝4,000／4,000）

　C社は，他社と比べた時，2つの問題点を抱えています。売上利益率が低いことと，資本回転率が低いことです。企業の規模もさることながら，これら2つの指標を改善していかない限り，他社に伍していくことは難しいと判断されます。

　B社の問題点はただ一点です。他社のなかで最も低い売上利益率を改善することです。言いかえれば，費用の徹底的な削減が最大の課題です。

　A社の問題点もただ一点です。売上利益率が4社のなかで最も良い値を示しているにもかかわらず，総合的評価となる資本利益率がD社より劣っているのは，資本回転率の値が最下位であるためです。資本回転率を高める努力が必要です。

　資本利益率が最も高いのはD社です。しかしA社の売上利益率と比べると，まだ改善の余地はありそうです。業界での規模の大きさからみて，4社のなかで最も競争優位の状態にあると思われますが，売上総利益のさらなる改善を図れば，その地位はさらに堅固なものになると判断されます。

　このように各企業の改善すべき課題が，資本利益率の分解式によって具体的に示されることになります。しかし一口(ひとくち)に資本利益率といっても，会計学にはさまざまな利益概念があり，さまざまな資本概念があります。たとえば**図表12－2**にあるように，利益には売上総利益，営業利益，経常利益といった利益があります。このため，さまざまな売上利益率の指標が考えられます。資本も同様で，さまざまな資本回転率の指標が考えられます。

第12講　財務諸表分析(2) ―収益性分析―

　以下では，資本利益率の分解式から派生する売上利益率と資本回転率に関するさまざまな指標について学習します。そこで，これら収益性に関わる分析指標を具体的な数値で表現できるようにするため，**図表12－2**としてDEF社の損益計算書の要約版を示します。

図表12－2　DEF社の損益計算書

Ⅰ	売上高	1,700
Ⅱ	売上原価	1,190
	売上総利益	510
Ⅲ	販売費及び一般管理費	272
	営業利益	238
Ⅳ	営業外収益	5
Ⅴ	営業外費用	22
	経常利益	221
Ⅵ	特別利益	9
Ⅶ	特別損失	5
Ⅷ	税引前当期純利益	225
	法人税等（税効果処理済）	90
	当期純利益	135

2. 売上利益率のいろいろ

(1) 売上総利益率

　売上総利益は，売上高から売上原価を控除することで得られる利益概念です。別名，**粗利益**（あらりえき）とも呼ばれています。売上総利益率は，この売上総利益を売上高と対比することで生まれる指標です。以下の計算式で求めます。

$$売上総利益率 = （売上高 - 売上原価） / 売上高$$
$$= 売上総利益 / 売上高$$

　売上総利益率が低い会社は，以下で取りあげる他の売上利益率についても，

とうてい高い値は望めません。その意味で，この指標は売上利益率全般の良否を左右する最も重要な役割を果たします。売上総利益率を高めるためには，売上高に占める売上原価の割合（**売上原価率**（＝売上原価／売上高）といいます）を下げる以外に方策はありません。業種によってその値はまちまちで，高い業種では50％を楽に超える場合もあれば，低い業種では20％を超えるのがやっとという業種もあります。しかし，とにかく高いに越したことはありません。

うえのDEF社の場合，売上総利益率は 0.3（＝510／1,700）となります。また，第8講の図表8－6のABC社の場合，0.211（＝300,000／1,420,000）となり，DEF社に比べ，やや劣っています。なお，両社は同じ業界に属している会社を想定していますが，他の業種と比べると，あまり付加価値の高くない商製品を扱っている業種ということになります。

(2) 売上営業利益率

売上営業利益率は以下の計算式で算出します。

　　売上営業利益率＝営業利益／売上高

営業利益は，売上総利益から販売費および一般管理費を控除した利益のことをいいます。当然ですが，営業利益は売上総利益より減ることはあっても増えることはありません。そのため，売上営業利益率の値は，売上総利益率の値より高くなることはありません。問題はどこまでその減少を食い止めるかにあります。

その鍵は販売費および一般管理費の金額にかかっています。言いかえれば，売上高に占める販売費および一般管理費の割合（＝販売費および一般管理費／売上高，これを簡単に**売上販管費率**と呼んでいます）が，この指標の高低の鍵を握っています。売上販管費率の値が高ければ，売上営業利益率の値は低くなり，逆に売上販管費率の値が低ければ，売上営業利益率の値は高くなります。会社によって一概には言えませんが，販売費および一般管理費のな

かで大きな割合を示すのが、人件費である給料手当、販売促進活動に必要な広告宣伝費、そして固定資産に発生する減価償却費です。メーカーの場合にはさらに研究開発費が加わります。これらの費用をいかに抑え込むか、経営者の腕の見せどころとなります。

うえのDEF社の場合、売上営業利益率の値は0.14（＝238／1,700）となります。また、第8講の図表8－6のABC社の場合、その値は0.035（＝50,000／1,420,000）となります。両社のこれら数値を、うえで求めた売上総利益率の数値と比較考量してみると、ABC社の売上営業利益率の極端な落ち込みが気になります。その原因は、売上総利益に占める販売費および一般管理費の割合が高過ぎることにあります。DEF社の場合、その値は0.533（＝272／510）であるのに対して、ABC社の場合は0.833（＝250,000／300,000）で、売上総利益のなんと80％を超える額を占めています。アメリカのある著名な株式投資家は、売上総利益に占める販売費および一般管理費の割合は30％以下に抑えるのが理想であり、80％を超えているような会社はとても株式投資の対象にはならないと述べています[2]。

(3) 売上経常利益率

営業利益に営業外収益をプラスし、営業外費用をマイナスした金額が、経常利益です。営業利益の場合と違い、営業外収益と営業外費用の金額次第で、経常利益は営業利益を上回ることもあれば、逆に営業利益をさらに下回ることもあります。営業外収益および営業外費用については、前講のインタレスト・カバレッジ・レシオのところですでに学んでいます。金融収益や金融費用のことです。これらはいわゆる"副業"で生じた損益と言っていいでしょう。一方、営業利益を"本業"で獲得した利益と考えれば、経常利益は"本業"と"副業"の損益を合算した金額を意味しています。毎年繰り返される企業活動の内容は、こうした本業と副業で成り立っています。毎年繰り返されるこのような企業活動のことを経常活動と呼び、そこから生じる利益のことを経常利益と呼んでいます。

売上経常利益率は以下の計算式で算出します。

売上経常利益率＝経常利益／売上高

DEF社の経常利益は，0.13（＝221／1,700）となります。ABC社の経常利益は，0.043（＝62,000／1,420,000）となります。DEF社の売上営業利益率が0.14で，ABC社が0.035であったことと比較すると，いずれも若干ですが，DEF社が副業で損失を出しているのに対して，ABC社は副業で挽回(ばんかい)しているのが分ります。

一般論で言えば，支払能力に余裕のある会社は，この経常利益の部において営業利益をカバーしたり，営業利益にさらに利益を上乗せしたりできます。金融収益が金融費用を上回るためです。逆に支払能力に余裕のない会社は，せっかく稼いだ営業利益をこの経常利益の部で吐き出す結果となります。金融費用が金融収益を上回るためです。前講で学んだ支払能力の判定に用いられるインタレスト・カバレッジ・レシオの結果が，経常利益の金額に影響を及ぼすことになるのです。

3. 資本回転率のいろいろ

(1) 総資産回転率

資本回転率（capital turnover）とは，資本と売上高を比較し，売上高の獲得に資本がどれだけ貢献しているか，すなわち資本が何回転しているかを示す指標です。しかし，資本にもいろいろあります。図表12－1に出てきた総資本はそのひとつです。総資本とは〔資本＋負債〕のことです。ということは，総資本のことを総資産と言いかえることができます。総資本回転率，すなわち総資産回転率とは，売上高の獲得に資産がどれだけ貢献しているか，つまり総資産が何回転しているかを示す指標なのです（"回転率"という表現を使いますが，平たくいえば，"倍数"のことです）。

総資産回転率は以下の計算式で算出します。

総資産回転率＝売上高 ／ 総資産

　収益性の基本指標となる資本利益率を高めるためには，総資産回転率を高める必要があります。その方策としては，うえの等式だけを考えれば，売上高を増やすか，総資産の金額を減らすかの２つが考えられます。しかし，資本利益率の分解式を見れば分るように，売上高をむやみに増やすことは売上高利益率の低下を招く場合があり，その場合，資本利益率のマイナス要因として作用します。結局，回転率を高めるには，総資産の金額を減らすのが最も有効です。

　しかし，総資産の金額を減らすということは，企業の規模を縮小することを意味しています。規模の拡大を願って日々頑張っているビジネスマンにとって，"そんなバカな"と思われるに違いありません。しかし，**図表12－1で示した（Ｂ社）の場合を考えてみてください。**資本利益率の値を高めるには，ただ徒に規模がデカければいいというものではありません。（Ｂ社）が第１に取り組まなければならない問題は，費用の徹底的な削減による売上利益率の改善でした。もしそれに奏功して，仮に売上利益率を（Ａ社）と同じ0.2まで改善することができたとします。そのうえで，所有している総資産を見直し，売上の増加に寄与していない資産を売却したり廃棄することで資産のスリム化を図り，現状の総資本回転率である1.0より高い1.25以上の回転率が得られれば，4社のなかで最高ランクに位置づけられていた（Ｄ社）の資本利益率0.25と肩を並べることができます。

　（Ｂ社）の場合，売上利益率を上げ，かつ資本回転率を上げるという二重苦を背負うことになり，それらを達成するための道程にはさまざまな抵抗や困難が予想されます。しかし，売上に貢献しない"ムダ"な資産を切り捨てることが，結局，企業の持つ希少資源の有効活用につながり，長期的視点に立てば，それが企業規模の拡大につながっていくことは間違いありません。

　問題はどの資産をムダと捉えるかにあります。これを男性の体で喩えれば，体のデカイ人のなかにも，贅肉が全くなく筋骨隆々の体型をした，男から見ても"惚れ惚れ"する男性がいます。その一方で，体が贅肉の固まりででき

ているだけのデカイ男性もいます。同じデカくても，その内容は明らかに違います。総資産回転率が示唆するのは，"ムダ"な資産，つまり贅肉を削ぎ取り，筋肉質の体型に変えていくことなのです。

たとえば，固定資産のなかに，企業活動のなかで全く使用されていない土地や，かつて大金を支払って設置したために廃棄するのは忍びないという理由で，稼動しないまま工場のなかで埃まみれになっている機械設備があるとすれば，それが"ムダ"な資産に該当します。これら資産はまさに遊休資産であり，人間の体でいえば筋肉ではなく贅肉にあたります。総資産回転率を高めるためには，企業が所有している資産の有効性を今一度見直し，企業の体質を脂肪体質から筋肉体質へ変えていく必要があります。

では，DEF社とABC社の総資産回転率を求めてみましょう。DEF社の総資産は1,300（**図表11－2**）で，売上高は1,700（**図表12－2**）です。ここからDEF社の総資産回転率は1.307（＝1,700／1,300）となります。一方，ABC社の場合，総資産は515,000（**図表8－4**）で，売上高は1,420,000（**図表8－6**）です。ここからABC社の総資産回転率は2.757（＝1,420,000／515,000）となります。両社を比較すると，ABC社のほうが総資産回転率が高く，売上高との関係で資産が有効に活用されていることが分かります。

(2) 売上債権回転率

売上債権とは，商品や製品の売上に伴って発生する顧客に対する売掛金や受取手形といった債権のことをいいます。第1講の商業簿記では，こういった債権はプラスの財産と位置づけ，資産と捉えました。それはそれで間違いではないのですが，考えてみれば，売り手としては何も好き好んで掛売りなどをしているわけではありません。現金売りが良いに決まっています。しかし顧客との関係で，売上を得るためには掛売り等をせざるを得ないという事情があります。

とすれば，うえの遊休固定資産と同じで，売掛金や受取手形をたくさん持っている，そのために資産額が膨らんでいるといって手放しで喜ぶわけには

いきません。売上債権には貸倒れのリスクが伴うだけに尚更(なおさら)です。つまり、経営分析の視点でいえば、こうした売上債権は多いよりは少ないほうが好ましいのです。そして、こうした視点に立って売上債権回転率という指標を見ることになります。

売上債権回転率は、売上債権と売上高を比較し、売上高の獲得に売上債権がどれだけ貢献しているか、すなわち売上債権が何回転しているかを示す指標です。以下の計算式で算出します。

売上債権回転率＝売上高／売上債権

DEF社とABC社の場合で具体的にその数値を求めてみます。DEF社の場合、売上債権を100と仮定すると（**図表11－2**では、当座資産280までは示していますが、現金・預金、売上債権、有価証券等の内訳は示していません）、売上高は1,700ですから、17回転（＝1,700／100）ということになります。一方、ABC社の場合、**図表8－4**から売上債権は24,600（＝受取手形10,000＋売掛金15,000－貸倒引当金400）で、売上高は1,420,000（**図表8－6**）ですから、57.723回転（＝1,420,000／24,600）となります。両社を比較すると、ABC社のほうが圧倒的に高く、総資産回転率と同様、少ない資産で売上を得ていることが分ります。

(3) 棚卸資産回転率

棚卸資産回転率は以下の計算式で算出します。

棚卸資産回転率＝売上高／棚卸資産

この指標の考え方は、うえの売上債権回転率の場合と変わりません。棚卸資産は、簿記上、プラスの財産である資産ですが、多ければ多いほど好ましいというものではありません。たとえば、商品を仕入れたもののさっぱり売れないということになれば、期末に大量の在庫を抱え込むことになります。企業の活動規模に変化がないことを前提にすれば、棚卸資産の金額が増える

傾向にあるということは，売れない資産が増殖していることを意味します。その結果，棚卸資産回転率の値は下がることになります。

DEF社の棚卸資産回転率の値は12.142（＝1,700／140）となります。一方，ABC社の場合は，11.833（＝1,420,000／120,000）となり，わずかですがDEF社のほうが好ましいという結果になります。

なお，以上の回転率は，当該資産の何倍の売上高を獲得しているかという倍数で表現されていますが，それに代えて回転期間（日数や月数）で示すこともあります。たとえば，DEF社の場合，回転率が12.142であるとすると，棚卸資産が1回転するのに要する期間は，30.060日（＝365日／12.142回転），つまり約1ヶ月で売り切っていることになります。回転率が高ければ高いほど，1回転するのに日数を要しないことになり，回転が良くなることを意味しています。売上債権回転率等の他の回転率も同様に表現できます。

さて，前講と本講で算出してきたABC社とDEF社の各指標の数値をリストアップし，両社を比較する形で，それぞれの会社の特徴について考えてみ

図表12－3　ABC社とDEF社の分析指標の比較

				ABC社		DEF社
安全性分析	①	流動比率	○	1.506		1.4
	②	当座比率		0.506	○	0.8
	③	自己資本比率	○	0.557		0.5
	④	負債比率	○	0.792		1.0
	⑤	固定比率	○	0.974		1.2
	⑥	固定長期適合率	○	0.78		0.821
	⑦	インタレスト・カバレッジ・レシオ		63.636		－
収益性分析	⑧	売上総利益率		0.211	○	0.3
	⑨	売上営業利益率		0.035	○	0.14
	⑩	売上経常利益率		0.043	○	0.13
	⑪	総資産回転率	○	2.757回転		1.307回転
	⑫	売上債権回転率	○	57.723回転		17回転
	⑬	棚卸資産回転率		11.833回転	○	12.142回転
	⑭	総資本経常利益率*		0.12	○	0.17

＊⑭総資本経常利益率＝経常利益／総資本＝⑩売上経常利益率×⑪総資産回転率

ましょう。なお，図表のなかの〇印は，両社のうち，好ましい数値を出している会社をさしています。

上の図表から，安全性分析ではABC社のほうが総じて好ましく，収益性分析ではDEF社のほうが好ましいという結論が得られます。ただ収益性分析のうち，売上利益率に関してはDEF社のほうが優れていますが，資本回転率に関してはABC社のほうが優れています。収益性分析の総合評価となるのが⑭の総資本経常利益率です。DEF社が0.05ポイント（＝0.17－0.12）上回っていますが，その原因はDEF社の売上利益率の良好さに求められるでしょう。

§3 株式投資をめぐる分析指標

以下では，ステークホルダーのなかの株式投資に関心を寄せる人たちの視点に立った分析指標について学習します。彼ら投資者は，前講および本講を通じて学んだ分析指標に加え，以下に述べる分析指標を加味して株式投資をしていると考えられています。

ただし，投資者もいろいろです。たとえば，数日から数週間といったごく短期間で株式売買をする投資者がいるかと思えば（いわゆるデイ・トレーダーと言われる人たちです），数ヶ月から精々1〜2年といった期間のなかで株式の売買をする投資者もいます。さらには，3年から5年，10年あるいはそれ以上の長期にわたり，株主であり続けたいと願い株式を購入する投資者もあります。このように投資者のタイプもいろいろであるため，各々が重視する分析指標は当然ながら微妙に異なってきます。以下では，上記のうちの中間タイプに属する投資者が重視する分析指標について考えてみます。

中間タイプに属する投資者の狙いは2つあります。ひとつは配当金を得ることであり，もうひとつはキャピタル・ゲイン（capital gain：株式売却益）を得ることにあります。前者の配当金については，配当性向という指標が一般に用いられます。

配当性向＝配当金／当期純利益

　配当性向とは，税引後の純利益について，会社がどれほどの割合を株主に対する分け前（dividend：配当金）として支払うかという，会社が株主への"感謝の姿勢"を示す指標です。中間タイプの投資者にとり，この指標が高い会社ほど魅力的に映ります。利益のうちの株主への分け前が多いからです。

　しかし一方で，当該会社が獲得している利益が，発行済み株式数からみて低いとなれば，投資者は逆に"引きの姿勢"に入ります。その値を示すのが，一株当り利益（earning per share：EPS）という指標です。

　　　一株当り利益＝当期純利益／発行済み株式数

　一株で利益をいくら稼いでいるかを示す指標です。会社が株主から調達した資金を有効に活用していればこの値は高くなるはずです。もし他社と比べてその値が低いということになれば，せっかくの資金が有効に使われていないことを意味します。

　もし配当性向が高く，一株当り利益も高い会社であれば，中間タイプの投資者にとっては，願ってもない投資対象となります。しかし，一方が高く，他方が低いということになれば，彼らの投資判断に"揺らぎ"が生じます。"買うべきか，買わざるべきか"という二者択一の選択を迫られることになるのです。

　しかもです。うえの２つの指標で"良"と判断されたからといって，それが株価に直ちに織り込まれ，株価がグングン上がるというものでもありません。株価はうえで述べたさまざまなタイプの投資者による，さまざまな思惑を反映した結果であり，けっしてうえの２つの指標だけで単純に決まるものではないからです。配当性向も一株当り利益も，株式投資に関するひとつの判断材料に過ぎないという程度の理解にとどめておくべきです。

　最近，マスコミを通じてよく目にするものに，株価収益率と株価純資産倍率という指標があります。それぞれ以下の計算式でその値を求めますが，ともに企業の現在の株価が割高なのか，割安なのかを知るための指標です。

株価収益率＝株価／一株当り利益
株価純資産倍率＝株価／一株当り純資産

　株価収益率（price earnings ratio：PER）を求めるには，まず当期純利益を発行済株式数で割って"一株当り利益"を求める必要があります。うえですでに学びました。その数値で株価を割ったものが株価収益率です。たとえば，一株の株価が￥1,000で，一株当り利益が￥100とすると，株価収益率は10倍（＝1,000／100）になります。一株当り利益の何倍で株価が推移しているかという意味です。この指標の発祥の地であるアメリカでは，その標準値は20倍前後とされているようです。株価収益率10倍の会社は，その標準値に比べれば低い，つまり株価が割安と判断されます。"お買い得ですよ"というわけです。

　また**株価純資産倍率**（price book-value ratio：PBR）は，まず純資産額を発行済株式総数で割って"一株当り純資産"を求めます。その数値で株価を割ったものが株価純資産倍率です。たとえば，一株の株価が￥1,000で，一株当り純資産が￥250とすると，株価純資産倍率は4倍（＝1,000／250）になります。一株当り純資産の何倍で株価が推移しているかという意味です。この指標は1.0倍前後が標準値とされています。したがって4倍の会社は，株価が割高と判断され，"買うには高すぎてお奨めできません"となります。

　しかし，これらの指標も盲信することは禁物です。たとえば，株価収益率が割安となるにはそれなりの背景があるからです。一株当り利益の額が他社と比べて低いことを投資者が嫌気し，それを織り込んだ結果が現在の株価だとすると，"割安"だからといって，今後その銘柄が買い進められ，株価が上昇するという期待は持てません。標準値をもとに"割安"とか"割高"と言っているだけで，所詮，会社の業績が良くならなければ，本当の意味での推奨株にはなり得ません。"生き馬の目を抜く"という格言がありますが，株式投資の社会は投資者間によって繰り広げられるまさにそうした社会なのです。

(注)
⑴　渋谷武夫『アメリカの経営分析論』中央経済社,2005年,9頁。
⑵　メアリー・バフェット他著（峯村利哉・訳）『バフェットの財務諸表を読む力』徳間書店,2009年,56-59頁。

第13講

財務諸表分析(3)
―キャッシュ・フロー計算書の作成と分析―

§1 キャッシュ・フロー計算書の登場

　わが国の企業に対し，キャッシュ・フロー計算書の作成および公表を初めて求めたのは，2000年3月に改正された「財務諸表等規則」および「連結財務諸表規則」です。以来今日まで，金融商品取引法適用会社には，損益計算書と貸借対照表のほかに，**キャッシュ・フロー計算書**（cash flow statement）という第三の財務表の作成が義務づけられています。

　キャッシュ・フロー計算書の作成が義務づけられるようになった当時の状況を，伊藤邦雄教授はつぎのように述べています[1]。

　「キャッシュ・フローに対する関心が高まっている。比較的大きな書店にはキャッシュ・フローのコーナーが設けられ，ちょっと前までビジネス書のベストセラー10以内に『キャッシュ・フロー』と名の付いた書物が3点も同時に顔を出したりしていた。『前代未聞の現象』と言っても決して大袈裟ではあるまい。

　こうした現象を引き起こした要因ないし背景は3つある。第1は，不況下で企業経営における流動性ないし資金繰りの重要性が認識されたこと。第2は，2000年3月期からキャッシュ・フロー計算書の開示が義務づけられることから，企業グループのキャッシュ・フロー情報が外部者にも入手できるようになったこと。第3は，会計利益ないし会計利益を用いた業績評価指標の限界が意識されるようになり，代わってキャッシュ・フローを用いた指標が注目

されるようになったことである。」

　この時期は，"期間損益計算の適正化"を至上命題に，戦後一貫して損益計算中心の会計思考を構築してきたわが国の企業会計制度が，大きな転換期を迎えた時期にあたります。私も当時，つぎのように書き記しています[2]。

　「今年は『企業会計原則』が制定されてからちょうど50年目にあたる。奇しくもその節目の年に，日本の企業会計制度はこれまで長い歳月を費やして培ってきた会計の基本思考に，自ら大ナタをふるい"大転換"を図ろうとしている。

　その第1が，従来の個別財務諸表中心の会計制度を，今年の4月以降の会計年度から連結財務諸表中心の会計制度へ移行するという大転換である。……（中略）……

　第2は，同じく今年の4月以降の会計年度から，連結財務諸表の1つとしてキャッシュ・フロー計算書の作成が義務づけられる点である。この50年間，主要な財務諸表といえば損益計算書と貸借対照表の2つとしてきた思考に代え，キャッシュ・フロー計算書という名前の資金計算書を3つ目の計算書として加えることで，財務諸表の体系に大きな転換を図ろうとしている。

　第3は，2001年4月以降，有価証券などの金融商品に対して時価会計を導入するという転換である。取得原価会計を基本とする現行の企業会計制度のもとで，金融商品という一部の資産に対してとはいえ，取得原価会計とは全く相容れない時価会計を導入するのである。これまた大転換と言わざるを得ない。……（中略）……

　『企業会計原則』制定からちょうど50年目を起点にした会計制度のこうした大転換は，いずれもグローバル・スタンダードへの収斂（しゅうれん）の産物と捉えることができる。1999年が，わが国企業会計制度の歴史に，『新たな時代の幕開けの年』として深く刻み込まれることは間違いないであろう。」

　ところで，損益計算書と貸借対照表に次ぐ第三の財務表についての研究は，100年以上前のアメリカで始まっています。**資金計算書**（fund statement）と

呼ばれる計算書のことです。わが国で作成が求められるようになったキャッシュ・フロー計算書は、その資金計算書のひとつのタイプです。会計専門家が100年以上かけて摸索し続けてきた第三の財務表が、漸くキャッシュ・フロー計算書という形で花開いたというわけです。

§2 キャッシュ・フロー計算書の作成と報告

1. キャッシュ・フロー計算書の原初形態

　キャッシュ・フロー計算書は資金計算書のひとつのタイプだと言いました。そこでキャッシュ・フロー計算書の学習に入る前に、資金計算書とはそもそも何を目的とした計算書なのかについて理解しておきたいと思います。

　アメリカで100年以上前に始まった研究の狙いは、簡単にいえば、貸借対照表や損益計算書には表わされない企業情報をもう一枚の財務表によって描き出せないか、というものでした。その試みは、前期と当期の貸借対照表の比較から始まっています。貸借対照表の比較によって、確かに資産・負債・資本に属する勘定科目の増減は把握できます。でも、貸借対照表項目の増減を求めて何をしようというのでしょう。

　実は、その目的が当時の会計研究者によって一様ではありませんでした。大きく2つの目的に分れます。ひとつは企業の"支払能力の変化"の説明を目的とするものです。企業の支払能力に関する判定、すなわち安全性分析については第11講で学習しましたが、そこでは、貸借対照表というストック情報をもとにした分析であるところから"静的な安全性分析"と位置づけました。それをさらに敷衍し、一期間における貸借対照表項目の増減をもとに支払能力の変化を読み取ろうというわけです。現行のキャッシュ・フロー計算書はこの系譜を汲む計算書です。フロー情報をもとに支払能力の動きを把握すること、つまり"動的な安全性分析"をすることに大きな目的があります。

　もうひとつは、"稼得した利益がどうなっているか"の説明を目的とする

ものです。言いかえれば、"利益の正体"を貸借対照表項目の増減で捕捉しようとするものです[3]。現代の経営者もこの問題にはやはり頭を悩ませているようです[4]。

「会計学を詳細に勉強する時間がなかなか持てない経営者にとっては、経済が高度で複雑になればなるほど、決算の内容もますます把握しにくくなる。
……（中略）……

ずいぶん前になるが、私も期末の決算報告を終えた経理部長に対して、『儲かったお金はどこにあるのか』と尋ねたことがある。彼は、『利益は売掛金や在庫、また設備など、さまざまなものに姿を変えているので、簡単明瞭にどこにあると言えるものではない』と答えた。

そこでさらに踏み込んで、『利益から配当しなければならないというが、それだけの金がどこにあるのか』と聞いた。経理部長は、利益は手持ちの資金としてはなく、配当資金は銀行から借りる予定であると述べた。

私はそれが非常に不思議に思えたので、『配当するお金がなくて、わざわざ銀行から借りてくるというのでは、儲かったと言えるのだろうか？』と尋ねた。経理部長は、『はい、それでも儲かったと言うのです』と答えた。
……（中略）……

苦労して利益を出しても、それをそのまま新しい設備投資に使えるわけではない。売掛金や在庫が増加すればお金はそこに吸い取られてしまっているし、借入金を返済すればお金が消えてしまう。儲かったお金がどういう形でどこに存在するのか、ということをよく把握して経営する必要があるとそのとき私は痛感したのである。」

この文章は、現在、わが国を代表する経営者の一人と見られている稲盛和夫氏（京セラおよびKDDIの設立者）が著した本から抜粋したものです。稲盛氏は工学畑出身の経営者であるため、会計についての知識は当時、さほどなかったと思われます。その彼が、経理部長に対して、"獲得した利益は貸借対照表のどこに示されているのか"と問うています。経理部長はそれに対して"どこにあると言えるものではない"と答えています。二人のこのやり

第13講　財務諸表分析(3)　―キャッシュ・フロー計算書の作成と分析―

とりは，実はアメリカの会計研究者が追い求めてきた資金計算書のもうひとつの役割について触れているのです。経営者である稲盛氏の疑問も当然な疑問ですが，経理部長の答も立派です。その答が正解なのです。しかし残念なことに，資金計算書に託されたこの役割は，現在の会計制度では見向きもされていません。（"利益の正体"を捕捉するという役割については，紙幅の都合でこれ以上言及できません。ただ，以下の【設例13－1の解答】の「キャッシュ・フロー計算書欄」にそのヒントが隠されています。当期純利益40の実態は，たとえば現金60の減少とか，売掛金50の増加といった形で，説明できます。）

2. キャッシュ・フロー計算書の作成

では，以下の【設例13－1】により，キャッシュ・フロー計算書の作成にとりかかります。

【設例13－1】

以下の〈資料1〉～〈資料3〉をもとに，下記の精算表を完成してください。

〈資料1〉期首勘定残高は下記精算表のうちの期首有高欄のとおりです。

〈資料2〉期中取引高は以下のとおりです。

　①仕入取引：現金仕入　¥80　掛仕入　¥48

　②売上取引：現金売上　¥130　掛売上　¥150

　③備品の購入　¥170　うち，現金払　¥148　未払金　¥22

　④現金取引（上記取引以外）

　　配当金の支払　　　　　¥10　買掛金の支払　¥100　売掛金の入金　　¥100

　　販売費及び一般管理費　¥30　長期借入金　　¥85　借入金利息の支払　¥7

〈資料3〉決算整理事項

　①期末商品棚卸高　¥80

　②減価償却費　¥25

精 算 表

	期首有高		期中取引高		残高試算表		修正記入		損益計算書		貸借対照表		キャッシュ・フロー計算書	
	借方	貸方	借方	貸方	借方	貸方	借方	貸方	借方	貸方	借方	貸方	借方	貸方
現　　　金	70													
売　掛　金	100													
商　　　品	130													
備　　　品	100													
買　掛　金		100												
減価償却累計額		20												
資　本　金		200												
剰　余　金		80												
	400	400												

　第2講で学んだ8欄（桁）精算表と比べると，うえの精算表は14欄精算表となり，一見複雑そうに見えますが，そんなことはありません。「期首有高欄」と「期中取引高欄」は，「残高試算表欄」の金額が算出されるプロセスを示すために設けているに過ぎません。8欄精算表と異なるのは，右端の「キャッシュ・フロー計算書欄」が設けられている点だけです。このため，「損益計算書欄」と「貸借対照表欄」については，下記の期中仕訳と決算仕訳により，容易に正解を得ることができます。紙幅に余裕がありませんので解説は省きますが，記帳の内容を確認してください。

【解　答】
〔期中仕訳〕
① 仕　　入　128　　現　　　金　80　　④ 剰　余　金　10　　現　　　金　147
　　　　　　　　　　買　掛　金　48　　　　買　掛　金　100
② 現　　　金　130　　売　　　上　280　　　販　管　費　30
　　売　掛　金　150　　　　　　　　　　　　支払利息　7
③ 備　　　品　170　　現　　　金　148
　　　　　　　　　　未　払　金　22　　　　現　　　金　185　　売　掛　金　100
　　　　　　　　　　　　　　　　　　　　　　　　　　　　　　　　長期借入金　85

〔決算仕訳〕
① 仕　　入　130　　繰越商品　130　　② 減価償却費　25　　減価償却累計額　25
　　繰越商品　80　　仕　　入　80

第13講 財務諸表分析(3) ―キャッシュ・フロー計算書の作成と分析―

精　算　表

	期首有高		期中取引高		残高試算表		修正記入		損益計算書		貸借対照表		キャッシュ・フロー計算書	
	借方	貸方	借方	貸方	借方	貸方	借方	貸方	借方	貸方	借方	貸方	借方	貸方
現　　金	70		315	375	10						10			60
売　掛　金	100		150	100	150						150		50	
商　　品	130				130		80	130			80			50
備　　品	100		170		270						270		170	
買　掛　金		100	100	48		48						48	52	
減価償却累計額		20				20		25				45		25
資　本　金		200				200						200		
剰　余　金		80	10			70						70	10	
	400	400												
売　　上				280		280				280				
仕　　入			128		128		130	80	178					
販　管　費			30		30				30					
支払利息			7		7				7					
未　払　金				22		22						22		22
長期借入金				85		85						85		85
			910	910	725	725								
減価償却費							25		25					
							235	235						
当期純利益									40			40		40
									280	280	510	510	282	282

　さて，「キャッシュ・フロー計算書欄」ですが，以下の原理で記入されています。「期首有高欄」（期首貸借対照表を意味します）と「貸借対照表欄」（期末貸借対照表を意味します）の比較により，資産・負債・資本の増減を算出します。そして，資産は増加していればその金額を借方に，減少していればその金額を貸方に示します。また，負債と資本は増加していればその金額を貸方に，減少していればその金額を借方に示します。たとえば，現金を見ると，期首有高が¥70，期末有高が¥10で，一期間で¥60減少しています。このため貸方欄に¥60と記入することになります。

　「キャッシュ・フロー計算書欄」は，現金がなぜ¥60減少したのかを，他の勘定科目の増減で説明しています。これが**間接法**と呼ばれるキャッシュ・フロー計算書の基本的な作成方法であり，名称の由来です。「キャッシュ・

フロー計算書欄」を書き改めると，**図表13－1**のようになります。そしてこれを一定の様式に書き改めると，"間接法によるキャッシュ・フロー計算書"ができあがります（**図表13－3**）。

図表13－1

現	金		
売掛金の増加	50	商 品 の 減 少	50
備 品 の 増 加	170	減価償却累計額の増加	25
買掛金の減少	52	未 払 金 の 増 加	22
剰余金の減少	10	長期借入金の増加	85
		当 期 純 利 益	40
		現 金 の 減 少	60
	282		282

　キャッシュ・フロー計算書には，**直接法**と呼ばれるもうひとつの作成方法があります。うえの精算表でいえば，「期中取引高欄」のなかの"現金勘定"の内訳をもとに作成する方法です。現金が¥60減少したのは，収入が¥315で，支出が¥375だったためであることが分ります。直接法という名称は，現金の増減を現金勘定自身で説明しているところに，その由来があります。その内容を書き改めると**図表13－2**のようになります。そこでは，「期中取引高」の内訳だけでなく，現金の「期首有高70」と「期末有高10」も示されています。まるで現金勘定そのものです。そしてこれを一定の様式に書き改めると，"直接法によるキャッシュ・フロー計算書"ができあがります（**図表13－4**）。

図表13－2

現	金		
期 首 有 高	70	仕 　　 　　 入	80
売 　　 　　 上	130	買 掛 金 の 支 払	100
売 掛 金 の 回 収	100	販 管 費 の 支 払	30
長期借入金による収入	85	配 当 金 の 支 払	10
		備品の購入による支出	148
		借入金利息の支払	7
		期 末 有 高	10
	385		385

　キャッシュ・フロー計算書は，以上のように直接法または間接法のいずれでも作成できます。しかしその作成方法は，残念なことに損益計算書や貸借

対照表の場合とは異なります。損益計算書や貸借対照表が複式簿記のシステムにもとづいて作成されるのに対し，キャッシュ・フロー計算書はこれら財務諸表をベースに，"加工"しなければ作成できません。第三の財務表として勇躍登場したものの，これが今なお抱えるキャッシュ・フロー計算書の"アキレス腱(けん)"なのです[(5)]。

3. キャッシュ・フロー計算書の報告

(1) 「連結キャッシュ・フロー計算書等の作成基準」

　すでに述べたように，わが国でキャッシュ・フロー計算書の作成および公表を初めて求めたのは，2000年3月に改正された「財務諸表等規則」および「連結財務諸表規則」です。それに先立つ1999年10月，企業会計審議会は当該計算書の作成ルールを「連結キャッシュ・フロー計算書等の作成基準」（以下，「基準」といいます）として公表しています。現在，わが国で作成されているキャッシュ・フロー計算書は，この「基準」がベースになっています。
　「基準」に示されているキャッシュ・フロー計算書の特徴を記すと以下のようになります。
　(ア)　キャッシュの範囲を，現金以外に，3ヶ月以内に換金可能な定期預金等の「現金同等物」を含むとしていること。
　(イ)　企業活動を「営業活動」，「投資活動」，「財務活動」の3区分に分け，キャッシュの入金および出金を，区分別に表示するよう求めていること（これにより，キャッシュの入出金がどの活動によるかの判別が可能となります）。
　　「営業活動」とは，企業の主たる事業活動のことで，商品等の売上収入や仕入支出，販売活動や一般管理活動のための支出がここで表示されます。
　　「投資活動」とは，設備投資と呼ばれる固定資産の取得や，有価証券投資と呼ばれる有価証券の取得等の事業活動のことで，これら資産の取

得のための支出やそれを売却した場合の収入がここで表示されます。
　「財務活動」とは，「営業活動」や「投資活動」を支えるために必要な資金の調達および返済活動のことで，新株や社債の発行あるいは金融機関からの資金の借入れによる収入と，社債の償還や借入金の返済による支出がここで表示されます。

(ウ)　「営業活動」の表示方法については，継続的適用を条件として，「直接法」と「間接法」のいずれでも構わないとしているのに対して，「投資活動」および「財務活動」については「直接法」で表示するよう求めていること。

(エ)　キャッシュ・フロー計算書の末尾において，一期間のキャッシュの増減を示すだけでなく，キャッシュの期首有高および期末有高も示すよう求めていること。

(2)　間接法によるキャッシュ・フロー計算書の報告様式

　うえの(ア)〜(エ)の指示にもとづき，**図表13−1**を書き改めると，以下の**図表13−3**のようになります。

　間接法による表示の特徴は「営業活動」の区分に表れます。つまり，下記の直接法と異なるのは「営業活動」の区分だけなのです。その表示内容については，さきの**図表13−1**の解の，右端の「キャッシュ・フロー計算書欄」にほぼ示されていますが，いくつか説明を加えておきます。

　「営業活動によるキャッシュ・フロー」(Cash Flows from Operating Activities：以下，CFOといいます) の表示で，最初に示されるのは"税金等調整前当期純利益"です。その金額だけキャッシュが増えているはずだという前提で出発します。ついで，その金額に"減価償却費"を加算します。当期純利益¥40は減価償却費¥25を差し引いたあとの金額です。その当期純利益に減価償却費を加算するのは，第11講で学んだように，減価償却費は現金の支出を伴わない費用だからです。キャッシュはその金額だけ社内に残っているはずだ，というわけです。「基準」ではこうした費用のことを**"非資金損**

図表13-3　キャッシュ・フロー計算書（間接法）

I	営業活動によるキャッシュ・フロー	
	税金等調整前当期純利益	40
	減価償却費	25
	支払利息	7
	売上債権の増加額	△50
	棚卸資産の減少額	50
	仕入債務の減少額	△52
	営業活動によるキャッシュ・フロー	20
II	投資活動によるキャッシュ・フロー	
	有形固定資産の取得による支出	△148
	投資活動によるキャッシュ・フロー	△148
III	財務活動によるキャッシュ・フロー	
	長期借入れによる収入	85
	配当金の支払額	△10
	利息の支払額	△7
	財務活動によるキャッシュ・フロー	68
IV	現金の増加額	△60
V	現金の期首残高	70
VI	現金の期末残高	10

益項目"と呼び，当期純利益に戻し加える（add back）よう指示しています。

　つづく支払利息も加算されています。当期純利益￥40はやはり支払利息の金額を差し引いたあとの金額です。その当期純利益に支払利息を加算するのは，支払利息は営業活動で生じた費用ではないという理由から，CFOから外して「財務活動によるキャッシュ・フロー」(Cash Flows from Financing Activities：以下，CFFといいます）に表示し直すためです。CFFにおいて"利息の支払額"として再登場していることを確認してください。

　最後に，「営業活動」に関わる勘定科目である資産と負債の増減額を示します。資産や負債は増える場合もあれば減る場合もあります。資産が増えている場合は借方に，減っている場合は貸方に表示します。売掛金（売上債権）は￥50増えています。この場合，入るべき現金が入っていないことを意味し，現金の減少の原因と捉えます。△￥50と表示されているのはそのためです。逆に商品（棚卸資産）は￥50減っています。この場合，その金額だけ現金が入っていることを意味し，現金の増加の原因と捉えます。一方，負債は増え

ている場合は貸方に，減っている場合は借方に表示します。買掛金（仕入債務）は¥52減っています。この場合，その金額だけ支払のために現金が出ていることを意味し，現金の減少の原因と捉えます。このため△¥52と表示することになります。要するに，資産も負債も差額が借方に出れば，現金をそのために運用した結果であり，現金が減少しているとみなすのです。また，資産も負債も差額が貸方に出れば，現金がそのために調達された結果であり，現金が増加しているとみなすのです。

(3) **直接法によるキャッシュ・フロー計算書の報告様式**

うえの(ア)〜(エ)の指示にもとづき，**図表13−2**を書き改めると，以下の**図表13−4**のようになります。

図表13−4　キャッシュ・フロー計算書（直接法）

Ⅰ	営業活動によるキャッシュ・フロー	
	営　業　収　入	230
	商　品　の　仕　入　支　出	△180
	そ　の　他　の　営　業　支　出	△30
	営業活動によるキャッシュ・フロー	20
Ⅱ	投資活動によるキャッシュ・フロー	
	有形固定資産の取得による支出	△148
	投資活動によるキャッシュ・フロー	△148
Ⅲ	財務活動によるキャッシュ・フロー	
	長　期　借　入　れ　に　よ　る　収　入	85
	配　当　金　の　支　払　額	△10
	利　息　の　支　払　額	△7
	財務活動によるキャッシュ・フロー	68
Ⅳ	現　金　の　増　加　額	△60
Ⅴ	現　金　の　期　首　残　高	70
Ⅵ	現　金　の　期　末　残　高	10

直接法による表示の特徴は，「営業活動」，「投資活動」および「財務活動」のすべての活動区分において，直接法で表示される点にあります。したがって間接法と比較すると，違いはやはりCFOの表示に表れます。

CFOのうち，"営業収入¥230"は，【設例13−1の解】の仕訳でいえば，②

第13講　財務諸表分析(3)　―キャッシュ・フロー計算書の作成と分析―

の現金売りによる収入¥130と，④の売掛金の入金¥100を合計したものです。また"商品の仕入支出¥180"は，①の現金仕入れによる支出¥80と，④の買掛金の支払¥100を合計したものです。そして"その他の営業支出¥30"は，販管費¥30の支払をさしています。

　ところで，「基準」が求めているキャッシュ・フロー計算書の基本様式は，「直接法」であることが推測されます。図表13－3に見られるように，「間接法」といいながら，それを許しているのはCFOだけであり，「投資活動によるキャッシュ・フロー」(Cash Flows from Investing Activities：以下，CFIといいます)およびCFFでは直接法による表示を指示しています。

　「直接法」によるキャッシュ・フロー計算書のほうが情報価値が高いと見られていることがその背景にあります。図表13－3（間接法によるキャッシュ・フロー計算書）と図表13－4（直接法によるキャッシュ・フロー計算書）のCFOにおける表示内容を比較してみてください。「間接法」が資産や負債の差額をもとにしてCFOの結果を導き出しているのに対し，「直接法」は"営業収入¥230"と"営業支出¥210"から同じ金額を導いています。営業活動に関する取引規模が明らかになるところから，「直接法」のほうが情報価値が高いというわけです。

　とすれば，企業が作成・公表するキャッシュ・フロー計算書は，大半が「直接法」による表示であろうと考えがちなのですが，実態は全く逆です。その理由はいたって簡単です。「間接法」は作成に手間がかからないからです。簿記・会計の初学者にとって，「間接法」は理解困難な作成法ですが，直接法は逆に，企業の経理担当者にとって大変な労力を要する作成法となります。実利をモットーとする企業が「間接法」を採用するのは当然といえば当然かもしれません。

§3　キャッシュ・フロー分析

1.　キャッシュ・フロー分析の目的

　ところで，企業経営者にとって最悪のシナリオとは何でしょう。企業の倒産です。何としても避けなければならない事態です。英語では，こうした事態をbankruptcyあるいはinsolvencyと言います。第11講ではsolvencyを支払能力と表現しましたが，insolvencyはその支払能力が全く欠けた状態，すなわち支払不能に陥った状態をさします。企業はこの状態に達すると，倒産という悲惨な結末を迎えます。

　倒産に至る原因はいろいろあります。経済不況のあおりを喰った売上不振や企業不祥事に端を発した売上不振による，赤字決算が原因の倒産があるかと思えば，第11講で学んだ"他人の褌で相撲を取り過ぎたツケ"により，借金に対する利息が支払えないことが原因で倒産したり，黒字決算であるにもかかわらず経営者の資金管理に対する認識の欠如が原因で倒産するなど，さまざまです。しかし，いずれの倒産にも共通する前兆があります。それは，資金のやり繰りに追われる状態，つまり"資金繰りに窮する"という前兆です。

　企業外部者にとって，損益計算書や貸借対照表では資金繰りに関するこうした状況を把握することはできません。キャッシュ・フロー計算書が第三の財務表として登場してきた背景にはこうした事情もあります。さきの伊藤邦雄教授の指摘にあるように，不況になればなるほど企業倒産の件数は増え，そのためにキャッシュ・フロー計算書の役割が高まるというわけです。

2.　キャッシュ・フローの３つの類型

　キャッシュ・フローを用いた分析指標を学ぶにあたり，「基準」で示しているCFO（営業活動）とCFI（投資活動）とCFF（財務活動）の三者の関係について，以下の図表13−5によって考えてみましょう。

第13講　財務諸表分析(3)　—キャッシュ・フロー計算書の作成と分析—

図表13－5

〔GHI社〕
キャッシュ・フロー計算書

期首現金 200	CFI（投資）1,400
CFO（営業）1,800	CFF（財務）400
	期末現金 200
2,000	2,000

〔JKL社〕
キャッシュ・フロー計算書

期首現金 200	CFI（投資）1,400
CFO（営業）1,000	
CFF（財務）400	期末現金 200
1,600	1,600

〔MNO社〕
キャッシュ・フロー計算書

期首現金 200	CFO（営業）400
CFF（財務）1,800	CFI（投資）1,400
	期末現金 200
2,000	2,000

　うえの**図表13－5**は，GHI社，JKL社，MNO社とも，期首と期末の現金有高が￥200で，投資活動（CFI）に￥1,400のキャッシュを支出したという共通の仮定で作っています。うちGHI社は，営業活動（CFO）がきわめて順調であったため￥1,800のキャッシュが生まれ，うち￥1,400は投資活動（CFI）に支出したものの，￥400の余裕が生まれたために，それを財務活動（CFF）である借入金等の返済に充てることができたという会社です。営業活動によって得たキャッシュから投資活動に支出したキャッシュを差し引いた金額のことを，**フリー・キャッシュ・フロー**（free cash flow）と呼んでいます。借入金の返済に充当しようが，投資活動のために充当しようが，経営者が意のままに使えるキャッシュのことをいいます。

　また，JKL社は3社のなかで最も平均的な会社で，営業活動によるキャッシュ￥1,000を生み出したものの，投資活動に￥1,400のキャッシュを投じたために，借入金等の財務活動で新たに￥400の資金を調達したという会社です。それに対しMNO社は，営業活動がまったく振るわず，￥400の営業赤字を出してしまいました。しかし，長期戦略の観点から，他社と同様に，投資活動に￥1,400のキャッシュを投じたため，結局，営業活動の失敗と投資活動のための支出を補うために，借入金等の財務活動により￥1,800の資金調達を余儀なくされています。

　いずれの会社も，投資活動のために同じ金額をキャッシュ・フローとして

支出するという,いわば成長過程にある会社を想定していますが,会社の資金繰りの模様は全く違ってきます。そしてそれが会社の今後の成長スピードに大きく影響してきます。

　GHI社は営業活動で得たキャッシュを借入金等の返済に充てるほどの余裕があります。この状態が続けば,借入金等の有利子負債はさらに減少し,その分,キャッシュを投資活動へより多く回すことができて,企業規模がさらに拡大していくという期待が持てます。

　それに対してMNO社は営業活動が振るわないため,その悪影響が財務活動へマイナスの効果をもたらします。投資活動を縮小しない限り,資金繰りがさらに悪化することが予想されます。投資活動を縮小すれば,当然,企業規模の拡大は望めません。

　こうした類型を【設例13－1】の会社の場合にあてはめると,以下の図表13－6のようになります。キャッシュ・フローに関する状況は,JKL社とMNO社のほぼ中間に位置すると考えていいでしょう（図表13－2参照）。

図表13－6　キャッシュ・フロー計算書

期首現金 70	
CFO（営業）20	CFI（投資）148
CFF（財務）68	
	期末現金 10
158	158

　こうしたキャッシュ・フロー計算書により,企業経営のうえで「営業活動」,「投資活動」,「財務活動」の3つの活動のバランスを取ることがいかに重要かということが分ります。

3. キャッシュ・フローに関する分析指標

(1) 営業キャッシュ・フロー比率

　キャッシュ・フロー計算書に区分表示される3つのキャッシュ・フローのなかで最も重要なキャッシュ・フローはCFO（営業）です。**図表13－5**を通して学んだとおりです。そして，キャッシュ・フローによる企業の収益性を見る指標として最も利用されているのが，**営業キャッシュ・フロー比率**です。アメリカではキャッシュ・フロー・マージンと呼ばれています。以下の計算式でその値を求めます。

営業キャッシュ・フロー比率＝営業キャッシュ・フロー／売上高

　この指標は，前講で学んだ売上営業利益率に相当し，いわば"キャッシュ・フロー版営業利益率"とでもいえる指標です。その値は高ければ高いほど好ましいのですが，優良会社といわれる会社でも10％を超えることはなかなか難しいようです。

　この指標の欠点は，分子は現金主義による金額を用い，分母は発生主義による金額を用いるため，計算式それ自体に一貫性がないことです。計算式に一貫性を求める場合，分母は現金収入を用いるべきなのですが，間接法によって作成されたキャッシュ・フロー計算書では現金収入額は示されません。そのため，売上高をその代用として使うしかないというわけです。

(2) キャッシュ・フロー版当座比率

　キャッシュ・フローによる企業の短期的な支払能力を見る指標として利用されるのがこの指標です。営業キャッシュ・フロー対流動負債比率とも呼ばれていますが，指標の名称がやや長いのが気に障ります。その値は以下の計算式で算出します。

キャッシュ・フロー版当座比率＝営業キャッシュ・フロー／流動負債

　安全性の観点から，この値は高ければ高いほど好ましいとされます。当座比率は〔当座資産／流動負債〕で算出しました。当座資産には，現金・預金，売掛金や受取手形といった売上債権，短期所有の有価証券が含まれますが，もしそのなかに回収が滞っている売上債権があるとしたら，経営者は当座比率が高いからといって安心してはいられません。企業外部者にはもちろん売上債権の健全性など分りません。当座比率のこの弱点を補うのが，キャッシュ・フロー版当座比率です。キャッシュの正味の増分でその値を算出するため，支払能力に関し，当座比率よりさらにシビアな数値を示してくれます。しかも，外部者でもその値を算出することができるのです。

(3) 営業キャッシュ・フロー設備投資比率

　キャッシュ・フローによる企業の長期的な支払能力を見る指標として利用されるのがこの指標です。図表13－5で分るように，設備投資に必要な資金を営業活動で得た資金で賄えるのであれば，これ以上望ましいことはありません。以下の計算式でその値を求めます。

営業キャッシュ・フロー設備投資比率＝営業キャッシュ・フロー／設備投資額

　この指標も，その値が高ければ高いほど好ましいとされる指標です。良否の一応の目安は20％前後とされています。
　キャッシュ・フロー計算書は，会計の長い歴史からみれば，誕生したばかりの乳飲み子のような計算書です。このためその分析指標もまだまだ開発途上の段階にあります。研究者によるこれからの研究が大いに期待される分野です。

（注）
(1) 伊藤邦雄「会計利益とキャッシュ・フローの間」『税経通信』（第54巻11号）1999年8月，

2－3頁。
(2) 市村巧「大転換期を迎えたわが国の企業会計制度」『商大レビュー』（第8号）1999年3月，36－37頁。
(3) 市村巧「『稼得した利益はどうなっているか』はどうなっているか」『岡山商大論叢』（第35巻2号）1999年9月，121－186頁。
(4) 稲盛和夫『稲盛和夫の実学―経営と会計』日本経済新聞社，1998年，45－47頁。
(5) 資金会計の本来のあり方に関する私見は，以下の学会誌を通じて発表しています。ご一読頂ければ幸いです。（市村巧「複式簿記と資金計算」『日本簿記学会年報』（第20号）2005年，23－29頁。）

第14講

利益管理(1)
―損益分岐点分析による利益計画―

§1 企業の役割

　社会（society）は人で構成されています。家族社会，地域社会，企業社会，国家社会，国際社会等，その社会に属する人の数の大小はあっても，すべて人の集合体です。本書が対象にしている社会はこのうちの企業社会（business society）ですが，さりとてその企業社会も，家族社会や他の企業社会，そして地域社会や国家社会などがあってはじめて成り立ちます。とすれば，そうしたさまざまな社会の恩恵を受けて成り立っている企業社会は，他の社会に対して一定の役割を果たさないことには生き残っていくことはできません。企業には，創業の瞬間から，その社会的役割が期待されていると言っていいでしょう。

　では，その企業が果たさなければならない社会的役割とは何でしょうか。何といってもまず，社会が求める"財またはサービス"の提供です。財の提供とは，小売業であれば扱っている商品を顧客に提供することであり，製造業であれば製品を製造して顧客に提供することをいいます。サービスの提供とは，たとえばホテル業であれば顧客に宿泊場所を提供すること，またタクシーやトラックといった運輸業であれば，ひとや物の運送といったサービスの提供をさします。いずれも顧客の求めに応じることで，その対価として得る金銭がはじめて社会的に正当化されます。

　社会的役割を担っているのは企業に限りません。家族社会をはじめとして，

第14講 利益管理(1) —損益分岐点分析による利益計画—

いずれの社会も，まわりの社会に対して一定の役割を果たす責務があるはずです。そして，その役割は，当該社会の構成員の分業（最近は協働ともいいます）で成り立っています。家族社会は家族の分業で，地域社会は地域住民の分業で，国家社会は国民の分業で成り立っています。もちろん会社も，社長だけで成り立っているわけではなく，その会社に所属するビジネスマンの分業で成り立っています。では企業社会は具体的にどのような分業で成り立っているのでしょう。

企業の分業形態を考える場合，企業の組織図を使うのが手っ取り早いでしょう。株式会社といったある程度の規模の企業では，通常，職能別組織によって分業化が図られています。その職能別組織に管理者の階層を重ね合わせると，**図表14−1**のような企業の分業形態を表すピラミッド型の組織図ができあがります。

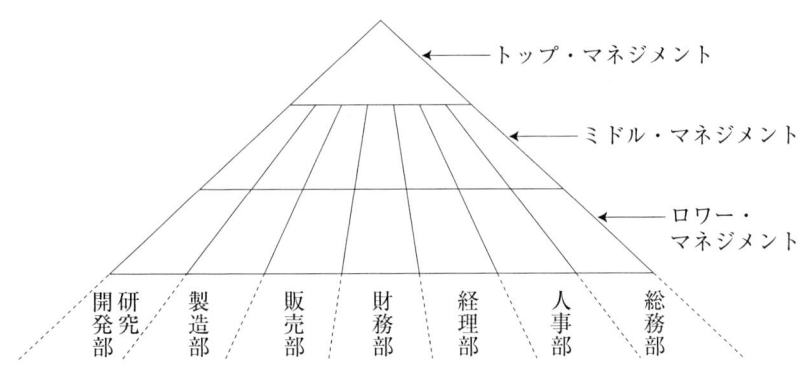

図表14−1　企業の分業組織図

```
              トップ・マネジメント
              ミドル・マネジメント
              ロワー・マネジメント
研究   製造   販売   財務   経理   人事   総務
開発部  部    部    部    部    部    部
```

職能別組織とは，仕事の内容によって企業の分業化を図っている組織をいいます。たとえば製造業の場合，図表にあるような研究開発部・製造部・販売部・財務部・総務部といったさまざまな部署が社内に設けられます。仕事の内容すなわち職能によって組織が形成されています。企業組織にはこのほかに事業部制組織やカンパニー制といった形態があります。しかし本書ではそれら組織の説明は省略します。

一方，企業組織は管理者の階層によっても説明できます。一般に，上からトップ・マネジメント，ミドル・マネジメント，ロワー・マネジメントの三層で構成されると考えられています。管理者は部下を指揮・監督する立場の人をいいますから，部下がいないことには管理者とは言えません。ただ管理者といっても，部下が数人しかいない管理者もいれば，企業によっては数百人，いや数万人にのぼる部下を持つ管理者もいることになります。

　企業の組織形態によって一概には言えませんが，その管理階層のうち，トップ・マネジメント（top management, 上級管理者）とは通常，取締役の肩書きを持つ人たちをさしています。彼らの指揮力が企業の命運を分けると言っていいほど，最も重要な責任を担っている管理層です。ミドル・マネジメント（middle management, 中級管理者）は部長から課長クラスの人たちをさすと考えていいでしょう。トップ・マネジメントが企業の生命線であるとすれば，ミドル・マネジメントは，その命を受けた企業の中核部隊としての役割を担っています。現場の実行部隊に対して司令塔的な役割を果たします。ロワー・マネジメント（lower management, 下級管理者）は，係長から主任クラスの人たちをさし，現場の実行部隊を率いる管理者のことをいいます。

§2　利　益　管　理

1.　管理とは

　会計学が管理会計と財務会計の2つの領域に分けられることは，「はじめに」で学習しました。本講とつぎの第15講では，このうちの管理会計について学習します。

　さて，企業で"管理"といえば，企業管理すなわち経営管理のことをさします。このため管理会計は，会計学のなかでも経営学に最も接近する会計領域になります。いわば経営学と会計学がコラボする世界（collaboration 提携または融合），それが管理会計という学問分野です。その経営学ですが，驚くほ

第14講　利益管理(1)　―損益分岐点分析による利益計画―

どに"管理"という名称の付く科目群で覆われています。生産管理論，販売管理論，労務管理論，財務管理論といった具合です。

　いったい**管理**（management）という用語には何が含意されているのでしょう。経営学ではおよそつぎのように説明します。すなわち管理とは，管理者が行うべき活動内容をさし，その内容は計画と統制からなる，と。経営学にも流行があり，時代とともにその解釈に多少の変化はありますが，計画と統制の2つは，現在も管理の重要な基軸とみなされています。

　計画および統制の内容は，管理階層によって当然異なりますが，意味するところは同じです。**計画**（planning）とはつぎの活動に向けた目標の設定をいいます。その際，管理者が注意しなければならないのは，いくら頑張っても達成不可能なハードな目標とか，少々手を抜いても達成できるようなルーズな目標を設定しないということです。管理者はそれぞれの持ち場での適度な目標を設定することを心がけなければなりません。

　一方，**統制**（control）とは，その計画を実現するための持ち場での指揮・監督をさします。当然，目標を設定した管理者自身がその任に当たります。そのために管理者は，現場の実態が必要に応じて報告される環境を整えておく必要があります。現場では，目標の実現に向けて実行活動に入ります。管理者は折々にその活動の実態について報告を受け，計画と実態の比較をします。

　その結果，実態が計画どおりに進んでいれば，別に新たな指示を出す必要はありません。しかし，もし実態が計画どおりに進んでいないとなれば，管理者はつぎの2つのうちのどちらかの行動を取る必要があります。ひとつは，何らかの改善策によって当初の計画の達成が可能と判断すれば，その改善策について速やかに指示を出すことです。しかし適切な改善策がないと判断すれば，計画そのものの見直しをして，新たな計画の策定とその新計画のもとでの指揮・監督に入らなければなりません。これが管理者に求められる統制の内容です。

　前置きが長くなりました。本講では，管理者のうちのトップ・マネジメントに期待される管理の内容とそれに活用される会計について，以下，学習し

ます。

2. 利益管理と利益計画

　社会はある面で冷徹です。企業がその社会的役割を果たしているかどうかの指標として，その企業が獲得する利益の金額で判断するからです。このため，企業の最高責任者であるトップ・マネジメントは，利益獲得に関する経営管理，すなわち利益管理に正面から取り組む必要に迫られます。それは，トップ・マネジメントにしか担えない，企業にとって最も重要な管理領域なのです。

　利益管理（profit management）とは，端的にいえば，利益をめぐる計画と統制を意味しています。なかでも計画，つまり利益計画が重要です。利益計画とは，企業が活動を開始する前に目標とする利益額を設定すること，同時にそれを達成するための収益と費用の目標額を設定することをいいます。

　企業の利益が以下の等式で算出されることは，すでに第3講で学習しました。

　　　収益 − 費用 = 利益（または損失）

　この等式で算出される利益はいわば**事後利益**です。事後利益とは，一定期間の活動を行った後に算出される利益という意味です。言いかえれば，左辺の収益と費用の金額が確定しない段階では，右辺の利益は算出されません。

　これに対して**事前利益**という考え方があります。等式で表わすと以下のとおりです。

　　　利益 = 収益 − 費用

　実は，これがトップ・マネジメントに課される**利益計画**（profit planning）の出発点となる等式なのです。利益が左辺に位置しています。それは，利益の金額が先に設定され，それをもとに収益と費用の金額を決めるという構図を意味しています。つまり利益計画では，損益計算書とは逆に，次年度の目

標利益が先に設定され，その利益を達成するための目標収益と目標費用の金額が後で決められるというわけです。さきの事後利益の等式と混同しないために，事前利益の等式はつぎのように示されることがあります。

目標利益＝目標収益－目標費用

こうした利益計画は，創業して間もない企業の場合には，その策定が容易ではありません。しかし同じ活動を何年も繰り返している企業の場合，それまでの経験と会計データの蓄積があります。このため，以下の損益分岐点分析の技法を用いることで比較的容易に策定することができます。

§3 損益分岐点分析

1. 変動費と固定費

トップ・マネジメントによる利益計画の策定には直近(ちょっきん)の損益計算書のデータを用います。ただし，損益計算書に示されている収益や費用は，利益額を算出するためのデータに過ぎず，そのままでは利益計画の策定には役立ちません。そこで，損益計算書に示されている売上原価や販売費および一般管理費といった費用を，利益計画の策定に役立つ変動費と固定費という2つの費用に再分類することが必要となります。

変動費（variable cost）とは，企業の活動量（操業度ともいいます）に比例する形でその金額が増えたり減ったりする費用のことをいいます。変動費の典型は，製造業の場合，直接材料費です。その金額は工場での製品の生産数量に比例して増減します。製品をたくさん作れば，それだけ直接材料費は膨らむはずです。

ただし企業の**活動量**（volume）は製品の生産数量だけをさすとは限りません。製造業の場合，ほかに工場の操業時間を活動量として用いることもあります。商業の場合には，商品の販売数量を用いたり売上高そのものを用いたりしま

す。いずれも企業の活動の大きさ（ボリューム，つまり嵩(かさ)のことです）を測る"ものさし"となります。

　一方，**固定費**（fixed cost）とは，企業の活動量に関係なく，一定の金額が発生する費用のことをいいます。固定費の典型は有形固定資産に発生する減価償却費です。その金額が活動量とは関係なく発生することについては，すでに第2講と第4講で学習しました。

　損益分岐点分析のためには，企業で発生する費用を何としても変動費と固定費に分別する必要があります。しかし実際にはこの分別がなかなか厄介なのです。分別法としてさまざまな技法が考案されていますが，あまり理論的ではないとされながらも実務では**費目別精査法**（勘定科目法ともいいます）という技法が多く用いられています。それは費用の勘定科目ごとに変動費と固定費に分別していく方法です。たとえば，直接材料費は変動費，減価償却費は固定費，といった要領で分別します。

　この費目別精査法には欠点があります。企業で発生する費用のなかに，操業度との関係で変動費とは言い切れない，あるいは固定費とは言い切れない変わった動きを示す費用があり，それに対して適切な対応ができないことです。たとえば電力料がその一例です。電力料は通常，その算定にあたり基本料金と利用料金に分け，両者の合計額が請求書の金額となります。基本料金は固定費の性格を持ち，利用料金は変動費の性格を持っています。費目別精査法ではこの場合，電力料に占める固定費の割合が大きければ固定費に，変動費の割合が大きければ変動費へと，どちらかへ分類します。このためデータの信頼性が低下してしまいます。電力料は両方の性格を持ち合わせているため，本来であれば，必要なデータを取り寄せたうえで，固定費部分と変動費部分に切り分ける必要があります。しかしそうした作業をしたとしても，担当者の主観的な判断が入る場合がないとは限りません。費目別精査法の欠点であり，そのためにこの技法が理論的でないと言われています。

2. 損益分岐図表と損益分岐点

費用を首尾よく変動費と固定費に分別できたとします。これで損益分岐点分析に入れます。その分析技法の理解を容易にするために，まず以下の**図表14－2**のような**損益分岐図表**（break-even chartまたは**利益図表**；profit chartともいいます）を作成してみましょう。

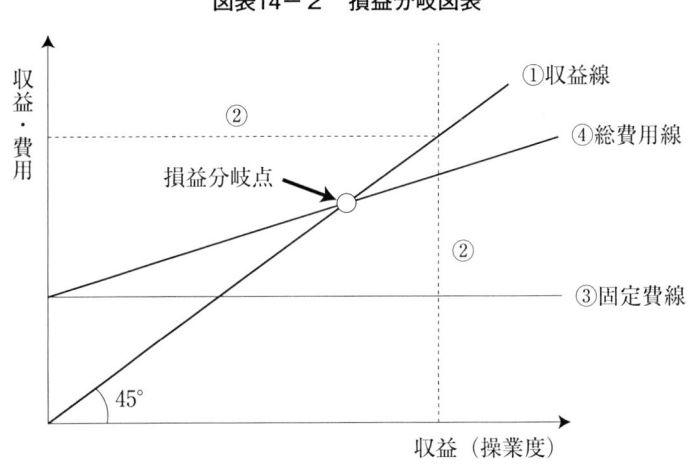

図表14－2　損益分岐図表

損益分岐図表は以下の①〜⑤の手順で作成していきますが，その前に縦軸・横軸とも同じ目盛りのグラフを用意し，縦軸は収益額または費用額，そして横軸は収益額（または操業度）とします。

① 最初に収益線を描きます。収益線は，縦軸でも横軸でも同じ金額が読み取れるよう，原点から45度の角度で線を描きます。
② ついで前年度の実際の売上高を収益線と交わるところまで，縦線および横線を描きます。
③ さらに損益計算書をもとに算出した固定費の金額をグラフに描きます。固定費は売上高（操業度）に関係なく一定額発生しますから，横軸に平行の線となります。これを固定費線と呼びます。

④　その固定費線に変動費線を乗せます。変動費は操業度に比例しますから，右肩上がりの線となります。しかもこの変動費線は，固定費線のうえに作図されたものであるため，それは当該企業で発生したすべての費用，すなわち総費用線でもあります。

⑤　これで収益線と総費用線が交わる点が生まれました。これが損益分岐点です。正しくは"損益分岐点の売上高"と言うべきでしょう。

損益分岐図表ができあがりました。**図表14－2**は，当年度の実際の売上高が損益分岐点の売上高を上回っています。このため，収益と費用の差額として利益が出ています。しかし，もし当年度の売上高が損益分岐点の売上高を下回っていればどうでしょう。当然，損失が出てしまいます。要するに**損益分岐点**（break-even point）とは，利益が出るか損失が出るか，そのちょうど岐れ目になる売上高のことを意味しています。

こういう状態をさして，日本語で"収支トントン"という表現がよく使われます。"トントン"という言葉も不思議な言葉ですが，要するに，収入額と支出額が同じという意味です。ただ簿記・会計では，すでに学んだように，収入・支出と収益・費用とは明確に区別しなければなりません。損益分岐点は収益・費用の問題ですから，正しくは"収支トントン"ではなく"損益トントン"と言うべきなのですが……。

損益分岐点は，グラフでなく数式を用いて求めることもできます。利益計画への活用を考えれば，むしろ数式を用いるほうが便利です。それは，**図表14－2**で示した収益線と総費用線をそれぞれ等式で表し，両者が交わる点を求める数式のことをさします。

$$\begin{cases} y = x & (1)\cdots\cdots収益線のグラフをさします。45度で描きますから，傾きは1です。\\ y = a + bx & (2)\cdots\cdots総費用線のグラフをさします。aは固定費で，bxは変動費です。bは上記のグラフでいえば，変動費線の傾きをさしています。つまり，（変動費／売上高）のことで，売上高1円獲得するのに変動費がいくらかかっているかという意味です。このbを\mathbf{変動費率}といいます。 \end{cases}$$

それでは，(1)と(2)の一次方程式を解いてみましょう。以下のようになりま

す。

$$x = a + bx$$
$$(1-b)x = a$$
$$x = a / (1-b)$$

これが損益分岐点を求める数式です。言葉で表現するとつぎのようになります。

損益分岐点　＝　固定費／（1－変動費／売上高）
　　　　　　＝　固定費／（1－変動費率）

【設例14－1】

以下はA社の当期の損益に関わるデータです。これをもとに，A社の当期の営業利益と損益分岐点を求めてください。

〈資料〉　1　売　上　高　￥300,000（販売単価￥500，販売数量600個）
　　　　2　売　上　原　価　￥236,000（製造数量600個）
　　　　　（変動費　￥132,000（＝＠￥220×600個），固定費￥104,000）
　　　　3　販売費および一般管理費　￥50,200
　　　　　（変動費　￥30,000（＝＠￥50×600個），固定費￥20,200）

【解答】　売　上　高　￥300,000（＝＠￥500×600個）
　　　　　変　動　費　￥162,000（＝＠￥220×600個＋＠￥50×600個）
　　　　　固　定　費　￥124,200（＝￥104,000＋￥20,200）
　　　　　営　業　利　益　￥ 13,800（＝￥300,000－（￥236,000＋￥50,200））
　　　　　損益分岐点　￥270,000（＝￥124,200／（1－￥162,000／￥300,000））

損益分岐点の求め方が理解できれば，安全余裕率（安全率ともいいます）も理解できるはずです。**安全余裕率**（margin of safety）は以下の数式で求めます。

安全余裕率＝（実際の売上高－損益分岐点の売上高）／実際の売上高

それは，もし実際の売上高が減少するとして，どこまで減少した時に損失

が出るか，あるいは損失が出るまでにどれくらい余裕があるかを比率で示したものです。その値は，損益分岐点の売上高と実際の売上高の差が広がれば広がるほど，大きくなります。企業にとってそれだけ安心感が広がることになります。言いかえれば，企業にとって，損益分岐点と実際の売上高の距離は離れれば離れるほど好ましいというわけです。

【設例14－2】

うえの設例をもとにA社の安全余裕率を求めてください。
【解答】安全余裕率　0.1（＝（300,000－270,000）／300,000）

---

3. 損益分岐点分析―利益計画への活用

　トップ・マネジメントが担う重要な役割のひとつが利益管理であることはすでに述べました。決算期を迎え，自社の経営状況が会計計算書によって明らかになる頃，彼らトップ・マネジメントは次年度に向けた利益計画の策定に取り組まなければなりません。社内における自らのポジションを維持するためにも，当年度以上の利益を獲得したいというのが彼らの本音でしょう。

　そこで早速，当年度の損益計算書をもとに損益分岐図表を作成し，過去1年間の自社の損益の実態把握に努めます。とりわけ変動費と固定費の変化に注目します。それを踏まえ，次年度の目標利益を掲げます。たとえば，当年度の利益が5千万円だったとして，来年度はその2割増しの6千万円の利益を獲得したいと考えたとします。そのためには，売上高（目標収益）をどこまで伸ばさなければならないのか，あるいは総費用（目標費用）はどうか，というわけです。利益計画の始まりです。こうした利益計画はこれまでに学んだ損益分岐点分析の技法により，比較的簡単に策定できます。以下はそれを数式で求めようとするものです。

$$\begin{cases} y = x & (1)\\ y = a + bx + c & (2) \end{cases}$$

(1)……さきの数式と同じで，収益線のグラフをさします。
(2)……（a＋bx）はさきの数式と同じで，総費用線のグラフをさします。新たにcが加わりました。目標利益です。

(1)と(2)の一次方程式を解いてみましょう。その解は目標利益を加味した損益分岐点を意味しています。以下のようになります。

　　x = a + bx + c
　　(1 − b) x = a + c
　　x =（a + c）/（1 − b）

グラフでいえば，総費用線に目標利益を乗せた線が新たに付け加わります。この線と収益線が交わる点が，目標利益を達成するために必要な収益と費用の金額をさしています。言葉で表現するとつぎのようになります。

（目標利益を達成するために必要な売上高）＝（固定費＋目標利益）/（1 − 変動費 / 売上高）

　　　　　　　　　　　　　　　　　　　＝（固定費＋目標利益）/（1 − 変動費率）

【設例14−3】
　うえの**設例14−1**において，もしA社が次年度の営業利益の目標を倍の¥27,600とした場合，A社が次年度において獲得しなければならない売上高はいくらですか。
【解答】¥330,000（=（124,200 + 27,600）/（1 − 162,000 / 300,000）））

---

4. 損益分岐点分析—利益構造の改善に向けた活用

　損益分岐点分析は，単に損益分岐点の売上高を算出したり，目標利益を達成するのに必要な売上高を算出するために活用されるだけではありません。活用次第では企業の利益構造を改善するための用具ともなります。**利益構造**とはやや固苦しい言葉ですが，平たくいえば，利益を生み出す企業の体質のことをいいます。

　"体質"という言葉は人間にもあてはまります。夫婦で長年同じ量の食事をとっていても，たとえば（たとえば！です），夫の体型は細身のまま変化しないにもかかわらず，妻は……という場合がありませんか？（私の家庭が実はそうなんです。）その場合，二人の違いの原因は，持って生まれた"体質"

にあるとしか言いようがありません。生来(せいらい)，脂肪のつきやすい体質の人もいれば，つきにくい体質の人もいるからです。脂肪のつきやすい人の場合，その根本的な解決のためには体質そのものの改善に取り組む以外にないでしょう（と，妻には言うのですが……）。

企業も同じです。企業の利益構造とは利益を生み出す企業固有の体質のことをいいます。利益が出やすい体質なのか，利益が出にくい体質なのか，ということです。企業の利益構造にメスを入れる場合，その鍵を握るのは費用です。費用の体質，すなわち**費用構造**にメスを入れなければなりません。具体的にいえば，変動費と固定費のあり方に注意を払うことになります。

ちなみに【設例14－3】では，固定費と変動費率は現状のまま変えないという前提で，目標利益を達成するために必要な売上高（目標収益）と総費用（目標費用）の金額を算出しました。それは言いかえれば，費用構造に手をつけないで利益計画を策定していることにほかなりません。

しかし，企業が利益を増やすには，収益だけでなく，費用にも手をつけなければなりません。ムダな費用を見つけ出し，それを可能な限り減らしていく努力が求められます。それが費用構造の改善につながっていきます。もし収益と費用のこうした両面作戦が功を奏すれば，企業の利益は飛躍的に増大するはずです。

【設例14－4】

以下の(A)～(D)の損益データをもとに，それぞれの損益分岐点を求め，その費用構造の特徴について述べてください。

(A) 売上高5,000万円，費用3,180万円（変動費1,500万円，固定費1,680万円）
(B) 売上高5,000万円，費用3,600万円（変動費1,500万円，固定費2,100万円）
(C) 売上高5,000万円，費用3,680万円（変動費2,000万円，固定費1,680万円）
(D) 売上高5,000万円，費用4,100万円（変動費2,000万円，固定費2,100万円）

【解答】
(A) 2,400万円（＝1,680／（1－1,500／5,000））
(B) 3,000万円（＝2,100／（1－1,500／5,000））
(C) 2,800万円（＝1,680／（1－2,000／5,000））
(D) 3,500万円（＝2,100／（1－2,000／5,000））

(A)〜(D)の費用構造の特徴については，以下の**図表14－3**に示した損益分岐図表によって考えてみましょう。

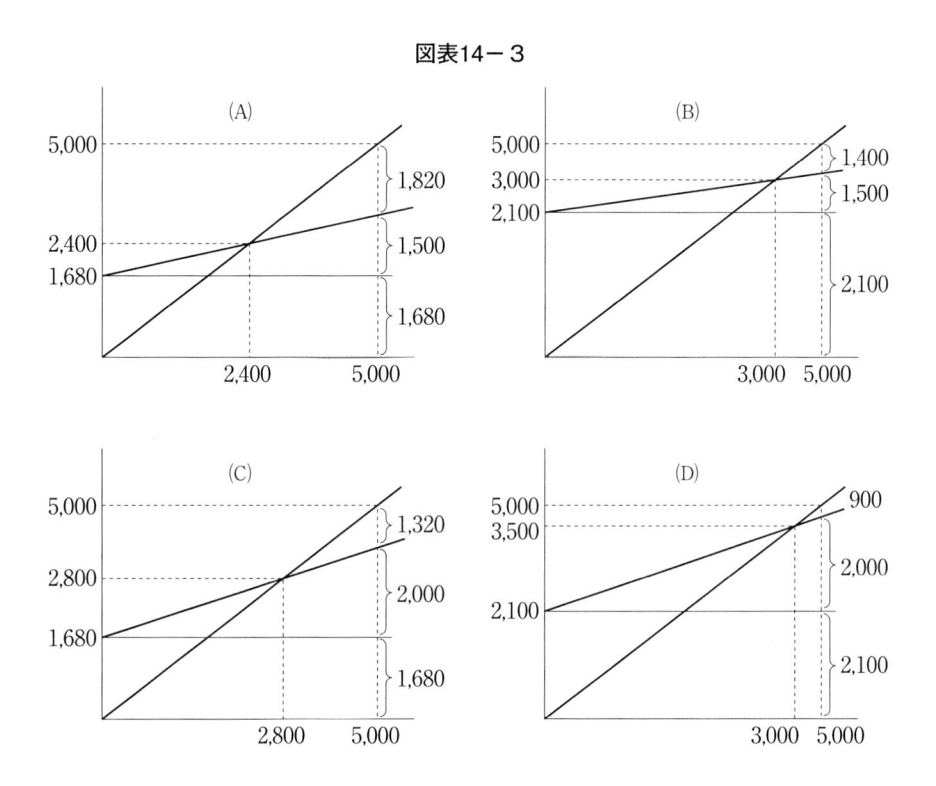

図表14－3

(A) 固定費1,680，変動費1,500，利益1,820，損益分岐点売上高2,400，売上高5,000

(B) 固定費2,100，変動費1,500，利益1,400，損益分岐点売上高3,000，売上高5,000

(C) 固定費1,680，変動費2,000，利益1,320，損益分岐点売上高2,800，売上高5,000

(D) 固定費2,100，変動費2,000，利益900，損益分岐点売上高3,500，売上高5,000

　同じ金額の売上高を獲得しても，企業の費用構造により，利益が出やすかったり出にくかったりするのが分ります。企業の費用構造は上記のように概ね4つのタイプに分けられます。そのなかの理想型は(A)のタイプです。固定費と変動費率（変動費線の傾き）がともに抑え込まれているため，売上高の少しの増加が利益の増加に容易につながる体質になっています。つまり(A)のタイプが最も利益の出やすい体質なのです。他方，利益の最も出にくいのが(D)のタイプです。固定費と変動費率がともに膨張しているため，売上高の増加がなかなか利益の増加につながりません。このタイプの企業は一刻も早く費用構造の改善に取り組む必要があります。

その中間の(B)または(C)のタイプはどうでしょう。(B)は固定費が多い代わりに，変動費率が小さいタイプの企業です。このタイプの企業は，変動費率が小さいために操業度（売上高）次第では大幅な利益獲得が期待できます。しかし，固定費が多いため，操業度次第では業績が急激に落ち込む危険性を孕んでいます。一方，(C)は固定費が少ない代わりに，変動費率が大きいタイプの企業です。このタイプの企業は固定費が少ないために，操業度の影響が少なく，安全性という面で優れています。しかし変動費率が大きいために，操業度が少々増えたくらいでは大幅な利益獲得は期待できません。

　(A)が究極の目標であることは分っていても，実際の企業経営でそれを実現するのはけっして容易なことではありません。このため経営者は現実問題として，(B)のタイプを目標とすべきか，それとも(C)のタイプを目標とすべきかの選択に迫られることになります。収益性をとるべきか，安全性をとるべきか，という選択です。企業経営の舵取りを任されたトップ・マネジメントの，そこがまさに管理の"分岐点"になると言っていいでしょう。

第15講

利益管理(2)
―標準原価計算による利益統制―

§1 利益管理再考

1. 利益計画の意義

　企業における管理が計画と統制からなることは前講の§2で学びました。またトップ・マネジメントが担う重要な役割のなかに利益管理があり，なかでも利益計画が重要であることについても学びました。利益計画の策定が終れば，続いて利益統制の段階へと進みます。本講の狙いは，企業が行う利益統制のうち，生産現場で用いられる標準原価計算という利益統制の技法を学習することにあります。

　それに先立ち，利益統制の前段階である利益計画に戻り，その意義について改めて考えてみます。実は，利益計画には2つの大きな役割が期待されています。"動機づけ"という役割と，"評価"という役割です。

　動機づけ（motivation）とは，企業に属する個々のビジネスマンに対し，管理者が行う"働こうという意欲をかきたてる行為"のことをいいます。前講でも触れたように，企業はビジネスマンの分業で成り立っています。このため管理者には組織の一体感を醸成する努力が求められます。その手段に用いられるのが計画なのです。

　その点では個人も同じです。人が何かをなそうとする場合，そこには必ず目標があるはずです。たとえば，作家になりたいという目標を持たなければ

作家にはなれません。医者になりたいと思わなければ，人はけっして医者にはなれません。人は，そうした将来に向けた目標があってこそ，日々の営みを活き活きと送ることができます。

　企業の場合，目標すなわち計画は組織を動かす原動力の働きをします。その効果は，逆に計画が示されない組織を考えれば一目瞭然です。それはちょうど，目的や行き先を告げられないで航海に旅立とうとする船員の気持ちと同じではないでしょうか。働く意欲というより不安が先に立ちます。実際の航海ではそんなバカなことはないと思います。トップ・マネジメントが示す利益計画は，最終的には個々のビジネスマンの日々の活動目標となり，それが組織全体の高揚感につながっていく役割を果たします。これが利益計画に期待される"動機づけ"の役割です。

　利益計画に期待されるもうひとつの役割は**評価**（evaluation）です。評価とは"実際の業績を査定する行為"をいいます。しかしながら，査定する基準がないことには適切な評価は行えません。その役割を果たすのが計画なのです。業績が良かったとか悪かったといった判定は，あくまでも事前に設定された基準があっての話です。ということは，活動後に行われる業績評価が適切に行われるためには，事前の適切な計画が前提となります。事後的な評価のための事前計画，これが利益計画の果たすもうひとつの役割なのです。

2.　予算管理

　利益計画が終われば，つぎは利益統制に入ります。トップ・マネジメントが策定した次年度の利益計画を達成するための管理活動をいいます。各部門の活動を予算として計数で表現すること，そしてその予算にもとづき指揮・監督する活動をさします。利益統制とはすなわち**予算管理**のことです。利益管理と予算管理の関係は**図表15－1**のとおりです。

第15講　利益管理(2)　—標準原価計算による利益統制—

図表15－1　利益管理と予算管理の関係

利益管理	利益計画		
	利益統制	予算管理	予算編成
			予算統制

　製造業の場合，予算管理は原価計算と密接につながっています。原価計算については第5講でその基礎を学習しました。そのなかで，「原価計算基準」が示す「原価計算の目的」には5つあり，そのうちの財務諸表作成目的と価格計算目的の2つについてはすでに学びました。原価計算のもうひとつの目的に予算管理目的があります。「原価計算基準」ではつぎのように述べています。

　「㈣予算の編成ならびに予算統制のために必要な原価資料を提供すること。ここに予算とは，予算期間における企業の各業務分野の具体的な計画を貨幣的に表示し，これを総合編成したものをいい，予算期間における企業の利益目標を指示し，各業務分野の諸活動を調整し，企業全般にわたる総合的管理の要具となるものである。」(第一章　原価計算の目的と原価計算の一般的基準　一　原価計算の目的)

　利益計画と予算管理の関係がうまく表現されています。「原価計算基準」は製造業の活動指針となることを目的に設定されたものですが，予算管理は製造業に限らずすべての業種で用いられる管理手法です。
　さて，その予算管理ですが，うえの図表にあるように予算編成と予算統制で成り立っています。予算編成とは，利益計画を実現するためのシナリオを貨幣で表現する活動をいい，予算の計画的側面をさしています。一方，予算統制とは，予算による執行活動の指揮と調整，予算と実績の差異分析と報告

といった予算の統制的側面のことをさしています。

3. 予算の体系と責任会計

企業予算の体系を示すと**図表15－2**のようになります。

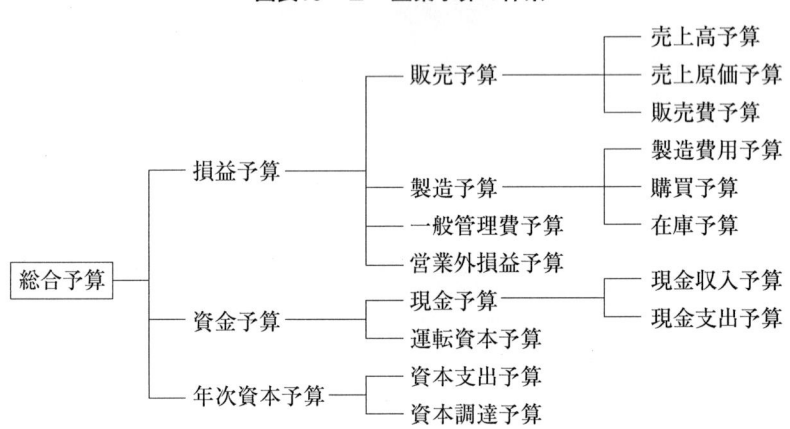

図表15－2　企業予算の体系

```
                            ┌─ 売上高予算
                ┌─ 販売予算 ─┼─ 売上原価予算
                │           └─ 販売費予算
                │           ┌─ 製造費用予算
        ┌─ 損益予算 ─┼─ 製造予算 ─┼─ 購買予算
        │       │           └─ 在庫予算
        │       ├─ 一般管理費予算
総合予算 ─┤       └─ 営業外損益予算
        │       ┌─ 現金予算 ─┬─ 現金収入予算
        ├─ 資金予算 ─┤         └─ 現金支出予算
        │       └─ 運転資本予算
        │           ┌─ 資本支出予算
        └─ 年次資本予算 ─┤
                    └─ 資本調達予算
```

予算に関するこの体系は，責任会計と呼ばれる会計の領域とつながります。**責任会計**（responsibility accounting）とは，組織全体を通じて責任中心点（responsibility center）という単位を設け，そこで生じる収益や費用や利益に対する責任を各部門や各管理者に負わせる会計の仕組みのことをいいます。

たとえば，売上高予算を達成する責任を課されるのは販売部です。このため販売部は，収益に責任を負う単位という意味で，**レベニュー・センター**（revenue center：収益中心点）と位置づけられます。また製造部は製造費用予算を達成する責任を課されます。このため製造部は**コスト・センター**（cost center：費用中心点）と位置づけられます。社長をはじめとするトップ・マネジメントには利益計画で掲げた目標利益，すなわち損益予算を達成する責任が課されます。会社をひとつの責任単位と捉え，**プロフィット・センター**（profit center：利益中心点）と位置づけるのです。

言いかえれば，責任会計とは，企業組織のなかを責任単位でつなぎあわせ，そこに予算という計数的用具を使って，企業の利益目標を達成しようとする会計的仕組みのことなのです。予算管理と責任会計は切っても切れない関係にあると言っていいでしょう。

4. 予算編成の進め方

　予算編成の進め方は企業によってまちまちです。ただ一般には，以下のような手順で進むと考えられています。まず，トップ・マネジメントが策定した利益計画と予算編成方針にもとづき，各部門が予算案の原案を作成します。そしてトップ・マネジメントと各部門の管理責任者を交えた予算委員会といった会議のなかで，各部門の原案の調整が行われ，最終的には予算委員会の委員長である社長の裁断によって決定されるという手順です。

　製造業の場合，その調整に最も手間どるのは，販売部の販売予算と製造部の製造予算であると見られています。販売部は，おもに売上高予算と販売費予算に責任を負っています。目標とする売上高の達成のためには，販売単価を睨(にら)みながら，年間の目標販売数量を決めます。もちろん広告宣伝活動によって販売数量は大きな影響を受けます。このため販売費予算にも十分な配慮を払わなければなりません。

　一方，製造部は製造費用予算や購買予算に責任を負っています。このため，生産現場をあずかる製造部長としては当然，販売部が原案として示す目標販売数量が製造部にとって妥当な数値かどうかを検討します。現在の工場内の機械設備の状態や工具の数ではとても生産が販売に追いつかないと判断すれば，その数値目標の下方修正を販売部に求めるしかありません。製造部長はさらに，製品の製造に欠かせない原材料の市況が今後どう推移していくかも配慮する必要があります。もし入手が困難になると予想されれば，当然，原材料の購入単価も高くなるはずです。となれば，製造費用予算や購買予算に大きな影響が出てきます。

　ところで，予算編成の作業がどのような形で進められようとも，そこには

部門間における"調整"というプロセスが必ず必要となります。もしこの調整がうまくいかず見切り発車ということになれば，そこで部門間の対立が生じ，結果的に企業全体のモチベーションを低下させることになりかねません。管理会計の研究者のなかには，予算管理におけるこうした調整の役割を重視し，予算管理の役割を計画と統制の2つではなく，それに調整を加えた3つの役割を担っていると考える研究者がいるほどです。

§2　標準原価計算による利益統制

1.　標準原価計算と予算統制

　原価計算の分類でいくと，第5講で学習した原価計算は実際原価計算です。**実際原価**（actual cost）とは，字義どおり，製品を製造するために工場で実際に発生した原価のことをいいます。製造原価報告書に記載される原価は，通常，この実際原価です。他方，標準原価計算という原価計算があります。**標準原価**（standard cost）とは，"目標となる原価あるいは予定されている原価"という意味です。本講では以下，標準原価を用いた原価計算，すなわち標準原価計算について学習します。

　これまでチビリ，チビリと小出しにしてきましたが，「原価計算基準」がいう「原価計算の目的」については，第5講と本講まででですでに3つの目的について学んでいます。財務諸表作成目的，価格計算目的，予算管理目的の3つです。本書ではさらにもうひとつ取りあげたいと思います。

　「㈢経営管理者の各階層に対して，原価管理に必要な原価資料を提供すること。ここに原価管理とは，原価の標準を設定してこれを指示し，原価の実際の発生額を計算記録し，これを標準と比較して，その差異の原因を分析し，これに関する資料を経営管理者に報告し，原価能率を増進する措置を講ずることをいう」（第一章　原価計算の目的と原価計算の一般的基準　一　原価計算の目的）

いわゆる原価管理目的という目的も原価計算に期待されているのが分ります。**原価管理**（cost management）とは，工場のなかで発生する原価，つまり製造原価をあらかじめ計画し，かつその計画を達成するための現場における統制活動をいいます。企業が利益を増やすためには，収益の増加に頼るだけでなく，費用の発生をできるだけ抑え込んでいく必要があるという理念が，この原価管理目的のなかに表われています。

その原価管理目的に言及したうえの文言のなかに"標準"という用語が二度出てきます。そして，原価をめぐる"標準"の役割が，"実際"との比較にあること，さらに両者の原価の差異を算出しかつその差異の原因を究明することで，工場で発生する原価をさらに押さえ込もうとする姿勢が窺えます。つまり標準原価計算は，原価管理を効果的に実施するために用いられる会計的手法なのです。

製造部では，予算編成によって確定した製造費予算や購買予算をもって，製造活動に入ります。予算管理が予算統制の段階へと移っていきます。製造部におけるその予算統制に用いられる管理手法が原価管理であり，その原価管理に用いられる会計的手法が標準原価計算というわけです。

2. 標準原価計算の仕組み

標準原価計算は"原価標準"の設定から始まります（紛らわしいですが，"標準原価"という用語と"原価標準"という用語は使い分けますので，ご注意を！）。**原価標準**とは，製品1個の製造に要する目標とすべき製造原価のことをいいます。原価標準が記された文書を**標準製品原価表**（標準原価カードともいいます）といいます。**図表15－3**は標準製品原価表の一例です。

図表15-3　標準製品原価表の一例

標準製品原価表			
A品1個当りの原価標準：			
直接材料費	1 kg	@ ¥200	200円
	（標準消費量）	（標準価格）	
直接労務費	2時間	@ ¥150	300円
	（標準作業時間）	（標準賃率）	
製造間接費	2時間	@ ¥100	200円
	（標準配賦基準量）	（標準配賦率）	
			700円

あらかじめ定められたこの原価標準と実際に生産した製品数量の積数が標準原価となります。

原価標準　×　実際生産量　＝　標準原価

この等式で分るように，標準原価は実際生産量が判明するまでは算出できません。つまり，標準原価計算も実際原価計算と同様，事後的な原価計算なのです。標準原価が算出されれば，つぎは実際原価と比較し，差異の測定・分析に入ります。その結果，工場内の各部署の業績評価が可能となります。

では，以下の設例をもとに，標準原価計算に取り組んでみましょう。

【設例15－1】《直接材料費に関する標準原価と差異分析》

図表15-3の標準製品原価表と以下のデータをもとに，A品の直接材料費に関する当月の標準原価を求めるとともに，実際原価との差異および差異分析をしてください。

(1) 生産データ：（　）は加工進捗度を示します。

月初仕掛品　　10個（1/2）
当月完成品　140個
月末仕掛品　　20個（1/2）

(2) 原価データ：直接材料は作業に着手した時点ですべて投入されるとします。

直接材料投入額　33,600円（＝実際消費量160kg×実際価格@210円）

第15講　利益管理(2)　―標準原価計算による利益統制―

【解答】
　　A品の直接材料費に関する標準原価：¥30,000（＝150個×200円）
　　A品の直接材料費に関する差異：△¥3,600（＝30,000－33,600）
　　A品の直接材料費に関する差異分析：価格差異　△¥1,600
　　　　　　　　　　　　　　　　　　　　数量差異　△¥2,000

【解説】
　①　(1)の生産データと(2)の原価データを，勘定の形式を使って以下のように表わします。

製造－直接材料費

10個	
(150個)	140個
¥33,600	
	20個

　材料は作業に着手した時点ですべて投入されると指示されていますから，直接材料費の計算に当って進捗度は100％です。生産データに示された個数をそのまま勘定に書き込みます。10個，140個，20個と書き込まれているのがそれです。そこから当月の製造に使用された直接材料は個数にして150個（＝140＋20－10）ということになります。

　②　(2)の原価データによると，150個の製品を生産するのに160kgの材料を消費しています。原価標準では製品1個当りの標準消費量は1kgと予定されていますから，150個の生産では150kg（＝1kg×150個）消費される予定になります。標準消費量と実際消費量の間に△10kg（＝150－160）のズレが生じています。

　同じく(2)の原価データによると，材料1個当りの実際の購入価格は210円でした。しかし，原価標準では材料1kg当りの標準価格は200円が予定されています。標準価格と実際価格の間に△10円（＝210－200）のズレが生じています。これらのズレは以下のように図示できます。縦軸は価格，横軸は消費量です。

¥210
¥200

価格差異△¥1,600	
標準原価　¥30,000	数量差異 △¥2,000
150kg	160kg

　③　以上から，直接材料費に関する標準原価は¥30,000（＝200円×150kg），

実際原価は¥33,600（＝210円×160kg）で，差異の合計が△¥3,600（＝30,000－33,600）だったことになります。差異の内訳は，価格差異（標準価格と実際価格の差異のことです）が△¥1,600，数量差異（標準消費量と実際消費量の差異のことです）が△¥2,000となります。

これらの差異は，標準原価を中心に考えれば，いずれも好ましくない差異です。好ましくない差異のことを**不利差異**と呼びます。うえの解答等の△印はこの不利差異を意味しています。逆に，標準よりも実際のほうが少ない場合があります。その場合には，好ましい差異という意味で，**有利差異**と呼びます。

【設例15－2】《直接労務費に関する標準原価と差異分析》

図表15－3の標準製品原価表と以下のデータをもとに，A品の直接労務費に関する当月の標準原価を求めるとともに，実際原価との差異および差異分析をしてください。

(1) 生産データ：（　）は加工進捗度を示します。
　　月初仕掛品　10個（1/2）
　　当月完成品　140個
　　月末仕掛品　20個（1/2）
(2) 原価データ：直接労務費は作業の進捗度に応じて発生するものとします。
　　直接労務費額　42,000円（＝実際作業時間300時間×実際賃率@140円）

【解答】
　A品の直接労務費に関する標準原価：¥43,500（＝150円×290h）
　A品の直接労務費に関する差異：¥1,500（＝43,500－42,000）
　A品の直接材料費に関する差異分析：賃率差異　¥3,000
　　　　　　　　　　　　　　　　　　作業時間差異　△¥1,500

【解説】
① (1)の生産データと(2)の原価データを，勘定の形式を使って以下のように表します。

製造―直接労務費

¥42,000	5個 （＝10×1/2）	140個
	(145個)	
		10個 （＝20×1/2）

労務費は作業の進捗度に応じて発生しますから，月初と月末の仕掛品は完成品に換算します（第5講【設例5－2】参照）。月初仕掛品は5個，月末仕掛品は10個です。これに完成品の個数140個を書き込みます。そこから当月の製造のために消費された直接労務費は個数にして145個（＝140＋10－5）となります。

　②　(2)の原価データによると，145個の製品を生産するのに作業時間300時間を要しています。原価標準では製品1個当りの標準作業時間は2時間と予定されていますから，145個の生産では290時間（＝2時間×145個）になります。標準作業時間と実際作業時間の間に△10時間（＝290－300）のズレが生じています。

　同じく(2)の原価データによると，作業時間1時間当りの実際賃率は140円でした。しかし，原価標準では作業時間1時間当りの標準賃率は150円と予定されています。標準価格と実際価格の間に10円（＝150－140）のズレが生じています。これらのズレは以下のように図示できます。縦軸は賃率，横軸は作業時間（hour：以下ではhと表記）です。

	賃率差異 ¥3,000	
¥140		作業時間
¥150	標準原価 ¥43,500	差異
		△¥1,500
	290h	300h

　③　以上から，直接労務費に関する標準原価は¥43,500（＝150円×290h），実際原価は¥42,000（＝140円×300h）で，差異の合計が¥1,500（＝43,500－42,000）だったことになります。差異の内訳は，賃率差異（標準賃率と実際賃率の差異のことです）が¥3,000，作業時間差異（標準作業時間と実際作業時間の差異のことです）が△¥1,500ということになります。

　これらの差異を標準原価を中心に考えてみましょう。作業時間差異についていえば，標準作業時間を290時間と予定していたのに，実際作業時間は300時間で10時間オーバーしています。このために好ましくない差異，すなわち不利差異が¥1,500発生しています。一方，賃率差異は1時間当りの標準賃率が¥150の予定でしたが，実際賃率は¥140でした。¥10少なくて済みました。これは好ましい差異，すなわち有利差異ということになります。

　なお，②の図に関して説明を加えておきます。標準賃率が¥150で，実際賃率が¥140ですから，縦軸は本来であれば実際賃率¥140のうえに標準賃率¥150と図示すべきですが，それをすると作図が面倒になるだけでなく，誤った差異計算をしかねません。数値の大小に関係なく，"標準"は内側に，"実際"は外側に図示し，有利差異か不利差異かは△印が付されているかどうかで判断するようにし

たほうがいいでしょう。

【設例15－3】《製造間接費に関する標準原価と差異分析》

図表15－3の標準製品原価表と以下のデータにもとづき，問１～問２の設問に答えてください。

(1) 月間の正常直接作業時間（基準操業度）は360時間です。
(2) 月間の製造間接費予算は，固定費が￥14,400，変動費が直接作業１時間当り￥60です。
(3) 当月の標準作業時間は290時間とします（**【設例15－2】**の生産データを参照）。
(4) 当月の実際直接作業時間は300時間，実際製造間接費は￥35,000でした。

問１　製造間接費に関する当月の標準原価はいくらですか。
問２　製造間接費に関する実際原価と標準原価の差異を求めるとともに，差異の内訳を３つに分けて分析してください。

【解答】
問１　￥29,000（＝標準作業時間290h×標準配賦率￥100）
問２　差異合計　△￥6,000（＝29,000－35,000）
　　　差異の内訳：予算差異　△￥2,600，能率差異　△￥1,000，
　　　　　　　　　操業度差異　△￥2,400

【解説】
製造間接費の差異分析は以下のようなグラフを用いて行うと便利です。

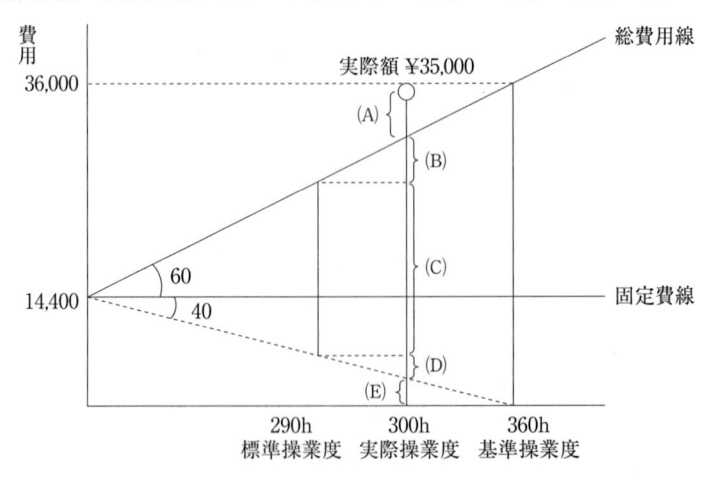

```
費
用                                    総費用線
36,000 ─────────────────────────────
                    実際額 ￥35,000
                        ○
                        }(A)
                        }(B)
                        }(C)
                                    固定費線
14,400 ─────────────────────────────
          60    }(D)
          40    }(E)
              290h    300h    360h
            標準操業度 実際操業度 基準操業度
```

① 縦軸を費用，横軸を操業度とします。通常，左から標準操業度，実際操業度，

第15講　利益管理(2)　—標準原価計算による利益統制—

基準操業度の順に各操業度の位置を決め，設問のデータに示してある時間数(h)を書き込みます。

②　縦軸の費用は，まず固定費線￥14,400を描きます。そのうえに変動費線を乗せて総費用線を描きます。変動費線の傾き（変動費率といいました。第14講§3を参照）は，設問のデータから￥60です。これにより，基準操業度での変動費は￥21,600（＝60×360h）となり，これに固定費を加えた総費用は￥36,000（＝21,600＋14,400）となります。これで外枠のグラフが描けました。

③　実際操業度の地点で実際製造間接費のグラフを描きます。総費用線を突き抜けた辺りで止め，その点を実際額とします。この問題では￥35,000です。この金額と標準額との差額が製造間接費の差異総額になります。標準額はグラフ上，標準操業度の地点で確認できます。￥29,000（＝標準配賦率￥100（＝変動費率￥60＋固定費率￥40）×標準操業度290h）となります。この金額は実際操業度の地点で描いた実際製造間接費のグラフでも確認できます。(C)がそうです。以上から，製造間接費の差異総額は△￥6,000（＝29,000－35,000）と求まります。

④　差異の内訳は，実際操業度上のグラフに表われています。(A)，(B)，(D)，(E)からなります。(A)を予算差異，(B)を変動費能率差異，(D)を固定費能率差異，(E)を操業度差異と呼んでいます。

⑤　(A)の予算差異は，実際操業時間における予算額￥32,400（＝14,400＋60×300）と，製造間接費の実際額￥35,000の差額です。△￥2,600（＝32,400－35,000）となります。

⑥　(B)の変動費能率差異は，変動費率￥60と標準操業時間と実際操業時間の差異△10h（＝290－300）の積数です。△￥600となります。また(D)の固定費能率差異は，固定費率￥40と，同じく標準操業時間と実際操業時間の差異△10hの積数です。△￥400となります。変動費能率差異と固定費能率差異を加算すると能率差異の総額が求まります。△￥1,000（＝600＋400）です。

⑦　(E)の操業度差異は，固定費率￥40と実際操業時間と基準操業時間の差異△60h（＝300－360）の積数です。△￥2,400となります。

製造間接費の差異分析に登場してきた4つの差異について，以下，考えてみましょう。

まず予算差異ですが，うえの設例では，実際の操業度に応じて製造間接費の予算が変動する**変動予算**が前提となっています。基準操業度360hの場合の予算は￥36,000ですが，実際操業度は300hと少なかったため，製造間接費

予算額は¥32,400（＝14,400＋60×300）に削られます。変動予算ではなく**固定予算**によって差異分析をすることも可能ですが，本書ではその説明は省略します。**予算差異**とは，実際操業度のもとで発生した製造間接費実際額と，当該操業度の場合に予定されている製造間接費予算額との差額をいいます。うえの設例の場合，実際額が予定額を¥2,600オーバーしているため，同額の不利差異が発生したというわけです。

続いて**能率差異**ですが，この差異は標準操業度と実際操業度の相違によって生まれる差異です。うえの設例でいえば，作業能率が予定どおりであれば290時間で作業が終えられるところを，作業能率が悪かったために実際には300時間要しました。つまり10時間の不能率があったために，変動費にして¥600，固定費にして¥400の差異が生じたというわけです。

操業度差異は，当初予定していた操業度（基準操業度）と実際の操業度の相違によって生じる差異のことをいいます。うえの設例でいえば，当初予定していた操業度は直接作業時間の360時間でした。ところが実際の操業度は300時間で，60時間不足しています。操業度が60時間少なかったために，¥2,400の不利差異が発生したというわけです。

直接材料費に関わる価格差異と数量差異，直接労務費に関わる賃率差異と作業時間差異，そして製造間接費に関わる予算差異，能率差異，操業度差異というように，差異にもいろいろな種類があります。しかし，実際値と標準値が違ったために差異が生じている点ではどれも同じです。

こうした標準原価計算の技法が，原価管理に役立てられ，利益統制に貢献するためには，ここから先の作業がむしろ重要になります。つまり，差異分析で把握された各種の差異のなかで不利差異とされた項目について，なぜそうした結果を招いたかという原因解明のための検討が加えられる必要があります。もし原因が解明されれば，その原因を取り除くことで，工場で発生する原価はさらに減少していき，その結果，企業利益はさらに増大していくことになります。標準原価計算の技法が，原価管理のための重要な手段として，また利益統制のために欠くことのできない手段として，多くの製造業で活用されているのはこのためです。

おわりに

会計学をめぐる
最近の動向

　本書ではこれまで，会計学をめぐる最近の動向については，できるだけ言及するのを避けてきました。本書の目的は，「はじめに」で触れたように，会計学全般の基礎知識の習得にあるからです。最近の動向についての学習はその基礎知識を習得したうえでの話です。ただその所期の目的は前講までの学習で一応達成されたように思います。そして皆さんのなかには，本書がきっかけとなって会計学の学習に本格的に取り組む方があるかも知れません（筆者としてはそれを大いに期待しているのですが……）。とすれば，本書に残された課題は，つぎのステップへ進むための足慣らしとして，会計学の最近の動向について少しでもお伝えすることにあるように思います。およそこの10年余，わが国および世界の会計にどのような動きがあったのか，そしてその動きをどのように捉えたらいいのか，皆さんと一緒に考えながら，本書を閉じることとします。

§1　国際会計基準の動向

　最近，グローバル・スタンダード（global standard）という言葉をよく見聞きするようになりました。日本語に訳せば"世界標準"といったところですが，あまりピンとこない訳語のためでしょうか，英語をそのままカタカナ表記して使っています。このグローバル・スタンダードという言葉は，会計の世界でも今や日常語のように使われるようになりました。それどころか，会計をめぐるわが国の最近の動向を語る時，この言葉を抜きにしては語れないほどになっています。その背景には**国際会計基準審議会**（International Accounting Standards Board：以下IASBといいます）の存在があります。まずはそのIASBの今日までの動きについて，ごく簡単に振り返ってみることにします。

　IASBの前身は**国際会計基準委員会**（International Accounting Standards Committee：以下IASCといいます）です。アメリカ，イギリス，フランス，ドイツ，日本等，9カ国の会計士団体により1973年に設立されました。会計基準の国際的統一を目的にした民間の基準設定機関です。当時も，そして今も，国によって会計ルールは異なります。しかしそうした実態は，各国の資本が国境を越えて飛び交う"資本のボーダレス化"あるいは"経済のグローバル化"と呼ばれる状況にそぐわないばかりか，大きな障害となります。その障害を取り除くためには，世界共通の会計ルールを設定すること，そして各国がその会計ルールを受け入れることが必要です。そうした高い理念を掲げて設立されたのがIASCです。

　IASCは，1975年1月の「第1号 会計方針の開示」を皮切りに，つぎつぎと**国際会計基準**（International Accounting Standards：以下IASといいます）を設定・公表していきました。しかしながら，その高い理念とは裏腹に，各国に対してさほどの影響力を及ぼすことはありませんでした。設立から15年余，いわば"泣かず飛ばず"の状況だったと言っていいでしょう。その原因としては，(1)IASCが民間団体であるためIASそのものに強制力がないこと，(2)IASの多くが複数の代替的処理を認める内容であること，などの問題点が指

摘されてきました。

　しかし1989年1月に公表した公開草案第32号「財務諸表の比較可能性」を契機に，様相が一変することになります。1988年に設立された証券監督者国際機構（International Organization of Securities Commissions：以下IOSCOといいます）が，同草案に強い関心を寄せるところとなり，以後，IASCとIOSCOとの共同作業により，上記(2)の問題を払拭するための努力が続けられていきます。IOSCOは，アメリカの証券取引委員会，日本の金融庁等，各国の証券市場を監督する政府機関で構成される組織です。したがってIASに対するIOSCOの承認が得られれば，上記(1)の問題が解決されることになります。両機関の共同作業はその後も続き，2000年5月，ついにIOSCOからIASへの正式な支持表明が出されました。

　IASCは一方で組織改革を2001年に断行し，その職務を国際会計基準審議会（IASB）が引き継ぎました。IASBが作成・公表する会計ルールは**国際財務報告基準**（International Financial Reporting Standards：以下IFRSといいます）と呼ばれています。2003年6月にその第1号が作成・公表されています。国際会計基準に対する各国の承認の動きは加速していき，今日では100ヶ国以上の国々がIASやIFRSを導入していると言われています。国際会計基準が歩んだこうした足跡について，桜井久勝教授はつぎのように述べています[1]。

　「当初は遥かな願いに過ぎなかったこの期待は，長年にわたる世界中の会計学研究者と実務家の知恵と情熱を結集して，いまやよりいっそう現実的なものになりつつある。その大きな契機となったのは，2005年にEU諸国が域内の企業に対して，国際会計基準および国際財務報告基準に準拠した財務情報の作成と公表を義務づけるようになったことである。また2007年には，それまで米国基準による財務諸表しか認めなかったアメリカが，ニューヨーク証券取引所における外国企業の上場や資金調達に際して，国際財務報告基準に準拠した財務諸表を承認する決定を下した。このほか現在では多数の発展途上国が，国際財務報告基準を自国基準として利用するようになっている。」

　今や会計専門家は，国際会計の動向から目を離すことができなくなりまし

た。各国の会計基準がIASやIFRSに一元化されていく様を，会計専門家はコンバージェンス（convergence：収斂）と呼んでいます。コンバージェンス，すなわちIASCが設立当初に掲げた"会計基準の国際的統一"はすぐ目の前まで迫っているのです。

§2　国際会計基準の日本への影響

世界のこうした動きに対して日本の対応はどうだったのでしょうか。桜井教授はうえの引用文に続いてつぎのように述べています[(2)]。

「しかし国際会計基準と国際財務報告基準の重要性は，それだけにとどまらない。そのような国際的ルールが各国の会計実務に影響を及ぼし，やがて国内の会計基準を徐々に変革していくであろうことが十分に予想されるからである。このことは過去十数年間に日本で新設ないし改訂された会計基準の多くが，国際的な会計基準から顕著な影響を受けていることからも明らかであろう。」

桜井教授の指摘のとおり，この10年余の間に設定されたわが国の会計ルール等を見ると，至るところに国際会計基準の影響が出ています。以下では3点に絞り，その影響の内容について考えてみます。

1.　企業会計基準委員会の誕生

これまでにも触れてきましたが，戦後，わが国の企業会計のルールづくりをリードしてきたのは企業会計審議会です。その審議会の役割が2001年7月，政府機関から離れ，財務会計基準機構という民間機関のなかの**企業会計基準委員会**（Accounting Standards Board of Japan：ASBJ）へ移行されることになりました。移行の背景には，政府所管の審議会制度という制度固有の問題もありましたが，一方で国際会計への迅速な対応という要請もありました。

おわりに　会計学をめぐる最近の動向

2001年はちょうどIASCが組織改革によってIASBに職務を委譲した年でもあります。わが国でも国際化時代に向け新たな組織改革が進められていたことが分ります[3]。

2. 時価基準の台頭

わが国の会計ルールがどのように変わりつつあるのか，その一例として"評価論"の問題を取りあげてみましょう。評価論とは，たとえば貸借対照表の作成時に資産や負債に対して適用する評価ルールのことをさしています。評価論には大きく**原価基準**（cost basis）と**時価基準**（value basis）の2つがあります。そのどちらを採るべきか，古くから多くの会計研究者が取り組み，未だにその答えが見つかっていない会計学の"永遠のテーマ"のひとつです。貸借対照表に表示する金額は，過去の取引価格である取得原価によるべきか，それとも現在の価格すなわち時価によるべきか，というわけです。

第4講で学習したように，「企業会計原則」は取得原価主義，すなわち原価基準を採用しています。ところが，企業会計審議会が1999年に制定した「金融商品に関する会計基準」，そしてその後，2006年に企業会計基準委員会が改正した「同基準」は，まず，以下の文言から始まっています。

「1　本会計基準は，金融商品に関する会計処理を定めることを目的とする。なお，資産の評価基準については，『企業会計原則』に定めがあるが，金融商品に関しては，本会計基準が優先して適用される。　　」（下線：市村）

もし，「企業会計原則」のルールと「金融商品に関する会計基準」のルールに違いがある場合，後者のルールが優先するとしています。つまり，"金融商品に関しては「企業会計原則」は無視してください"というわけです。その一例を有価証券に見ることができます。「基準」では以下のように規定しています。

「　Ⅳ　金融資産及び金融負債の貸借対照表価額等
　　1　債権　　　（略）

2 有価証券
(1) 売買目的有価証券
　　時価の変動により利益を得ることを目的として保有する有価証券は，時価をもって貸借対照表価額とし，評価差額は当期の損益として処理する。
(2) 満期保有目的の債券
　　満期まで保有する意図をもって保有する社債その他の債券は，取得原価をもって貸借対照表価額とする。（以下，略）
(3) 子会社株式及び関連会社株式
　　子会社株式及び関連会社株式は，取得原価をもって貸借対照表価額とする。
(4) その他有価証券
　　売買目的有価証券，満期保有目的の債券，子会社株式及び関連会社株式以外の有価証券は，時価をもって貸借対照表価額とし，評価差額は……次のいずれかの方法により処理する。
　　⑴ 評価差額の合計額を純資産の部に計上する。

（以下，略）」（下線：市村）

　"売買目的有価証券"について，時価に評価替えした金額を貸借対照表に計上すること，評価差額は評価益または評価損として損益計算書に表示することを求めています。時価基準の完璧な適用例です。
　また"その他有価証券"についても，時価に評価替えした金額を貸借対照表に計上すること，ただし評価差額は，損益計算書ではなく，貸借対照表の純資産の部に計上することを求めています。第8講に戻り**図表8-4**で確認してください。純資産の部のなかの「Ⅱ評価・換算差額等　1その他有価証券評価差額金」という表示がそれです。資産の評価ルールとしては時価基準を採用しながらも，評価差額の処理については，売買目的有価証券の場合と異なり，損益計算書に評価損益として表示することを求めていません。この種の評価差額の処理については少しタメライがあるように見受けられます。

おわりに　会計学をめぐる最近の動向

第8講で指摘したとおり,「基準」もまた,"まだ最終的な行き先(処理)が決まっていない,いわば"待機状態"にある項目"と捉えているからでしょう。

有価証券ひとつを見ても,わが国の会計ルールのなかに徐々に時価基準が組み込まれていっている様子が分ります。会計ルールのこうした変更は,元をたどれば国際会計基準委員会のIAS39号（1988年12月制定）や国際会計基準審議会のIFRS第7号（2005年8月制定）等の規定にその原因があります。いずれも"公正価値"（fair value）による時価基準を採用しているためです。そして世界の大勢は今や,原価基準から時価基準へと大きく舵を切り始めているのです。

3. 新たな会計計算書の登場—キャッシュ・フロー計算書

国際会計基準は,わが国の企業が作成する会計計算書の体系にも影響を及ぼしています。第6講で学習したキャッシュ・フロー計算書がその一例です。

キャッシュ・フロー計算書を会計計算書のひとつに加え,企業にその作成を義務づけた最初の国はアメリカです。1987年にその基準書が公表されています。イギリスがそれに続き,1991年に基準書を出しています。IASCはこうした動向を見て,1992年にIAS第7号（改訂版）「キャッシュ・フロー計算書」を基準書として公表しています。このIASはアメリカの基準書の影響が色濃く出ている計算書であると見られています[4]。

その6年後の1998年,わが国で「連結キャッシュ・フロー計算書の作成基準」というタイトルの基準書が企業会計審議会から公表されました。審議会はその意見書のなかで,キャッシュ・フロー計算書をつぎのように位置づけています。

「二　キャッシュ・フロー計算書の位置付け

『キャッシュ・フロー計算書』は,一会計期間におけるキャッシュ・フローの状況を一定の活動区分別に表示するものであり,貸借対照表及び損益計算書と同様に企業活動全体を対象とする重要な情報を提供するものである。

我が国では,資金情報を開示する『資金収支表』は,財務諸表外の情報と

して位置付けられてきたが，これに代えて『キャッシュ・フロー計算書』を導入するに当たり，これを財務諸表の一つとして位置付けることが適当であると考える。

　<u>なお，国際的にもキャッシュ・フロー計算書は財務諸表の一つとして位置付けられている。</u>」（下線：市村）

　キャッシュ・フロー計算書をなぜ財務諸表のひとつに加えるのかという理論的な説明は，うえの文章からは十分に伝わってきません。イジワルな見方をすれば，下線を引いた最後の文章が審議会の本音なのかもしれません。"諸外国で財務諸表のひとつとして扱われているなら，その流れに乗って行きますか"といった感じです，と言うと，この基準書の作成に真摯に取り組まれた方々からキツイお叱りを受けるかも知れません。それはいいとして，この基準書で示されたキャッシュ・フロー計算書はアメリカおよびIASCのものと酷似しています。わが国の会計計算書がIASCの影響を受けている一例と考えていいでしょう[5]。

§3　"第三の変革"

　ところで第6講において，日本の今日の会計制度の基盤が2つの大きな歴史的な"変革"によって形成されていることを学びました。ひとつは江戸時代から明治時代への移行に伴う"複式簿記の輸入"による変革であり，もうひとつは第二次大戦後，連合国司令部が断行した財閥解体による"証券の民主化"に伴う変革でした。染谷恭次郎教授はこれらの変革はいずれも"外圧"によって成し遂げられているところに共通点があると見ています。

　興味深いことに，染谷教授は1989年に発表したその論文のなかで，今後起こりうる第三の変革について，つぎのように言及しています[6]。

　「第二次大戦後，日本経済は著しい発展を遂げましたが，私見では，日本の会計制度はその経済成長と同じ歩調で発展しませんでした。……（中略）

……日本は経済的には世界の主要国と位置づけられていますが，財務報告についてはまだそこまで達していません。このギャップを埋めるために第三の変革が必要なのでしょうか。これまでの日本の会計史を繙(ひもと)けば，そうした結論になるかもしれません。しかし私はそうは思いません。日本がこれまで経験した2つの変革と現代の状況の違いは，前者の場合，いずれも世界からの孤立が前提にあったという点にあります。現代はそうした孤立状況にはありません。……（中略）……

将来，もし変革が起こるとすれば，それは間違いなく何らかの技術革新を伴い，かつ国際的な色合いを帯びたものになるでしょう。」（下線：市村）

染谷教授の予言は，もし第三の変革が起こるとすれば，それは日本だけでなく世界各国を巻き込んだ"国際的な変革"になるというのです。ただし日本の場合，それが"外圧"による変革になるかどうかについては，染谷教授の見解はむしろ否定的です。

われわれは果たして今の状況をどう捉えたらいいのでしょう。私見では，世界が今，大きな変革の渦中にあることは間違いありません。染谷教授の予言どおり，世界中を巻き込んだ変革の嵐が今，吹き荒れているのです。

当然，その変革の嵐は日本にも影響を及ぼします。数えてみれば，変革の第一期から第二期までに約80年ほど経過しています。そして第二期が始まって，現在およそ60年が経過したところです。国際会計基準へのコンバージェンスの嵐が今後も暫く続くとして，今が第三の変革期にあたると考えてもあながち不当ではないように思います。ただし，これを国際会計基準審議会という"外圧"による第三の変革と捉えるべきかどうか，その判断は皆さんに委ねたいと思います。

それはともかく，60年前に設定された「企業会計原則」のルールと，この10年余の間に改訂あるいは新設された「会計基準」のルールとの間の齟齬(そご)は，もはや看過できないところまで来ているように思われます。もし，現在のわが国の会計状況を，歴史上，"第三の変革期"と捉えるならば，わが国の会計ルールを根底から見直す時期が愈々(いよいよ)近づいていると考えるべきでしょう。

聖書に,"新しい葡萄酒は,新しい革袋に"とあるように……。

(注)

(1) 桜井久勝編著『テキスト国際会計基準（第3版）』白桃書房, 2008年, 序文。
(2) 桜井久勝編著『前掲書』序文。
(3) 橋本尚教授は,会計基準の設定主体に関するこの改革を"国際会計革命の第二波"と位置づけています。"国際会計革命"とは,国際会計基準が引き金となって各国の会計基準,とりわけ日本の会計基準に変化をもたらした大きな影響力のことをさしているように思われます。(橋本尚『2009年国際会計基準の衝撃』日本経済新聞社, 2007年, 48-57頁。)
(4) 神戸大学IFRSプロジェクト他『国際会計基準と日本の会計実務（新版）』同文舘出版, 2005年, 第22章。
(5) 橋本教授は,わが国のキャッシュ・フロー計算書の導入に対し,"国際会計革命の第一波"と位置づけています。(橋本尚『前掲書』, 45-48頁。)
(6) Kyojiro Someya,'Accounting "Revolutions" in Japan', *Accounting Historians Journal* 6/1（1989）pp.75-86.

索　引

あ

粗利益 …………………………… 205
安全性分析 ……………………… 188
安全余裕率 ……………………… 245

意見差控 ………………………… 179
1年基準 ………………………… 134
一般仕訳 ………………………… 32

受取手形 ………………………… 135
受取手数料 ……………………… 15
受取利息 ………………………… 15
売上 …………………………… 15, 29
売上原価 ………………………… 29
売上原価率 ……………………… 206
売上総利益 ……………………… 145
売上販管費率 …………………… 206
売上利益率 ……………………… 201
売掛金 …………………………… 16

営業キャッシュ・フロー比率 … 233
営業利益 ………………………… 145

応能負担原則 …………………… 150

か

買掛金 …………………………… 16
開業費 …………………………… 141
会計監査 ………………………… 166
会計監査人 ……………………… 166
会計監査人監査 …………… 166, 169
会計監査人設置会社 …………… 169
会計期間 ………………………… 5
会計計算書の作成 ……………… 26
会計公準 ………………………… 3
会計士監査 ……………………… 166

会計責任 ………………………… 116
会計帳簿 ………………………… 114
外見的独立性 …………………… 174
会社計算規則 …………………… 115
会社法施行規則 ………………… 115
開発費 …………………………… 141
外部監査 ………………………… 165
外部分析 ………………………… 184
確定決算主義 …………………… 154
確定資本金制 …………………… 117
貸方 ……………………………… 20
貸方残高 ………………………… 23
貸倒れ …………………………… 33
貸倒損失 ………………………… 33
貸倒引当金 ……………………… 33
果実 ……………………………… 99
貸付金 …………………………… 16
課税所得 ………………………… 154
活動量 …………………………… 241
株価収益率 ……………………… 215
株価純資産倍率 ………………… 215
株式会社会計 …………………… 117
株式会社簿記 …………………… 13
株式交付費 ……………………… 141
株式制度 ………………………… 109
貨幣測定の公準 ………………… 3
借方 ……………………………… 20
借方残高 ………………………… 23
関係会社株式 …………………… 137
監査 ……………………………… 164
監査委員会設置会社 …………… 169
監査課 …………………………… 166
監査特例法 ……………………… 167
監査法人 ………………………… 175
監査役 …………………………… 166
監査役会設置会社 ……………… 169
監査役監査 ……………………… 166

275

勘定	18
勘定式	56
間接金融	136
間接的対応	55
間接費	77
間接法	35, 223
完全工業簿記	75
元本	99
管理	239
管理会計	5
期間計算	5
期間的対応	55
企業会計	155
企業会計基準委員会	103, 268
企業会計審議会	103
企業会計法	104
企業開示法	130
企業内容等の開示に関する内閣府令	130
期首	5
期中	5
期末	5
キャッシュ・フロー計算書	217
強制監査	165
業務監査	166
銀行簿記	13
金融業	13
口別法	28
繰越商品	29
繰延資産	134
経営成績	14
経過勘定項目	36
計画	239
経済主体	12
計算書類	115
経常利益	146
継続企業の公準	4
決算整理	27
原価管理	257
原価基準	269
原価計算	74

原価計算基準	74
原価計算表	81
減価償却	34
減価償却累計額	35
原価標準	257
現金主義	46
建設業	13
建設業簿記	13
源泉徴収制度	151
減損損失	146
限定付適正意見	179
検品基準	49
工業簿記	13
合計試算表	24
広告費	15
工事完成基準	52
工事進行基準	52
構築物	138
公認会計士	168
国際会計基準	266
国際会計基準委員会	266
国際会計基準審議会	266
国際財務報告基準	267
個人企業簿記	13
コスト・センター	254
固定資産	34, 134
固定費	242
固定予算	264
個別原価計算	85
個別的対応	55

さ

サービス業	13
債権	33
債権者保護	110
財産法	59
財政状態	14
債務超過	17
財務会計	6
財務諸表	131
財務諸表等規則	130
財務諸表等規則ガイドライン	130

索　引

財務諸表等の用語	130
財務書類	131
差入保証金	140
残存価額	35
残高試算表	25
3分法	29
仕入	15, 29
仕掛品	83
時価基準	269
資金計算書	218
資金の流動化	195
事後利益	240
試査監査	178
資産	14, 16
試算表	24
試算表の作成	26
事前利益	240
実現主義	47
執行役	172
実際原価	256
支払手形	135
支払能力	189
支払利息	15
資本	16
資本会計	117
資本回転率	201, 208
資本準備金	119
資本剰余金	119
借地権	139
社債発行費	141
収益	15
収益性分析	200
収益の繰延べ	37
収益の見越し	38
受注生産型の企業	85
出荷基準	49
出資額	17
出資者	17
取得価額	34
取得原価	62
取得原価主義	62
純額主義	55
純資産	16
償却限度額	159
商業簿記	13
商法特例法	167
正味財産	17
剰余金	118, 122
職能別組織	237
所得税	151
所有と経営が分離していない会社	109
所有と経営が分離している会社	109
仕訳	20
仕訳帳	18
申告調整	157
ステークホールダー	6
ストックの計算書	61
税効果会計	161
精査	178
生産基準	53
精算表	39
精算表の作成	26
精神的独立性	174
製造業	13
製造原価報告書	73
制度会計	104
税引前当期純利益	146
精密監査	178
税務会計	155
責任会計	254
前期損益修正益	146
専門性	174
総額主義	55
総額主義の原則	55
総勘定元帳	18
操業度差異	264
総合原価計算	85
創立費	141
租税特別措置法	153
租税法律主義	149
損益計算書	14
損益表	44

277

損益分岐図表　　　　　243
損益分岐点　　　　　　244
損失　　　　　　　　　 15

た

貸借対照表　　　　　　 15
貸借平均の原理　　　　 22
代表執行役　　　　　　172
耐用年数　　　　　　　 35
蛸配当　　　　　　　　122
建物　　　　　　　　　 16
棚卸表　　　　　　　　 27
棚卸表の作成　　　　　 26
短期借入金　　　　　　136
単式簿記　　　　　　　 12

超過収益力　　　　　　140
長期借入金　　　　　　136
帳簿　　　　　　　　　 12
帳簿価額　　　　　　　 36
帳簿記入　　　　　　　 12
帳簿決算　　　　　　　 26
直課　　　　　　　　　 79
直接金融　　　　　　　136
直接材料費法　　　　　 82
直接的対応　　　　　　 55
直接費　　　　　　　　 77
直接法　　　　　　35, 224

定額法　　　　　　　　 34
転記　　　　　　　　　 22

当期純利益　　　　　　147
当期製品製造原価　　　 74
動機づけ　　　　　　　251
当座資産　　　　　　　191
投資者保護　　　　　　110
投資有価証券　　　　　137
統制　　　　　　　　　239
同族会社　　　　　　　109
到着基準　　　　　　　 49
独立性　　　　　　　　174
トップ・マネジメント　238

取引　　　　　　　　　 20

な

内部監査　　　　　　　165
内部統制　　　　　　　178
内部分析　　　　　　　184

任意監査　　　　　　　165
認識　　　　　　　　　 46

納税申告制度　　　　　151
能率差異　　　　　　　264
のれん　　　　　　　　139

は

配当可能限度額　　　　122
配当規制　　　　　　　120
配賦　　　　　　　　　 79
発行市場　　　　　　　125
発生主義　　　　　　　 46
販売基準　　　　　　　 48
販売業　　　　　　　　 13

引当金　　　　　　　　 33
非資金損益項目　　　　226
ビジネスの言語　　　　175
備品　　　　　　　　　 16
費目別精査法　　　　　242
評価　　　　　　　　　252
評価勘定　　　　　　　 36
標準原価　　　　　　　256
標準製品原価表　　　　257
費用　　　　　　　　　 15
費用構造　　　　　　　248
費用収益対応の原則　　 54
費用の繰延べ　　　　　 37
費用の見越し　　　　　 38
費用配分の原則　　　　 66

賦課　　　　　　　　　 79
複式簿記　　　　　　　 12
負債　　　　　　　　14, 16
不適正意見　　　　　　179

索　引

フリー・キャッシュ・フロー ……………… 231
振替仕訳 …………………………………… 32
不利差異 …………………………………… 260
フローの計算書 …………………………… 45
プロフィット・センター ………………… 254
分配可能額 ………………………… 116, 122

変動費 ……………………………………… 241
変動費率 …………………………………… 244
変動予算 …………………………………… 263

報告式 ……………………………………… 57
法定耐用年数 ……………………………… 159
簿価 ………………………………………… 36
本手続 ……………………………………… 26

ま

前受金 ……………………………………… 138
前渡金 ……………………………………… 138

見込生産型の企業 ………………………… 85
未収金 ……………………………………… 138
ミドル・マネジメント …………………… 238
未払金 ……………………………………… 138

無限定適正意見 …………………………… 179

持分 ………………………………………… 17
戻し加える ………………………………… 227
元手 ………………………………………… 17

や

有価証券 …………………………………… 125
有形固定資産 ……………………………… 138
有限責任制度 ……………………………… 109
有利差異 …………………………………… 260
有利子負債 ………………………………… 198

様式及び作成方法に関する規則 ………… 130
予算管理 …………………………………… 252
予算差異 …………………………………… 264
予備手続 …………………………………… 26

ら

利益 ………………………………………… 15
利益管理 …………………………………… 240
利益計画 …………………………………… 240
利益構造 …………………………………… 247
利益剰余金 ………………………………… 119
利益図表 …………………………………… 243
利益操作 …………………………………… 97
利害関係者 ………………………………… 6
利払能力 …………………………………… 197
流通市場 …………………………………… 125
流動資産 ……………………………… 34, 134
流動性配列法 ……………………………… 69

レバレッジ ………………………………… 198
レベニュー・センター …………………… 254

ロワー・マネジメント …………………… 238

〈著者紹介〉

市村　巧（いちむら・たくみ）

1949年	鳥取県に生まれる
1968年	鳥取西高等学校卒業
1973年	中央大学商学部会計学科卒業
1979年	早稲田大学大学院商学研究科博士後期課程単位取得
1981年	岡山商科大学商学部専任講師
1987年	イギリス・マンチェスター大学に留学
現　在	岡山商科大学経営学部教授（「簿記論」「会計学」「経営分析論」を担当）を経て，岡山商科大学名誉教授。

《主要業績》

論文「初期イギリス会社会計法における鉄道規制法の位置づけ」（岡山商大論叢）1982年1月
訳書『イギリス会計規制論』（森山書店）1991年
論文「『稼得した利益はどうなっているか』はどうなっているか」（岡山商大論叢）1999年9月
論文「財務諸表三本化の実相—資金会計のあるべき姿を求めて—」（税経通信）2001年10月
共著『現代会計研究』（白桃書房）2002年
論文「複式簿記と資金計算」（日本簿記学会年報）2005年
共著『入門テキスト企業簿記（第2版）』（中央経済社）2007年

平成21年10月1日　初版発行	（検印省略）
令和元年7月10日　初版2刷発行	略称：市村会計

会計学入門

著　者	©　市村　　巧
発行者	中島　治久

発行所　**同文舘出版株式会社**
東京都千代田区神田神保町1-41　〒101-0051
営業（03）3294-1801　編集（03）3294-1803
振替 00100-8-42935　http://www.dobunkan.co.jp

Printed in Japan 2009　　　　　　　　製版　一企画
　　　　　　　　　　　　　　　　　　印刷・製本　DPS

ISBN978-4-495-19401-7

JCOPY〈出版者著作権管理機構 委託出版物〉
本書の無断複製は著作権法上での例外を除き禁じられています。複製される場合は，そのつど事前に，出版者著作権管理機構（電話 03-5244-5088，FAX 03-5244-5089, e-mail: info@jcopy.or.jp）の許諾を得てください。